アクチュアル
企業法【第2版】

西山芳喜 編

法律文化社

第2版はしがき

　本書は，企業法の入門書である。企業の組織と取引に関する複雑な法規制の全体を「企業法」という枠組みでとらえ，少ない頁数で，平易・簡潔に解説したものである。そのため，内容の重要性に応じて，「企業法の基礎」，「企業取引法」および「株式会社法」の3部に分けている。執筆に際しては，第1に，現代企業の組織や取引の実態とも関連せしめて，内容が平板に陥らないように注意し，第2に，株式会社に関する法規制を重視し，第3に，最少限度の重要な判例を紹介するとともに，限られた頁数の中にあっても，理論および実務上の重要な論点を理解できるように配慮している。

　本書は，法律文化社の現代法双書として公刊されていた『新現代商法入門』（蓮井良憲・平田伊和男編）の後継書である。本書に，企業法の入門書としてみるべきものがあるとすれば，それは同書の長所を継承したことのほか，各執筆者の努力に帰すべきである。他方，全体を通じて思わざる重複や不統一があるとすれば，編者の責というほかないが，その不備なところは，逐次改めていきたいと思っている。本書が，少ない時間で企業法について講義する場合のテキストとして利用され，また，一通り企業法を勉強した人の整理のための参考書として役立つならば，幸いである。

　なお，この第2版は，平成27年5月1日に施行された平成26年会社法改正を盛り込んで改訂したものである。

　本書が成るについては，テキストとしての性質上，逐一文献を引用していないが，多くの先学の貴重な研究に依存するところが大きい。また，本書の企画，各執筆者との連絡，原稿の取りまとめ等については，法律文化社の梶原有美子氏の援助に負うところが多い。記して，心から感謝の意を表すこととする。

　　平成28年3月

西山　芳喜

はしがき（旧　版）

　本書は，企業法の入門書である。企業の組織と取引に関する複雑な法規制の全体を「企業法」という枠組みでとらえ，少ない頁数で，平易・簡潔に解説したものである。そのため，内容の重要性に応じて，「企業法の基礎」，「企業取引法」および「株式会社法」の3部に分けている。執筆に際しては，第1に，現代企業の組織や取引の実態とも関連せしめて，内容が平板に陥らないように注意し，第2に，株式会社に関する法規制を重視し，第3に，最少限度の重要な判例を紹介するとともに，限られた頁数の中にあっても，理論および実務上の重要な論点を理解できるように配慮している。

　本書は，法律文化社の現代法双書として公刊されていた『新現代商法入門』（蓮井良憲・平田伊和男編）の後継書である。本書に，企業法の入門書としてみるべきものがあるとすれば，それは同書の長所を継承したことのほか，各執筆者の努力に帰すべきである。他方，全体を通じて思わざる重複や不統一があるとすれば，編者の責というほかないが，その不備なところは，逐次改めていきたいと思っている。本書が，少ない時間で企業法について講義する場合のテキストとして利用され，また，一通り企業法を勉強した人の整理のための参考書として役立つならば，幸いである。

　本書が成るについては，テキストとしての性質上，逐一文献を引用していないが，多くの先学の貴重な研究に依存するところが大きい。また，本書の企画，各執筆者との連絡，原稿の取りまとめ等については，法律文化社の秋山泰氏の援助に負うところが多い。記して，心から感謝の意を表すこととする。

　　平成24年12月

西山　芳喜

目　　次

第2版はしがき

はしがき

第1部　企業法の基礎

第1章　企業法の意義と特色 ································西山芳喜········ 3

Ⅰ　企業の意義と特質 3　　Ⅱ　企業の法人性 5　　Ⅲ　企業法の意義 8
Ⅳ　企業法の形成 9　　Ⅴ　企業法の特色 10　　Ⅵ　企業法の法源と適
用 11

第2章　企業の主体 ···藤田真樹······ 13

Ⅰ　総　説 13　　Ⅱ　商法上の企業の主体としての商人 13
Ⅲ　具体的な企業の主体 16

第3章　企業主体の表示 ··山口幸代······ 19

Ⅰ　商号の意義および規制態様 19　　Ⅱ　商号の選定（商号選定自由の
原則と例外）19　　Ⅲ　商号権の法的保護 20　　Ⅳ　商号の貸与（名板
貸）22　　Ⅴ　商号の譲渡，変更および廃止 25

第4章　企業主体の公示 ··川原勝美······ 26

Ⅰ　総　説 26　　Ⅱ　商業登記の効力 27

第5章　企業の組織──使用人・代理商等 ··················泉日出男······ 31

Ⅰ　総　説 31　　Ⅱ　商業使用人 31　　Ⅲ　代理商 34

iv

目　次

第6章　企業形態の選択……………………………………小西みも恵……36

　Ⅰ　会　社 36　　Ⅱ　有限責任事業組合 38

第2部　企業取引法

第7章　企業取引の法規制…………………………………井上能孝……41

　Ⅰ　企業取引の基本秩序 41　　Ⅱ　商行為の通則 45　　Ⅲ　商事売買 49
　Ⅳ　交互計算 50

第8章　約　　　款………………………………………肥塚肇雄……51

　Ⅰ　普通取引約款の意義 51　　Ⅱ　普通取引約款の拘束力 52
　Ⅲ　普通取引約款に対する国家的規制 55　　Ⅳ　普通取引約款の解釈 57
　Ⅴ　約款規制のあり方と関係法の改正 58

第9章　各種の営業………………………………………城戸善和……62

　Ⅰ　緒　説 62　　Ⅱ　仲立営業 62　　Ⅲ　問屋営業 66　　Ⅳ　場屋
営業 69

第10章　運送・倉庫取引…………………………………内海淳一……72

　Ⅰ　運送取引 72　　Ⅱ　倉庫取引 80

第11章　金融・信用取引…………………………………若色敦子……83

　Ⅰ　販売信用 83　　Ⅱ　消費者金融と過払金返還 89　　Ⅲ　金融商品
販売規制 90

第12章　証 券 取 引………………………………………前越俊之……92

　Ⅰ　金融商品としての有価証券 92　　Ⅱ　金融商品取引法 94
　Ⅲ　金融商品取引所 95　　Ⅳ　投資勧誘規制 99

v

第13章　保険取引‥‥‥‥‥‥‥‥‥‥‥‥‥‥‥‥‥‥‥遠山　聡‥‥‥102

　　Ⅰ　総　説　102　　Ⅱ　被保険利益と利得禁止原則　104　　Ⅲ　保険契約の成立と保険者の危険選択　107　　Ⅳ　契約上の義務と契約関係の終了　109　　Ⅴ　生命保険契約における保険金受取人　110　　Ⅵ　保険給付と免責事由　112

第14章　国際取引‥‥‥‥‥‥‥‥‥‥‥‥‥‥‥‥‥‥‥上田純子‥‥‥114

　　Ⅰ　序　説　114　　Ⅱ　外国法人に関する問題　114　　Ⅲ　国際的な売買および資金決済　120

第15章　企業取引の決済‥‥‥‥‥‥‥‥‥‥‥‥‥‥‥西山芳喜‥‥‥127

　　Ⅰ　総　説　127　　Ⅱ　手形の利用　130　　Ⅲ　電子手形の利用　135　　Ⅳ　企業取引の決済の遅延　137

第3部　株式会社法

第16章　株式会社の設立‥‥‥‥‥‥‥‥‥‥‥‥‥‥‥松本　博‥‥‥141

　　Ⅰ　総　説　141　　Ⅱ　発起人　141　　Ⅲ　設立手続　143　　Ⅳ　会社設立に関する訴え——会社の不成立・不存在・設立無効　149　　Ⅴ　設立関与者の責任　150

第17章　株　　　式‥‥‥‥‥‥‥‥‥‥‥‥‥‥‥‥‥嘉村雄司‥‥‥152

　　Ⅰ　株式の意義　152　　Ⅱ　株主の権利・義務　152　　Ⅲ　株主平等の原則　153　　Ⅳ　株式の内容と種類　154　　Ⅴ　株式の譲渡と株主名簿　157　　Ⅵ　自己株式　160　　Ⅶ　特別支配株主の株式等売渡請求　162　　Ⅷ　投資単位の調整　162

目　次

第18章　株 主 総 会 ································· 吉村信明 ···· 165

Ⅰ　株主総会の意義　165　　Ⅱ　権　限　165　　Ⅲ　招集手続　166
Ⅳ　株主提案権　167　　Ⅴ　議事運営　168　　Ⅵ　議決権の行使　169
Ⅶ　決議の瑕疵　172　　Ⅷ　種類株主総会　173

第19章　役員等の選任と解任 ···················· 石田　眞 ···· 175

Ⅰ　総　説　175　　Ⅱ　取締役　175　　Ⅲ　会計参与　180　　Ⅳ　監査
役　182　　Ⅴ　会計監査人　184

第20章　会社の経営機構(取締役・会計参与等) ········· 徳本　穰 ···· 187

Ⅰ　取締役　187　　Ⅱ　会計参与　197　　Ⅲ　企業の補助者（会社の使
用人・会社の代理商)　198

第21章　会社の代表 ··································· 横尾　亘 ···· 199

Ⅰ　会社の業務執行と代表　199　　Ⅱ　代表取締役　200　　Ⅲ　代表執
行役　206　　Ⅳ　その他の会社代表者　208

第22章　会社の監査・検査機構 ················· 上野真二 ···· 209

Ⅰ　監査役　209　　Ⅱ　監査役会　215　　Ⅲ　会計監査人　216
Ⅳ　検査役　219

第23章　委員会設置会社の経営・監査機構 ········· 張　笑男 ···· 220

Ⅰ　指名委員会等設置会社　220　　Ⅱ　監査等委員会設置会社　225

第24章　役員等の損害賠償責任 ················· 千手崇史 ···· 230

Ⅰ　総　説　230　　Ⅱ　株式会社に対する損害賠償責任　230　　Ⅲ　第
三者に対する損害賠償責任　238

第25章　株主代表訴訟制度と差止請求権 ············· 牧　真理子 ···· 240

Ⅰ　株主代表訴訟　240　　Ⅱ　差止請求権　248

vii

第26章 資金調達‥‥‥‥‥‥‥‥‥‥‥‥‥‥‥‥‥‥‥‥‥中村美紀子‥‥‥250

　　Ⅰ　企業資金の調達　250　　Ⅱ　新株発行（募集株式の発行等）　250
　　Ⅲ　社　債　256

第27章 企業の計算・公開‥‥‥‥‥‥‥‥‥‥‥‥‥‥‥‥‥‥徐　　　陽‥‥‥260

　　Ⅰ　総　説　260　　Ⅱ　株式会社の計算等　260　　Ⅲ　計算書類等の開
　　示　271

第28章 企業の定款変更，解散・清算‥‥‥‥‥‥‥‥‥‥嘉村雄司‥‥‥273

　　Ⅰ　定款変更　273　　Ⅱ　会社の解散　273

第29章 組織変更，事業譲渡‥‥‥‥‥‥‥‥‥‥‥‥‥‥‥久保寛展‥‥‥278

　　Ⅰ　組織変更　278　　Ⅱ　事業譲渡　280　　Ⅲ　事業譲渡の当事者間に
　　おける効果　285　　Ⅳ　事業譲渡の第三者に対する効果　286

第30章 組織再編(合併，会社分割，株式交換・株式移転)‥‥久保寛展‥‥‥289

　　Ⅰ　組織再編総則　289　　Ⅱ　組織再編の意義　289　　Ⅲ　組織再編の
　　各手続　291

第31章 上場会社の規制‥‥‥‥‥‥‥‥‥‥‥‥‥‥‥‥‥田中慎一‥‥‥300

　　Ⅰ　上場会社とは　300　　Ⅱ　金融商品取引法上の開示規制　301
　　Ⅲ　金融商品取引法開示の正確さの担保　304　　Ⅳ　金融商品取引所によ
　　る規制　309

　　基本文献ガイド　313
　　事項索引　314

第 1 部
企業法の基礎

第1章
企業法の意義と特色

I 企業の意義と特質

　現代社会は，時に，企業社会と表現されることがあるが，企業の概念は一義的ではない。一般には，広く，一定の計画に従って同じような種類の経済活動を反復継続するために作られた独立の組織体と解釈されているが，法律学の分野にあっては，企業は，商法，会社法，経済法，労働法，租税法などのそれぞれの法の趣旨に応じて別意に解釈されることが少なくない。

　本書で取り上げる企業の典型は，政府や公共団体が経営する「公企業」ではなく，営業（事業）の自由（憲22条1項）と財産権の保障（同29条1項）という法的基盤の上で，私人がみずからのために利益を得る目的で資金を提供（出資）し，利潤の追求のために経営する「営利企業（私企業）」である。この営利企業には，利益を得るための事業の特徴として，①計画性，②継続性，③継続企業性，④経済性，⑤営利性，⑥独立性，⑦主体性などがあるが，具体的には，「ヒト」，「モノ」，「カネ」，さらには「情報」や「ブランド」といった経営要素に着目し，それらの運用に創意工夫を加えた自由な経済活動を行っている。

　しかし，営利を目的とする企業本来の特質から，そこにはおのずから限界があることに留意する必要がある。第1に，企業には，利潤の追求を止めることができないという特質がある。すなわち，企業間の競争に生き残るため，また，企業の安定的かつ持続的な発展のため，たんに費用と収益とを均衡させるだけでは足りず，投下した資本に対する利回り計算の下で，少しでも多くの利潤を確保して，将来のための内部投資（設備更新，商品開発等）や内部留保（準備金・引当金の積立て等）を怠ることができないのである。

3

第1部　企業法の基礎

　第2に，企業には，営利目的の組織であるがゆえの特質がある。すなわち，企業内部で主導権や支配権をめぐる争いが起こりやすく，また，経営者が私利をはかり，他人（出資者・債権者・消費者等）の利益を犠牲にして顧みない風潮が生まれやすいのである。しかも，不健全な企業活動に対する法的責任の追及が曖昧な場合には，時に，モラル・ハザード（倫理の欠如）を生じ，無軌道に運営されるきらいがある。また，企業は，出資者の利益のために，ひたすらに「企業価値（純資産価値）の向上」を目指す傾向がある。その場合には，無理やり，収益の増大や費用の削減を図ろうとするため，取引先，従業員，消費者，地域住民，課税当局などの利害関係者の利益が考慮されないおそれがある。

　第3に，企業には，企業自体がいわば商品として取引の対象となる特質もある。すなわち，M＆Aと呼ばれる企業間の合併や事業譲渡，組織変更や会社分割，あるいは解散などにより，企業は，任意にその形態を変更し，あるいは消滅することがある。その結果，各企業の経営理念や行動指針が突然変更され，企業をとりまく人々に重大な影響を及ぼす場合があるほか，時に，企業の所在のみならず，法律上の責任の所在もまた曖昧なものとなるおそれがある。

　もっとも，他方において，企業は，商品やサービスの供給，人の雇用，租税の負担などの面では，社会的および国民経済的にきわめて重要な役割を担っている。また，近時は，その社会的責任（CSR: Corporate Social Resposibility）の重さを率直に認め，社会への貢献というテーマを企業経営の理念や行動指針に活かそうとするとともに，公害対策や環境保全，ボランティア活動の支援などの社会的要請に応えようとする傾向が見られる。むろん，企業の社会的責任を過度に重視すると，企業の経済的合理性を損なうおそれがあるとともに，企業経営者に独善的な裁量権を与えることにもなりかねないおそれもある。

　また，近時，企業の法令遵守（コンプライアンス）に関する社会的な関心も高まっている。企業が，労働法，独占禁止法，消費者法，環境法，税法等の法令を遵守することにより，各種の利害関係者をきちんと保護していることを前提として，はじめて，企業が企業価値（純資産価値）の向上を目指すことが社会的に許容されるからである。その意味で，企業の法令遵守には特別な意味があることが広く認識される必要がある。

第1章　企業法の意義と特色

Ⅱ　企業の法人性

　事業を営む内実からみると，企業は個人事業と共同事業とに区分される。1人の出資者によって個人的に事業が営まれる場合を個人事業または個人企業といい，複数の出資者によって共同して事業が営まれる場合を共同事業または共同企業という（⇒企業の主体につき，本書第2章企業の主体参照）。

　他方，事業を営む外形からみると，企業は個人企業と法人企業とに区分される。法令により法人格が認められる企業を法人企業という。事業を営む内実からみて個人企業であっても，外形上，法人企業となりうるが，現在の経済社会の担い手として最も重要な役割を果たしている法人企業は，会社である（⇒会社の種類等につき，本書第6章企業形態の選択参照）。なお，会社の場合には，行政官庁の免許等を取得することなく，会社法の定める要件を充たせば，法人格の取得が認められている（準則主義）。

　法人格が認められる企業には，次のような性質がある。

　(1)　法人性　法人格が認められることにより，企業は，自然人でないにもかかわらず，みずからの名において，権利を有し義務を負うことが認められる。それゆえ，企業をめぐる権利義務関係の処理が簡明となるほか，団体としての統一的な活動（独立の取引主体，民事訴訟の当事者等としての活動）が容易になるという利点がある。むろん，法人の運営方法，法人とその構成員（社員・出資者等）との間の関係，あるいは，第三者と法人構成員との間の関係などは一様でなく，法人の類型・種類等によって異なっている。たとえば，法人企業のうち，合名会社と株式会社とでは，法人の構成員の責任の性質・範囲等について著しく異なる（⇒本書第6章企業形態の選択参照）。なお，法人の場合は，氏名がないので，その名を名称といい，また，その住所は，法令により異なるが，会社の場合は，その本店の所在地に在るとされている（会社4条）。

　(2)　営利法人性　企業の営利性と営利法人性は異なる観念である。企業の営利性は，通常，利益を得る目的から対外的な活動を行うことを意味するのに対し，企業の営利法人性は，対外的活動によって得た利益を構成員（社員・出

5

第1部　企業法の基礎

資者等）に分配することを目的とする法人であることを意味している。それゆえ，相互会社（保険会社）や協同組合（農協，生協等）のように，法人格が認められていても，団体の内部的活動によって構成員に直接的な経済的利益を与えることを目的とするものは営利法人ではない。なお，法人企業がすべて商人であるか否かについては疑義もあるが，会社に関しては，会社がその事業としてする行為（定款所定の行為）およびその事業のためにする行為は商行為とされていることから（会社5条），会社は商人となる（商4条）。

(3) 社団法人性　社団は，本来，共同の目的を有する複数人の結合体（団体）を意味し，団体と構成員との間には社員関係があると解されているが，構成員の数が多くなるほど構成員の個性が希薄となるため，構成員とは別個独立の権利義務の主体を作る必要があり，法人格を必要とする性質がある。それゆえ，構成員の数の多い共同企業については，構成員が相互に契約関係で結合する組合ではなく，構成員が団体との間の社員関係により間接的に結合する社団と考えられる。その意味で，共同企業には社団法人性がある。

　もっとも，前述のように，事業を営む内実からみて個人企業であっても法人格が認められる場合（社員が1人だけの一人会社）があるため，近時，この性質はあまり強調されていないが（平成17年改正前商法52条参照），いつでも社員が複数になる可能性があることから，潜在的には社団であると解する見解もある。なお，社員という概念は，団体の構成員という意味であって，従業員という意味ではない。

(4) 権利能力の制限　①性質による制限　法人企業は，自然人ではないので，生命・身体・親族等に関する権利義務の主体となることはできない。②法令による制限　法人企業に適用される法令上特別の制限がある場合には，当然にそれに服することになる。たとえば，法人は，会社法上，取締役・監査役等になる資格が認められていない（会社331条1項1号）。また，清算中の会社は，清算の目的の範囲内においてのみ権利義務の主体となる（同476条・645条）。③目的による制限　法人の権利能力は，定款その他の基本約款で定められた目的によって制限される（民33条2項・34条）。判例は，旧来より，この民法の規定は会社にも類推適用されると厳格に解してきたが，近時は，定款の目的条項を

6

第1章　企業法の意義と特色

弾力的に解し，会社目的の達成に必要な事項は目的の範囲に含まれ，かつ，会社の目的遂行に必要か否かは行為の外形から見て客観的に判断すべきものと解されている（最判昭和27・2・15）。そのため，定款所定の目的外の行為が無効とされる可能性はほとんどないと考えられている。もっとも，会社の役員が定款所定の目的を逸脱する行為を行った場合については，当該行為の差止めのほか，役員の損害賠償責任や解任等が問題となる。また，会社が慈善団体等へ寄付を行うことや政党に政治献金を行うことができるかも問題となるが，判例は，株式会社が行った政治献金について，それが社会の期待・要請に応えるものであり，かつ，会社の規模，経営実績，相手方等を考慮して応分の金額であるかぎり，会社の定款所定の目的の範囲内の行為であるとする（最判昭和45・6・24）。

(5)　**法人格の否認**　　会社法上明文の規定はないが，判例法上，特定の事案につき株式会社の法人格の独立性を否定し，会社とその背後の株主とを同一視することによって事案の衡平な解決を図る法理が認められており，法人格否認の法理と呼ばれている（最判昭和44・2・27）。判例上，この法理は，小規模な会社に関する事案に適用されることが多いが，「法人格が濫用される場合」と「法人格が形骸化している場合」とに類型化されている。前者は，競業避止義務（商16条・会社21条）を免れるために会社を設立して競業を行ったり，強制執行を免れるために別の会社に財産を隠匿する場合などのように，法人格が不当な目的に利用される場合に適用される。他方，後者は，会社とは名ばかりであって，その実質が株主の個人営業，あるいは親会社の営業の一部門であって，会社と個人，あるいは親会社と子会社の業務，財産，計算等が混同しているため，その区別ができない場合に適用される。もっとも，この法理は，既存の法理では妥当な結論が出ない場合について，事案の衡平な解決を図るための最後の手段とされるため，安易に適用されることはない。また，実体法上この法理の適用が認められる場合であっても，訴訟法上，この法理が適用された確定判決の既判力や執行力などの拡張が当然に認められるわけではないが，同判決後に提起された第三者異議の訴えにおいても，この法理が適用された例がある（最判平成17・7・15）。

第1部　企業法の基礎

Ⅲ　企業法の意義

　企業法は，企業の生活関係に特有の法であり，理論的な法の体系としては，企業に関係する経済主体の私的利益の調整を目的とした法規制の総体として観念されている。なお，わが国では，平成17年の改正により，商法（明治32年法律48号）の第2編「会社」が会社法（平成17年法律86号）として独立の法典となったため，企業法の観念は，商法と会社法という2つの制定法を統合するものとして一般に解されている。

　他方，企業法は，内容的にみて，企業組織法と企業取引法（ないし商取引法）とに区分され，前者は，法人については会社法，個人・組合等については商法第1編「総則」を，また後者は，商法（とくに第2編「商行為」）を中心として法規制が展開しているため，両者を包括する企業法の体系性が問題となる。

　とりわけ，企業組織法としての会社法は，理論的な意味において，会社をめぐる個々の経済主体の利益を公正に調整し，会社制度の諸機能を促進するとともに，併せて，その弊害の発生を防止するため，会社の種類に応じて，成立から消滅にいたるまでの諸段階における会社および社員（出資者）の内外の法律関係（会社の組織，会社と社員との関係，社員相互の関係，社員と第三者（債権者）との関係等）を規制する法規の総体であり，体系的で完結した法分野である。

　なお，企業組織としては，会社でない企業形態（個人商人，組合，匿名組合，信託等）も含まれ，これらについては，それぞれ，商法（とくに第1編「総則」）のほか，民法や各種特別法による法規制を受けることになる。

　これに対し，企業取引法としての商法（とくに第2編「商行為」）は，民法の特則を定めるものであり，民法との関係では，一般法と特別法の関係にある。その意味では，企業法を構成する各分野はそれぞれ，自己完結的であり，企業法の本質を一元的に論じることの意義はあまりないと考えられている。

　もっとも，企業組織法と企業取引法とは，企業の主体に関する法規制としては相互に密接な関係があり，同様に，制定法としての会社法と商法との関係についても，商法の規定が企業法の基礎を形成しているというべきである。すな

8

わち，会社は，企業の主体として，商法第1編「総則」上の商人と解する必要
はなくとも，商人として商法第2編「商行為」の適用は受けるほか（最判平成
20・2・22），会社の商事に関する法律関係については，会社法に定めのない総
則規定（商1条2項）の適用を受けるからである。

Ⅳ　企業法の形成

　企業法の形成は古く，商人に特有な法の形成に始まるが，9世紀以降，商品
経済・貨幣経済が展開された拠点として，自治権や裁判管轄権をもったギルド
（イタリアの商業都市〔ジェノバ，ミラノ，ベネチア等〕などで組織された商人団体）
において発展した商人間の慣習法を起源とする。これは，いわば地方の都市法
であり，かつ，商人階級のための法であった。また，その内容は，私法的規定
のほか，行政法・刑法・訴訟法等の公法的規定をも多く包含していた。
　その後，近代に入って，国家権力の増大に伴い，ギルドは衰退し，それまで
通用していた商人に特有な法（慣習法）は，国家法（制定法・成文法）の中に吸
収された。また，商人団体の裁判所は国家の裁判所へ移行するとともに，商人
階級のための法（商人法）は商事法（商行為法）へと発展した。国家法として最
初の近代的立法は，1807年，ナポレオン一世によって制定されたフランス商法
典である。同法は，フランス革命後の自由・平等思想の影響を受けて，一定の
商行為に関する特別法として成立したが，依然として訴訟法・破産法などの公
法的規定を含んでいた。その後，同法の影響を受けて，ドイツでは，1861年，
裁判管轄権その他の公法的規定を除外した純粋商事私法として，普通ドイツ商
法典が成立した後，1897年，民法典との分別の必要から，近代的な商人法主義
の立場から，ドイツ帝国商法が制定された。これらのフランス・ドイツの立法
は，他の大陸諸国の商事立法の模範となり，わが国の商法典にも影響を与えた。
　これに対し，イギリスでは，慣習法としての商人法が形成され，売買証書法
（1854年），運送証券法（1855年），質屋法（1872年）などの単行の商事法は制定さ
れたが，包括的な商法典は制定されなかった。もっとも，企業組織法の面では，
1844年の株式会社法が制定されて以来，会社立法の模範となり，諸外国に影響

第1部　企業法の基礎

を与えた。また，アメリカ合衆国では，連邦法としての商法典や会社法典はないが，全米法律家協会等による統一商法典や模範事業会社法が作成され，各州の立法に影響を与えている。また，上場会社に関する証券法制については，1933年証券法や1934年証券取引所法が制定され，証券取引委員会（SEC）の諸規則とともに，諸外国の立法に影響を与えている。

　なお，現在，ヨーロッパ連合（EU）では，構成国への多数の会社法指令により，各国の会社法の調整が進められている。また，各国の大企業の企業会計の内容についても，国際財務報告基準（IFRS）による統一的適用への法整備が進み，併せて，ヨーロッパ以外の諸外国にも影響を与え始めている。

Ⅴ　企業法の特色

企業組織法に関する特色　企業組織法には，①資本の集中，②労力の補充，③危険の分散，④有限責任，⑤企業の維持などの特色がある。すなわち，企業がその機能を発揮するためには，人的・物的な資源を結集し，かつ，損失の危険を分散し，また，成立した企業の持続的な発展を図って，企業の解体を防止する必要がある。そのために，会社法および商法では，資本の集中（各種会社，匿名組合），労力の補充（会社の使用人・代理商，商業使用人・代理商），危険の分散（各種の有限責任制度，損害保険）の要求に応じる諸制度を設けるとともに，企業の独立性を確保し（法人としての会社），企業の解体の防止を図っている（事業（営業）譲渡，会社の合併・分割・継続，会社更生等）。

企業取引法に関する特色　企業取引法には，①営利性，②契約自由，③簡易迅速主義，④個性の喪失，⑤定型化，⑥公示主義，⑦外観主義，⑨責任の加重などの特色がある。すなわち，商法は，企業の営利性を示すものとして，企業活動の有償性（商512条）や民法よりも高い法定利率（同514条）を定めているほか，個性のない集団的な取引を円滑確実に処理するために種々の規定を設けている（商行為総則・商事売買の規定等）。また，契約自由や方式自由を採用するとともに（流質契約禁止の適用除外（同515条）等），他方では，取引の締結を機械化するために，契約の定型化を図るための普通取引約款の利用を認めて

第1章　企業法の意義と特色

いる。さらに，取引の円滑と安全を保障するため，外観に対する信頼を保護する外観主義に即した諸制度（名板貸人の責任，表見支配人制度，表見代表取締役制度等）や，取引上の重要事実を公示して一般大衆のこうむる不測の損害を防止する公示主義の諸制度（商業登記制度，各種の公告制度）を採用するとともに，さまざまな態様において，企業者の責任を加重している（多数債務者の連帯責任，無過失責任等）。また逆に，企業取引の活発化のために，企業者の責任を限定・分離する諸制度も設けている（同578条・580条等）。

発展傾向上の特色　　企業法は，全体として，経済の発展・変化に対応して改善する進歩的傾向がある。また，企業法は合理主義で貫かれているため，各国の歴史・習俗・国民性などによって制約されることなく，一国で発達した制度がそのまま他国に移入されることが多く，また，企業の交渉も国際的であることから，統一的傾向（世界的傾向）を有している。

Ⅵ　企業法の法源と適用

企業組織法　　会社法が主要な法源であるが，そのほかに，特別法（社債，株式等の振替に関する法律，担保付社債信託法，金融商品取引法，会社更生法，企業担保法，商業登記法等），商慣習法，商事自治法（証券取引所の業務規程，会社の定款等）などが法源となる。なお，特定の事業を行う会社の法律関係については，当該事業に関する特別法（銀行法，保険業法等）が最優先に適用される。また，一般の会社の法律関係（とくに会社の設立，組織，運営等）については，他に一般的な特別法があれば，それが優先して適用されるが，それ以外では，まず当該会社の定款の規定が適用され，つぎに会社法の規定が適用される（会社1条）。なお，これらに規定がない事項については，条理を推考したうえで，商慣習，民法が適用される（商1条2項）。

　なお，企業に関する法規制であっても，公正な競争市場の秩序維持を規制目的とする独占禁止法や，企業に対する国家の産業警察的な規制目的を有する各種の監督法・経済統制法などは，規制の理念を異にするものであり，企業法には属しない。また，企業補助者（労働者）の雇用関係に関する法規制（労働契約

第1部　企業法の基礎

法，労働基準法等）もまた企業法には属しない。

企業取引法　商法第2編「商行為」が中心的な法源であるが，商法から独立した保険法のほか，不正競争防止法，割賦販売法，銀行法，保険業法，倉庫業法などの商事特別法も含まれる。また，海商関係では，商法第3編「海商」のほか，国際海上物品運送法や船舶所有者等の責任の制限に関する法律などもある。そのほか，企業取引の決済に関連して，手形法や小切手法も含まれる。なお，企業取引で用いられる普通取引約款（取引のため，あらかじめ契約内容を定型化した標準事項）について，取引の当事者双方がとくに約款によらない旨の意思表示をしないで契約したときは，反証がない限り，その約款による意思をもって契約したものと推定すべきであるとする判例（大判大正4・12・24）があるが，法的安定性の確保のため，さらに，約款の内容について相手方の知・不知を問わず，反対の意思表示がない限り，当事者は有効な約款に拘束されると解する見解が多い。もっとも，近時は，約款の内容自体に規範性を求めるのではなく，特定の取引分野において，「約款による」ことを内容とする商慣習法ないし商慣習（いわゆる白地商慣習）の成立を認めようとする見解のほか，法の授権があるか否かで区別しようとする見解や，企業の独占性（それは同時に，行政による監督・統制）の強弱により，その法規的拘束力の有無を説明しようとする見解なども有力である。

　なお，商事（商法典によって規制されるべき事項）に関しては，商事自治法（証券取引所の業務規程，会社の定款等），商事制定法（①商事条約，②商事特別法，③商法），商慣習法の順に優先して適用され，そこに規定がないときには，条理を推考したうえで，商慣習，民法が適用される（商1条2項）。

適用範囲　企業法を構成する商法・会社法等は，他の多くの法律と同様に，原則として，すべての日本国民および日本国の領土に適用される。また，法律の制定・改廃があったときは，その効力が生じた時以後に発生した法律事実のみに適用されるのが原則であるが，商事に関しては，政策の早期実現の見地や法律状態の単純画一化の見地などから，経過規定などによって，新法を遡及的に適用することも少なくない（会社法整備法65条以下等）。

第2章
企業の主体

Ⅰ　総　説

　本章では，企業の主体の基礎をなす商法上の「商人」の意義，商人資格と営業能力の関係について検討する。その上で，実際に営業ないし事業を行う企業の主体の具体的な形態について概観する。

Ⅱ　商法上の企業の主体としての商人

商人の意義　企業活動の主体たる者を商人と呼ぶ。商人は自然人であるか法人であるかを問わない。商法上の商人は，商行為の概念との関係から，固有の商人（商4条1項）と，擬制商人（同4条2項）とに分けられる。しかし，商人に関する商法の適用に関しては区別がない。

　なお，商人のうち商法の適用が制限されるものとして，小商人がおり，商法の適用を受ける必要がないものとして会社がある。

　(1)　固有の商人　商人とは，「自己の名をもって」「商行為」をなすことを「業とする」者をいう（商4条1項）。

　(a)　「自己の名をもって」とは，自己が法律上その行為から生じる権利義務の帰属主体となることを意味し，実際上の行為者が誰であるか，行為の経済上の効果が自己に帰属するか他人に帰属するかを問わない。

　(b)　「商行為」は，その行為のもつ客観的な営利性に注目して，1回限りで行われた場合でも商行為とされる絶対的商行為（商501条）と，営業としてなす場合に商行為とされる営業的商行為（同502条）がある。

13

第1部　企業法の基礎

(c)　「業とする」とは，営業することを意味し，利益を得る目的をもって，一定の計画に従い同種（一種または数種）の行為を反復的・継続的に行うことをいう。営利の目的がある以上は，実際上利益を得たか否かを問わない。

(2)　擬制商人　店舗その他これに類似する施設によって，物品を販売することを業とする者，または鉱業を営む者は，商行為を行うことを業としない者でも，商人とみなされる（商4条2項）。

(3)　小商人　商法は，一般の商人（完全商人）に対して，その営業のために使用する財産の価額が法務省令で定める金額（50万円）を超えないものを小商人として区別する。小商人には，商法の規定のうち，未成年者登記（商5条），後見人登記（同6条），商業登記（同8条〜10条），商号の登記（同11条2項），商号の譲渡（同15条2項。なお，同17条2項前段参照），商業帳簿（同19条）および支配人の登記（同22条）に関する規定は適用されない（同7条）。

(4)　会　社　会社は，その事業としてする行為およびその事業のためにする行為が商行為とされることから（会社5条），商法4条1項の規定によって商人となる。もっとも，会社法の制定に伴い，商法の適用を受ける必要はなくなった（商11条参照）。

| 商人資格の得喪 |

商人資格とは，自然人が商法4条の要件を満たすことによって取得する資格をいう。しかし，商人という特別な人格があるわけではなく，営業に対する関係においてのみ，その資格の有無が問題となる。他方，商人は，基本的商行為（絶対的商行為〔商501条〕および営業的商行為〔同502条〕）のほか，営業のための補助的な行為である附属的商行為も商法の適用を受ける（同503条1項）。営業の開始前の行為について商法の適用を受けるかは，商人資格の取得時期の問題である。

(1)　自然人の商人資格　自然人は，権利能力に制限はないため，何人も，性別・年齢などに関係なく，商人となることができる。商人資格が認められる時期は，必ずしも営業自体の開始時ではなく，営業開始の目的で店舗の建設，営業資金の借入れなどの準備行為がなされ，かつ営業開始の意思が取引の相手方によっても客観的に認識されうるときである（最判昭和47・2・24）。他方，商人資格は営業の終了によって失われるが，営業の廃止の場合は，残務処理が

終わるまで，営業譲渡の場合には，その手続が終了するまで存続する。

　(2)　法人の商人資格　　法人は，それぞれの存立の目的によって権利能力が制限されているが，営業を行うことがその目的と矛盾しない限り，営業を行って商人となることができる。法人は公法人と私法人に大別される。

　(a)　公法人　　特定の公共事業を行うことのみを目的とする土地区画整理組合などは商人となりえないのに対して，国や地方公共団体は，その存立目的が一般的で，その任務を遂行する方法に制限がないことから，営利事業を行い商人となることができる。商人資格の得喪の時期は，自然人と同じである。

　(b)　私法人　　私法人のうち，会社は営利を目的とする法人であり，生まれながらの商人である（商4条1項）。会社は設立登記により成立するから（会社49条・579条），設立登記のときに商人資格を取得する。

| 営業能力 |

　営業能力とは，みずから営業活動を行って権利を取得し義務を負担できる能力をいう。商人資格の取得は，営業能力を有することを意味しない。法人は，権利能力の範囲内で全面的に行為能力を有するので，営業能力を問題にする必要がないが，制限能力者が商人として営業活動を行うためには，次の方法によらなければならない。

　(1)　未成年者の営業　　未成年者が商人となる場合，法定代理人の許可（民6条）を受けて自ら営業をするか，法定代理人が未成年者に代わって営業を行う。どちらの場合も公示の必要があるため登記が求められる（未成年者登記〔商5条〕，後見人登記〔同6条1項〕）。なお，未成年者が持分会社の無限責任社員となることを許された場合，社員の資格に基づく行為に関しては，行為能力者とみなされる（会社584条）。

　(2)　成年被後見人の営業　　成年被後見人には営業許可の制度がないことから，みずから営業活動を行うことはできないが，成年後見人は，成年被後見人に代わって営業を行うことができる（民859条）。なお，この場合にも，登記を要する（商6条1項）。

　(3)　被保佐人や被補助人の営業　　被保佐人や被補助人には，営業許可の制度がなく，その都度保佐人または補助人の同意を要し，営業活動をみずから行うことは事実上不可能である。それゆえ，被保佐人や被補助人は家庭裁判所の

第1部　企業法の基礎

審判を得て保佐人や補助人の同意の下に，支配人を選任し営業を代理させるほかない（民13条2項）。

Ⅲ　具体的な企業の主体

　Ⅱでは，企業の主体をなす商法上の「商人」の意義と，商人資格と営業能力の関係について検討を行った。Ⅲでは，実際に営業ないし事業を行う企業主体が具体的にどのような形態で存在するかを概観する。

個人企業　事業活動から利益を得ることを目的とする主体を企業という。一般に出資者が1人の企業を個人企業と呼ぶ。個人企業では，個人が企業に出資して経営し，得た利潤をすべて自己のものとすることができるが，損失もすべて自己で負担する。また家計と営業用財産が区分されていても，全体で債務を弁済する責任を負う。

共同企業　出資者が複数の事業を共同企業と呼ぶ。共同企業は，多数の者から出資を集めることで，大規模な事業を行うことを可能とする。この企業形態は，①法人格の有無，②出資者の責任の範囲，③所有と経営の分離の程度，④出資者の投下資本回収の方法の点で相違がある。

　(1)　会　社　会社は共同企業がとりうる法形態の1つである。

　会社は出資者や構成員から独立した法人格を有し，自然人と同様に権利義務の帰属主体となることが出来る（会社3条）。会社法上，会社には，株式会社と持分会社の2つの類型がある。また，持分会社には，合名会社・合資会社・合同会社の3種類がある（同2条1号・575条1項）。

　(a)　株式会社　株式会社は，社員の地位が株式と称する細分化された割合的単位の形式をとり，その社員（株主）が，会社に対して，その有する株式の引受価額を限度とする有限の出資義務を負うが，会社債権者に対しては何ら責任を負わない会社をいう。株式会社では，社員（株主）ではない者が取締役または執行役として会社の経営にあたることが原則として可能である。株主は，原則として会社に対して出資の返還を求める権利を有しない。そのため投下資本の回収は，株式の譲渡によるのが原則である（会社127条）。

16

（**b**）　合名会社　　合名会社は，会社の債権者に対して無限の責任を負う無限責任社員からなる持分会社である（会社576条2項）。合名会社は，民法上の組合と異なり，各社員は会社債務の全額について連帯責任を負う反面，債権者に対し，まず会社資産から弁済を受けるよう求めることができる（同580条1項・605条）。合名会社では，全社員がそれぞれ業務を執行し会社を代表するが，定款等で別段の定めをすることもできる（同590条1項・599条1項）。投下資本の回収として，持分の譲渡は可能であるが，原則として全社員の同意が必要である（同585条1項）。また，各社員は全社員の同意等により退社し（同606条・607条・609条），持分の払戻しを受けることができる（同611条）。

（**c**）　合資会社　　合資会社は，無限責任社員と出資額を限度とする有限責任社員からなる持分会社である（会社576条3項・580条2項）。会社の業務執行と代表は，合名会社と同じく定款自治が認められる（同590条1項・599条1項）。持分の譲渡は，全社員の同意を必要とするが（同585条1項），業務を執行しない有限責任社員の持分の譲渡は，業務執行社員全員の同意があれば可能である（同条2項）。

（**d**）　合同会社　　合同会社は，株式会社と同様に，有限責任社員のみから形成される（会社576条4項・580条2項）。会社の業務執行と代表については，合名会社・合資会社と同様に定款自治が認められる（同590条1項・599条1項）。持分の譲渡，出資の払戻しは，合資会社の有限責任社員と同じであるが，特則がある（同632条～636条）。

（**2**）　**匿名組合**　　事業の経営者（営業者）に出資者（匿名組合員）が出資し，その事業経営から生ずる利益を分配する契約をすると，匿名組合契約が成立する（商535条）。匿名組合には商法が適用される。匿名組合は，経営者と各出資者との間にそれぞれ契約があるだけで法人格は認められない。また，出資者相互間に契約は存在しないため，組合財産も形成されない。匿名組合員は，経営者に対する債権者と直接の法律関係に立たず，債権者に対しては責任を負わない（同536条4項）。事業自体のほか，出資した財産も経営者に帰属する（同条1項）。匿名組合員が契約上の地位を譲渡することは可能である。

（**3**）　**組　合**　　数人の者が出資して共同事業を行う合意をすれば組合契約が

成立する（民667条1項）。組合には法人格は認められない。組合の債務については，原則として各組合員が無限責任を負う。ただし，組合員の損失負担の割合は組合契約で定めることができる（同674条）。組合の業務執行は，組合員の多数決で行うのが原則であるが，業務執行者を選ぶこともできる（同670条1項・2項）。なお，日常的な業務は，各組合員または各業務執行者が単独で行うことができる（同条3項）。持分の譲渡は，組合および組合と取引をした第三者に対して対抗できない（民676条1項）。組合員が脱退した場合には，持分の払戻しを受ける（同678条）。

　(4)　信　託　　委託者が受託者との間で，受託者に対して財産の譲渡・担保権の設定その他の財産の処分をする旨，および受託者が信託目的に従い財産の管理または処分その他の信託目的達成のために必要な行為をすべき旨の契約を締結すれば信託関係が成立する（信託3条・4条）。信託は，会社と違い法人格は認められない。信託財産は，受託者の所有となる。業務執行は，受託者が行う。受益者は，原則として，受益権を放棄できるほか，その譲渡も可能である（同93条・99条等）。

第3章

企業主体の表示

Ⅰ 商号の意義および規制態様

　商人が営業活動（事業活動）上自己―企業主体―を表示するために用いる名称を「商号」という。

　会社の商号については会社法，会社以外の商人の商号については商法で規制される。具体的には，商号の選定や変更等を行う際の制約（後述Ⅱ商号の**選定**・**Ⅴ商号の譲渡，変更および廃止**），商号を他人に貸与した場合における当該商号貸与者および借用者の責任（**Ⅳ商号の貸与**）のほか，商号権の保護という観点から商号の使用の制約（または保護）が図られている（なお，商号権の法的保護は不正競争防止法や商業登記法，あるいは民法上の不法行為責任の問題として実現を図る余地もある。**Ⅲ商号権の法的保護**）。以下，順次解説する。

Ⅱ 商号の選定（商号選定自由の原則と例外）

原則（商号選定自由の原則）　商号の選定は、原則として自由にこれを行うことができる（商号選定自由の原則）。自由な商号選定を認めることにより商人の便宜を図る趣旨であるが、他方、自由な選定が一般公衆の誤解を招き利益を害することのないよう、例外的に次の制約が課される。

例外（商号の選定にかかる制約）　（1）表示（構成）　会社形態をとる場合には会社の名称を商号とする（会社6条1項）。商号中，会社の種類（株式会社・合名会社・合資会社・合同会社のいずれに該当するか）を明示しなければならず（同条2項），他の種類の会社であると誤認させるおそれのある文字

19

第1部　企業法の基礎

を用いてはならない（同条3項）。違反は過料に処せられる（同978条1号）。会社の種類によって社員の責任のあり方（無限責任か有限責任か）が異なるため，その責任態様を明確化することで第三者保護を図る趣旨である。

　会社形態をとらない商人の場合，会社の場合と異なりみずからの名称を商号とする必要はない。ただしその名称または商号中に会社であると誤認されるおそれのある文字を用いることは禁じられ（会社7条），違反は過料に処せられる（同978条2号）。

　なお商業登記の際には，商号の表示は文字によることを要する（商登50条。日本語のほか，外国語やアラビア数字等を用いることも可能）。

　(2)　商号単一の原則　　会社の場合，使用できる商号は1つに限られる。

　会社以外の商人の場合，使用する商号は必ずしも1つに限定されず，複数の営業を手がける場合には営業毎に商号を使い分けることが可能であるが，同一営業につき1個の商号しか使用できない。同一営業に別の商号がいくつも使われると一般公衆に混乱や誤解を与えるおそれがあるためである。複数の営業所を持つ場合に営業所ごとに別の商号を持つことの可否について通説的見解は，各営業所の営業は1つの営業の構成部分に過ぎないとして否定的な立場をとる（肯定的な立場として大判大正13・6・13）。

　(3)　不正目的による使用の禁止　　会社の場合もそれ以外の商人の場合も，他の会社（商人）と誤認されるおそれのある名称または商号を，不正の目的をもって使用してはならない（会社8条。「不正の目的」につき後述**Ⅲ商号権の法的保護**）。

Ⅲ　商号権の法的保護

商号権の内容　　商人がみずからの商号について認められる権利を商号権という。商号権は，他人に妨害されずに商号を使用する権利（商号使用権）と，他人が同一または類似の商号を不正に利用することを排斥する権利（商号専用権）からなる。いずれも登記済みであると否とを問わず認められる権利である。

　商号使用権が認められる結果，商号の使用に対する違法な妨害は不法行為

（民709条）を成立させる。商号使用権は登記の有無にかかわらず認められるので，仮に商人が商号を未登記で使用しており後から別の商人が同一商号を登記したとしても，先行使用者は引き続きその商号を使用することができる（すでにある商号を利用している者が後に他者にその商号を登記されても，先行利用者が当該商号を「不正の目的」で利用しているとは考えにくいため）。

　商号専用権が認められる結果，商人は不正の目的をもって他の商人（または他の会社）と誤認されるおそれのある名称（商号）を使用することを禁じられる（商12条，会社8条）。さらに不正競争防止法上の問題として，周知性のある商号の使用も差止や損害賠償請求の対象となるおそれがある（不正競争3・4条）。

商号権の侵害からの法的保護　商号権の侵害に対する法的な対抗手段として，以下の手段が挙げられる。

(1) 商法および会社法による保護　不正の目的で他の商人（または会社）であると誤認されるおそれのある名称または商号を使用する者に対して，その商号の使用につき差止めの請求（停止または予防の請求）を行うことが認められている（商12条，会社8条）。

　商号権を侵害された者が侵害者による商号の使用を差止めるためには，侵害者に「不正の目的」があったこと（主観的意図）を立証する必要がある（不正競争防止法に基づく場合のように商号の周知性は直接問題にならない（後述）が，使用された商号に周知性があったことが不正目的の存在を示す要因となる可能性がある）。「不正の目的」とは，他の者の商号等を自分の営業に使用することにより，その営業を他の商人の営業であると一般に誤認させようとする意図であると解されている（最判昭和36・9・29。近年の裁判例として知財高判平成19・6・13）。差止めの対象となる商号等は，自己の商号等と全く同一である必要はなく，誤認されるおそれがあることで足りる。

(2) 不正競争防止法による保護　すでに広く認識されている（または著名）な商号等（「商品等表示」）と同一または類似のものが他人に使用されることで，営業上の利益を害される（またはそのおそれがある）者は，侵害の停止または予防を請求することができる（不正競争2条1項1号2号・3条）。損害賠償請求も可能である（同4条）。

第1部　企業法の基礎

同法に基づき侵害者の商号等使用の差止めを求めるためにはその商号等に周知性や著名性がある（不正競争2条1項1号・2号）ことが条件として求められるが，他方，商法・会社法上の対抗手段（先述）を用いる場合のように侵害者の主観的意図を立証する必要はない。

差止めの対象となる商号等は，同一または類似の商号等である。両商号の類似性は，取引者等が両商号の外観，呼称，または観念に基づく印象等から両者を全体的に類似のものと受け取るおそれがあるか否かで判断される（最判昭和58・10・7）。

(3)　**商業登記法に基づく保護（登記による保護）**　商業登記により他人による同一商号の登記に一定の制限をかけることが可能となる。上述(1)(2)の法的対抗手段が登記の有無を問わず認められるのに対して，こちらは商号を登記することによって与えられる法的保護である。すなわち，商号を登記するにあたり，その商号が他者によってすでに登記されている商号と同一であり，かつ，その営業所（会社の場合は本店）の所在場所が，当該登記済商号の営業所（本店）所在場所と同一であるような登記を行うことはできない（商登27条）。登記を制限できるのは同一地での同一商号に限られるため，営業所（本店）を別地に置けば既存の登記済商号と同一の商号を登記することは可能である（登記による商号の法的保護の限界。なお，商標登録を行えば同一商標の登録が全国一円で禁じられるため〔商標25・27条〕，より実効的な制限を設けるには商号の商標登録を行うという方法もありうる）。なお，会社形態をとる場合には商号の登記を強制される（会社911条3項2号・912号2号・913号2号・914号2号）。

(4)　**民法上の損害賠償請求**　上述(1)(2)(3)の条件をみたさない場合でも，商号権の侵害に対して民法上の不法行為責任（損害賠償責任）を問うことが可能である（民709条）。

Ⅳ　商号の貸与（名板貸）

商号貸与者
（名板貸人）の責任

商人が自己の商号を他人に貸与し，他人がその商号で営業または事業活動を行うのを認めることを「名板貸

（ないたがし）」と称する。

名板貸における企業主体は商号の貸与を受けた者（＝名板借人）であるが，その商号をたよりに取引相手が商号貸与者（＝名板貸人）を企業主体と信じる（誤認する）おそれがある。そこで，名板貸人はそのような外観（商号貸与者が企業主体であるかのような外観）を信頼して取引を行った第三者に対して，名板借人と連帯して弁済責任を負うこととされる（会社9条，商14条。禁反言法理または外観法理を反映した責任態様と考えられる）。

責任の範囲　名板貸人の責任を認めるためには，名板貸人が名板借人に商号の使用を許諾すること，名板借人がその商号を利用して営業または事業活動を行うこと，および取引の相手方がそれにより営業主体を誤認したことが要件となる。その責任を負うべき範囲をどこまで認めるべきかは，具体的には以下のような場面で問題になる。

(1)　**商号利用の許諾**　商号を貸与した者に連帯責任を負わせるためには，借用者が当該商号を利用して営業（事業）活動することについて商号の持主（貸与者）があらかじめ許諾していたことが必要となる。したがって，商号が無断で用いられた場合には，原則として当該商号の持主の名板貸責任は発生しない。ただし商号使用の許諾は明示的（または積極的）に行われた場合だけでなく，自己の商号が他人に使用されていることを知りながらこれを阻止せず放置していた場合も，黙示の（または消極的な）許諾があったものとして名板貸人の責任が認められる可能性がある（大阪高判昭37・4・6）。

(2)　**利用された商号の同一性**　名板借人が営業（事業）活動上用いた商号が名板貸人の商号（もとの商号）と全く同一であることを要するのか，あるいは厳密には同一でない商号が利用された場合でも名板貸責任が認められる可能性はあるのか。この点については，取引相手に同一事業主と誤認させるのに十分な外観を備えた商号であれば，必ずしも同一商号であることを要しないと解されている。たとえば，もとの商号に付加語がついたり（〔最判昭和33・2・21〕），逆に簡素化されたり（〔最判昭和34・6・11〕），または表記言語が異なる場合（最判昭和41・3・11）にも，名板貸人の責任が行程される余地がある。なお，このような若干の変更自体に許諾があったことを立証する必要はない。

第1部　企業法の基礎

(3)　営業（事業）内容の同一性　　名板貸責任は，商号がもとの（名板貸人の）営業（事業）活動と同一の事業活動で利用された場合に限り発生するのか，それとも名板借人が貸主と業種の異なる営業（事業）活動に商号を利用した場合においても名板貸人の責任を認めるべきか。

判例では，「商号は，法律上は特定の営業につき特定の商人をあらわす名称であり，社会的には当該営業の同一性を表示し，その信用の標的となる機能をいとなむものである」として，現に一定の商号をもって営業を営んでいるか，または従来一定の商号をもって営業を営んでいた者が，その商号を使用した営業活動を他人（名板借人）に許諾した場合には，名板借人の営業活動は名板貸人の当該営業と同種の営業であることを要するとして，責任認定に厳格な立場をとる（最判昭和43・6・13）。他方，業種が同一であるか否かはあくまで営業主体の誤認について相手方の過失を認定する際の判断要素にすぎないという立場も考えられ，学説の趨勢はこちらにある。

(4)　営業または事業活動のための商号利用　　原則として名板貸人の責任は，営業または事業活動のため（「営業または事業を行うこと」のため）の商号の貸与に限定して認められるものであり（最判昭和42・6・6），名板借人が営業活動上使用を許諾された商号を営業活動外で利用した場合は責任の範囲外となる（名板借人が営業活動では商号を用いなかったが手形取引でこれを使用した場合について同手形行為に対する名板貸人の責任が認められた例もある〔最判昭和55・7・15〕が，本事案では名板貸人がその手形取引への商号の使用を黙認していたことに留意すべきである）。

(5)　第三者の過失　　取引相手（第三者）が企業主体を誤認したことについて過失の有無や程度を問題とするべきか。名板貸人の責任規定の趣旨は外観を信頼して取引に入った者に法的保護を与えることにあり，明文上も取引相手に誤認があることを要件とするのみであることからすれば，相手方に過失が認められたからといってただちに保護の対象外とすることは適切でない（外観への信頼が前提となるので悪意は問題とならない）。したがって名板貸人が責任を免れるのは，取引相手方の過失が重大なもの（重過失）と認められる場合に限定するべきである（最判昭和41・1・27）。

第 3 章　企業主体の表示

Ⅴ　商号の譲渡，変更および廃止

商号の譲渡　商号権として財産的価値を伴う商号は，譲渡や相続の対象となる（商登30条 3 項）。ただし，商号が譲渡されて営業主が変わることで，一般公衆——とりわけ取引相手——に混乱や誤認，それに伴う不測の損害を招くことを防止する必要がある。そこで，商号は営業とともに譲渡されるか，あるいは営業を廃止する場合に限り，譲渡することを認められている（商15条 1 項）。なお，営業譲渡により譲り受けた商号を譲受人が引き続き使用した（商号を続用した）場合には，譲渡人の営業活動によって生じた債務につき譲受人にも弁済責任が発生する（商17条，会社22条）。

　商号を譲渡するための手続は，当事者間では意思表示のみで足りるが（民176条），これを第三者に対抗するには登記を要する（商15条 2 項）。

商号の変更および廃止　登記済みの商号を変更または廃止する際には，変更または廃止の登記をしなければならない（商10条，会社909条，商登29条 2 項）。

　登記商号がすでに変更，廃止された等の理由で使用されていない場合，その商号と同一の商号を同じ本店所在地（営業所所在地）で利用しようとする者は，登記所に対して商号の抹消を申請することができる（商登33条 1 項）。

　なお，会社の場合商号は定款記載事項となっているため（会社27条），会社が商号を変更する際には定款上で商号の変更手続をとることも必要となる。

25

第**4**章
企業主体の公示

I 　　総　　説

商業登記とは　　商業登記とは，商人に関する一定の事項（登記事項と呼ばれる）を商業登記簿に記載することで行う登記をいう。その起源は中世イタリアの商人団体名簿にあるといわれる。

　商業登記簿の種類としては，商号登記簿，未成年者登記簿，後見人登記簿，支配人登記簿，株式会社登記簿，合名会社登記簿，合資会社登記簿，合同会社登記簿，外国会社登記簿がある（商登6条）。

　何が登記事項であるかについては，商法のほか，会社法や破産法，会社更生法等が定めている。これらの法律によって登記事項とされているもの以外は登記することができない。登記事項は，大きく分けて2つに分類される。1つは，必ず登記すべきと定められている事項（絶対的登記事項と呼ばれる）であり，もう1つは，登記するかどうかは商人の自由に委ねられている事項（相対的登記事項と呼ばれる）である。登記事項の大部分は絶対的登記事項であり，相対的登記事項の例としては，個人商人における商号などがあるにすぎない。株式会社については，社員（＝株主）が会社の債務を負わず，かつ利害関係者も多くなることから，多数の絶対的登記事項が設けられている（なお，株式会社については，平成26年の会社法改正にともなって，監査等委員会設置会社についての登記（会社911条3項22号イ・ロ・ハ）や監査役の監査の範囲の限定についての登記（同条同項17号イ）など，会社の登記事項に変更が加えられた。）。

　登記事項を登記しない商人は，後述のように，善意の第三者に対して対抗できないという形で不利益を受ける（商9条1項前段）。また，個人商人とは異

26

なって，会社の場合には，絶対的登記事項の登記を怠ったことについて，取締役等の責任者に過料が科せられる（会社976条1号）。

商業登記の手続　登記は，当事者の申請によって行われるのが原則である（当事者申請主義と呼ばれる）（商8条・10条，商登14条）。すなわち，登記事項たる事実あるいは法律関係の主体である商人は，その営業所の所在地を管轄する法務局，地方法務局または支局，出張所に対して登記の申請を行う（商登1条の3）。

　ただし，当事者申請主義にも例外がある。たとえば，登記事項についての株主総会決議の取消判決が下された場合には，裁判所からの嘱託によって登記が行われる（官庁による嘱託の例）。これ以外にも，利害関係者の申請による場合，職権をもって行われる場合などがある。

　登記がなされた後は，手数料を納付すれば，誰でも，登記事項の内容を証明する書面（登記事項証明書）や，登記事項の概要を記載した書面（登記事項要約書）の交付を請求することができる（商登10条・11条）。したがって，商人と取引を行おうとする者は，当該商人について一定の情報（たとえば，誰が代理権や代表権を有しているかなど）を入手することができ，安心して取引関係に入ることができる。

Ⅱ　商業登記の効力

商業登記の効力　商業登記の効力（一般的効力とも呼ばれる）については，商法9条（会社法では908条1項）が定めている。まず，9条1項前段によれば，登記すべき事項については，登記した後でなければ善意の第三者に対して対抗できない（商9条1項前段）。これを登記の消極的公示力と呼んでいる。善意とは，取引時点において第三者が登記事項を知らなかったことをいい，過失の有無は問わない。登記すべき事項には，絶対的登記事項だけでなく，相対的登記事項も含まれる。たとえば，商人Aが支配人Bを解任したという事例を考えてみよう。このとき，Bが支配人でなくなった旨の登記（代理権消滅の登記）がなされないまま，引き続きBが第三者Cと取引を行った場合に，当該取引の時点においてBがもはや支配人でないことをCが知ら

27

第1部　企業法の基礎

なかったのであれば，9条1項前段によって，商人AはBが支配人でないことをCに主張できず，その結果，AC間に有効な取引が成立する。

　他方で，9条1項前段の反対解釈として，登記を行った後であれば，当該登記事項について，善意の第三者にも対抗できることになる。これを登記の積極的公示力と呼んでいる。このように，登記の効力として善意の第三者への対抗が認められている理由として，登記によって第三者の悪意が擬制されると解されている（悪意擬制説）。もっとも，登記後であっても，第三者が「正当な事由」によって登記のあることを知らなかった場合には，当該第三者に対して登記事項を対抗できない（商9条1項後段，会社908条1項後段）。したがって，たとえば災害や戦争による交通途絶の影響で第三者が登記簿を確認できなかったような場合には，当該第三者に対して登記をもって対抗することができない。正当な事由の解釈については，上記の例のように，第三者による登記簿の閲覧を不可能にする客観的な障害に限ると解されており，病気や旅行などのように，第三者の主観的な障害では足りない。

　登記の積極的公示力については，各種の外観保護規定との関係をどのように理解すべきかという問題がある。

　たとえば，商人Aが支配人Bを解任しその旨の登記を行っていたものの，Bが引き続き支配人としてCと取引を行ったという事例を考えてみよう。登記の積極的公示力を前提とすれば，Bが支配人でなくなった旨の登記をしておけば，AはそのことをCに対抗できることになり，したがってAC間に有効な取引は成立しないはずである。しかし，商法は，9条で登記の効力を規定する一方で，24条において「商人の営業所の営業の主任者であることを示す名称を付した使用人は，当該営業所の営業に関し，一切の裁判外の行為をする権限を有するものとみなす。ただし，相手方が悪意であったときは，この限りでない」と定めて，表見支配人に対する第三者の信頼を保護する規定を設けている（会社13条も同趣旨の規定である）。この両者の規定をどのように理解すべきかが問題となる。先に述べたように，登記の積極的効力として第三者の「悪意」が擬制されるとすれば，商法24条但書にいう相手方（この事例ではC）の悪意が成立し，商法24条本文による保護が機能しないようにみえるからである。しか

し，この問題について，結論的には，商法9条が存在するからといって商法24条の適用がただちに排斥されるものではないと一般に解されている。つまり，登記がなされていたとしても，商法24条本文の要件が充足される限りで第三者は保護されると考えられている。このような結論を導くための理論的説明として，学説において，①商法24条は9条1項の例外をなす規定であるとする説，②9条1項後段の「正当な事由」を弾力的に解して，商法24条本文の要件が充足される場合は正当な事由に該当するとする説，③商法9条1項はそもそも悪意の擬制を認めた規定ではないとする説，などが提唱されている。

不実登記の場合　登記とは，ある事実があって，これを登記によって公示するのが本来の姿である。それでは，たとえば，選任手続を適法に経ることなく代表取締役の登記がなされた場合のように，事実と異なることが登記（不実登記と呼ばれる）された場合にその登記の効力はどうなるのであろうか。

商法9条2項（会社法では908条2項）によれば，故意または過失によって不実の登記を行った者は，その事項が不実であることをもって善意の第三者に対抗することはできないとされる。この規定は，不実登記を行った者についての禁反言，ないし登記に対する第三者の信頼保護の法理に基づいており，取引の安全を確保する機能を有している。

その他の効力　登記事項の中には，上記の一般的効力とは別に，いくつかの特殊な効力が付与されている場合がある（特殊的効力とも呼ばれる）。

その例として，株式会社の設立登記（会社49条）をあげることができる。設立登記は，会社が法律上成立したことを前提としてこれを公示するという性格のものではなく，設立登記自体が会社の成立要件となっている。これは，新たな法律関係をいわば創設する効力が登記に付与されていることを意味しており，登記の創設的効力と呼ばれている。また，設立登記後は，株式の引受人は錯誤を理由とした株式引受けの無効等をもはや主張できなくなることが定められている（同51条2項）。いわば登記に瑕疵を補完（あるいは治癒）するのと同様の効力が付与されており，このことから，登記の補完的効力（あるいは治癒的効

第1部　企業法の基礎

力）と呼ばれている。これ以外にも，株式会社の設立登記の付随的効力として，登記後には株券の発行が可能となる（同215条）。

第5章
企業の組織——使用人・代理商等

Ⅰ 総　説

　企業の規模が拡大していくと，商人はその営業活動のために他人の労力を利用せざるをえなくなる。そこで，商人はその営業活動に必要な労力の補充を他人に求めざるをえない。このような商人の営業上の活動を補助する者には，特定の商人に従属してその企業組織内部でこれを補助する者と，みずからも独立の商人として他の商人の企業活動の外部で補助する者とがある。前者に属するのは「商業使用人」であり，後者に属するのは，代理商・仲立人・問屋・運送取扱人等の「補助商」である。後者のうち仲立人・問屋・運送取扱人は不特定多数の商人を補助するのに対して，代理商は特定の商人のためにのみ営業を補助するものであり，特定の商人に従属してこれを補助する商業使用人に類似している。それゆえ商法では，「総則」において商業使用人と代理商について規定し，これ以外の補助商については「商行為」において規定している。本章ではこれら企業の補助者のうち商業使用人と代理商について述べていく（仲立人・問屋・運送取扱人等については第2部第9章各種の営業の記述に譲る）。

Ⅱ 商業使用人

支配人　　**(1) 意　義**　　支配人とは，営業主に代わりその営業に関する一切の裁判上または裁判外の行為を行う権限を有する商業使用人である（商21条1項）。ある使用人が支配人であるか否かについては，包括的代理権（支配権）の授与の有無により決定され，付与される名称のいかんは関係が

31

第1部　企業法の基礎

ない。それゆえ営業主から支配人・支店長・店長などの名称を与えられたとしても包括代理権の授与がなければ支配人ではない。

(2)　選任・終任　支配人は営業主である商人が選任する（商20条）。支配人は当然には他の支配人を選任する権限を有しない（同21条2項の反対解釈）。支配人は自然人でなければならないが，必ずしも行為能力者である必要はない（民102条）。

　支配人の選任契約は，代理権の授与を伴う雇用契約であるから，支配人は代理権の消滅または雇用関係の終了によりその地位を喪失する。すなわち，代理権は，支配人の死亡・後見開始・破産（民111条1項2号），支配人の解任・辞任（同111条2項・651条），営業主の破産（同111条2項・653条）により消滅し，支配人は終任となる。しかし，営業主の死亡は支配人の終任事由とはならず（商506条），この場合，支配人は営業主の相続人の支配人となる。支配人は営業の存在を前提とするため，営業の廃止の場合も終任となる。営業譲渡の場合については，終任事由になるとするのが通説である。

　支配人の選任および代理権の消滅は登記しなければならない（商22条）。登記をしなかった場合には善意の第三者に対抗することができない（同9条1項）。また，故意または過失により，支配人として選任していないにもかかわらず選任登記をした場合には，その者が支配人ではないことにつき善意の第三者に対抗することができない（同条2項）。

(3)　権限　支配人は，営業主に代わりその営業に関する一切の裁判上または裁判外の行為を行う権限を有する商業使用人である（商21条1項）。ここでいう営業とは営業主のすべての営業を意味するものではなく，商号および営業所により個別化された特定の営業に限定される（商登43条1項3号・4号）。ただし，数個の営業所の支配人を兼任することは可能であり，数個の営業所を通じて1人の支配人がいるにすぎない場合，その支配人は総支配人と呼ばれる。支配人は，裁判上の行為として，営業に関する訴訟行為について商人の訴訟代理人となることができる（民訴54条1項）。裁判外の行為とは，商人の営業に関する私法上の適法行為を広く意味する。ただし，支配人の代理権は営業の存続を前提とするため，営業の廃止や譲渡などの処分行為を行うことはできない。

なお支配人は，他の使用人を選任または解任することができる（商21条2項）。

(4) **義　務**　　支配人は，営業主である商人に対し，雇用契約に基づく義務を負うほか，営業禁止義務，競業避止義務という特別の義務を負う。

支配人は，商人の許可を受けなければ，①みずから営業を行い，②他の商人または会社もしくは外国会社の使用人となり，③会社の取締役，執行役または業務を執行する社員となることはできない（商23条1項1号・3号・4号）。支配人は営業主のために全力を尽くして職務を遂行することが期待されていることから，精力が分散されるような行為が禁止されているのである。また支配人は，商人の許可を受けなければ，自己または第三者のためにその商人の営業の部類に属する取引をすることはできない（同条同項2号）。支配人は広範な代理権を有し，営業機密にも通じていることから，支配人が競業行為を行えば商人が大きな損害をこうむる可能性が高いからである。

支配人が義務に違反した場合，営業主は支配人を解任したり損害賠償請求をすることができる。しかし，支配人が競業避止義務に違反した場合に営業主の損害額を立証することは非常に困難である。そこで立証責任を軽減し，商人の救済を容易にするため，競業避止義務違反の行為により支配人または第三者が得た利益の額は商人に生じた損害の額と推定される（商23条2項）。

(5) **表見支配人**　　ある者が支配人と認められるためには，営業主が包括的代理権を授与していることが必要であり，その者が付与された名称とは関係がない。しかし，営業主から支配人のごとき名称を与えられた者がいる場合，包括的代理権があるものと信じて取引する相手方を保護することが必要となる。そこで商法は表見支配人制度を設けている。商人の営業所の営業の主任者であることを示す名称を付した使用人は，当該営業所の営業に関し，一切の裁判外の行為をする権限を有するものとみなされる（商24条本文）。ただし，相手方が悪意であったときは商人は責任を負わない（同条但書）。また裁判上の行為を行う権限は除外されている。

その他の商業使用人　　その他の商業使用人としては，ある種類または特定の事項の委任を受けた使用人（商25条）と物品の販売を目的とする店舗の使用人（同26条）とがある。

第1部　企業法の基礎

Ⅲ　代 理 商

意　義　代理商とは，商人のためにその平常の営業の部類に属する取引の
代理または媒介をする者でその商人の使用人でないものをいう
（商27条）。代理商は特定の商人の営業活動を補助する者であり，なお企業外の
独立の商人である（同502条11号・12号・4条1項）。代理商は，締約代理商と媒介
代理商とに分けられる。締約代理商とは，特定の商人である本人のために相手
方との間で法律行為の代理をする者であり，損害保険会社のために損害保険契
約（海上保険契約を除く）の締結の代理をする損害保険代理店がその典型である。
他方，媒介代理商とは，特定の商人と第三者との間で法律行為が成立するよう，
仲介・斡旋・勧誘などの事実行為をすることに尽力する者であり，損害保険会
社のために海上保険契約の媒介をする損害保険代理店がその典型である。

代理商と商人との関係　代理商と本人である商人との法律関係は代理商契約
であり，その本質は，締約代理商の場合は本人のた
めに法律行為の代理の委任を受けるのであるから委任契約であり（民643条），
媒介代理商の場合は本人のために事実行為の委任を受けるのであるから準委任
契約（同656条）である。代理商は本人に対して，善管注意義務を負い（同644条），
報酬請求権（商512条），費用前払請求権（民649条），費用償還請求権（同650条）
を有する。さらに，商法は以下の特別規定を置いている。

(1) 通知義務・競業避止義務　代理商は取引の代理または媒介をしたとき
は，遅滞なく商人に対して，その旨の通知を発しなければならない（商27条）。

代理商は，商人の許可を受けなければ，①自己または第三者のためにその商
人の営業の部類に属する取引をすること，②その商人の営業と同種の事業を行
う会社の取締役，執行役または業務執行社員となることはできない（商28条1
項1号・2号）。支配人と異なり，代理商はみずから営業を行うことは禁止され
ない（同23条1項1号）。代理商は，雇用関係に基づいて特定の商人に従属する
者ではないからである。代理商が競業避止義務に違反した場合，その行為に
よって代理商または第三者が得た利益の額は商人に生じた損害の額と推定され

る（同28条2項）。

（2）留置権　代理商は，当事者が別段の意思表示をしない限り，取引の代理または媒介をしたことによって生じた債権の弁済期が到来しているときは，その弁済を受けるまでは，商人のためにその代理商が占有する物または有価証券を留置することができる（商31条）。代理商はその他，民事留置権（民295条）および商人間の留置権（商521条）を有する。

代理商と第三者との関係　代理商と第三者の関係は，代理商と商人との間の代理商契約に定められた代理または媒介する権限に基づいて決定される。締約代理商には代理権があるため，代理権を超えた行為をした場合，第三者が代理人の権限があると信ずべき正当な理由があり，表見代理（民110条）が成立するならば，商人は第三者に対して責任を負う。媒介代理商には代理権はないが，締約代理商と同様に，第三者からの売買の履行に関する通知を受領する権限を有する（商29条）。

代理商契約の終了　代理商契約の本質は，委任契約または準委任契約であるため，代理商契約は，原則として委任の一般終了原因（民651条・653条・655条）により終了する。ただし，商行為の委任による代理権は商人の死亡によっては消滅しない（商506条）とされていることから，代理商契約についても同様に解されている。また，代理商契約は商人の営業を前提とするから，商人の廃業によっても代理商契約は終了すると解されている。

民法651条1項によれば，各当事者はいつでも委任契約を解除することができるが，継続的性質を有する代理商契約にそのまま適用することは妥当ではないため，商法は特則を定めている。すなわち，代理商契約の当事者が，契約期間を定めなかったときは，各当事者は2カ月前までに予告をして，その契約を解除することができる（商30条1項）。これは一方的解除に予告を要求するものである。なお，やむを得ない事由があるときは，契約期間の有無を問わず，各当事者はいつでも代理商契約を解除することができる（同条2項）。やむを得ない事由とは，商人の営業上の失敗や代理商に対する重要な債務不履行など，信頼関係が破綻し，代理商契約を継続することが社会通念上著しく不当と認められる事由である。

第**6**章
企業形態の選択

I 　 会 　 社

総 説　　わが国では，会社の種類は，会社法上の会社として，株式会社，合名会社，合資会社および合同会社の4種が法定されている（会社2条1号）。これ以外の形態の会社の存在は認められていない。合名会社，合資会社および合同会社は持分会社と総称される（同575条1項）。

4つの会社の種類は，主に会社の構成員である社員（株主）の会社債権者に対する責任の態様により区分される。まず，社員が会社債務につき会社債権者に対して直接に弁済する責任を負う場合があり，これを直接責任といい，その責任が一定額を限度とする場合を有限責任といい，全額について弁済責任を負う場合を無限責任という。これに対し，会社の債務については会社が会社財産のみをもって弁済する責任を負い，社員は直接には会社債務を弁済する責任を負わないけれども，会社に対して出資義務を負い，その出資から成る会社財産をもって会社が会社債務を弁済すべき関係にある場合には，これを間接責任という。この間接責任についても，一定の金額を限度とするか否かにより有限責任と無限責任に分かれる。

株式会社　　株式会社は有限責任社員のみから構成される会社である。株主は，会社に対して株式の引受価額を限度とする出資義務を負うだけで（会社104条），会社債務につき会社債権者に対して直接責任を負わない。株主は，株主総会における会社の基本的事項の決定には参加するが，会社の業務執行には直接関与しない。社員の個性は重要ではなく，株式の譲渡は原則として自由である（同127条）。したがって，株式会社は，巨大な資本を集める大

36

第6章　企業形態の選択

規模会社に適した会社形態である。

合名会社　合名会社は無限責任社員のみから構成される会社であって，社員全員が会社債務について直接かつ無限の連帯責任を負う（会社576条2項）。その反面として，社員各自が会社の業務執行にあたり，かつ会社を代表するのを原則とする会社である（同590条・599条）。合名会社では，各社員は会社の所有者であるとともにその経営者であり，所有と経営とが完全に一致している。そこでは社員の個性が対外的にも対内的にも重視されており，定款変更，解散，合併などの重要事項の決定には総社員の同意が要求されており（同637条・641条3号・793条），社員の持分の譲渡には他の社員全員の承諾が必要である（同585条1項）。したがって，合名会社は，人的要素が重視される人的会社の典型であるということができる。

このような会社の性格はその法的構造の上に反映されている。合名会社は，法形式的には社団かつ法人であるけれども，その実態は組合形態に近く，その法人性も不完全である。実際上も，相互に信頼関係のある少人数の近親者の間で利用される。

なお，社員はいったん出資した財産の払戻しを請求することができる（会社624条）。また，社員は会社を退社することができ（同606条），退社した社員は原則として持分の払戻しを受ける（同611条）。

合資会社　合資会社は無限責任社員と有限責任社員の両者から構成される会社であって（会社576条3項），無限責任社員の営業に対して有限責任社員が出資する形態の会社である。無限責任社員は合名会社の社員と同様，会社債務について直接無限責任を負うが，有限責任社員は会社債権者に対して出資の価額を限度として直接かつ有限の責任を負う（同580条2項）。会社の業務執行，会社代表，出資の払戻しおよび社員の退社については，合名会社と同様である。無限責任社員の持分の譲渡には社員全員の承諾が必要であるが（同585条1項），業務を執行しない有限責任社員の持分の譲渡は，業務を執行する社員全員の承諾があれば認められる（同条2項）。

合同会社　合同会社は，平成17年制定の会社法により創設された新しい会社制度である。合同会社は，有限責任社員のみから構成される

第1部　企業法の基礎

会社である（会社576条4項）。したがって，合同会社の社員は，会社債権者に対して出資の価額を限度とする有限責任を負うが，合資会社の有限責任社員が直接責任を負うのに対して，合同会社の社員は間接責任を負うにすぎない。

会社の業務執行および会社代表については，合名会社と同様である。社員の持分の譲渡には社員全員の承諾が必要であるが（会社585条1項），業務を執行しない社員の持分の譲渡は，業務を執行する社員全員の承諾があれば認められる（同条2項）。

合同会社では社員全員が有限責任である。そこで，会社債権者を保護するため，出資について全額払込みが求められている（会社578条）ほか，資本減少，利益の配当，出資の払戻しおよび退社員の持分の払戻し等について特則が設けられている（同625条以下）。

Ⅱ　有限責任事業組合

有限責任事業組合は，平成17年制定の「有限責任事業組合契約に関する法律」により創設された新しい企業形態である。有限責任事業組合と合同会社とは，出資者のすべてが有限責任とされ（会社576条4項・580条2項，有限組合15条），内部関係について組合的規律が適用される点において共通している。

一方，次のような相違点がある。①合同会社は法人格を有するが（会社3条），有限責任事業組合は組合であるため法人格を有さないこと，②有限責任事業組合にはパススルー課税（構成員課税）が認められているが，合同会社には認められていないこと，③合同会社では，業務を執行する社員を定款で定めることができるが（同591条1項），有限責任事業組合では，意思決定は原則として総組合員の同意によることとされ（有限組合12条1項本文），各組合員が原則として業務執行権を有すること（同13条1項），④合同会社は社員が1人となっても存続できるのに対し（会社641条），有限責任事業組合は2人以上の組合員が必要であること（有限組合37条2号），⑤有限責任事業組合は会社ではないため，他の会社への組織変更はできないこと，である。

第 2 部
企業取引法

第7章

企業取引の法規制

I 企業取引の基本秩序

商行為の意義と種類

(1) 意 義 ある取引が，商法を適用すべき商行為に該当するか否かを判断するためには，商行為の概念を明確に規定する必要がある。商行為には商法が適用される。

商法は，商行為の概念を定めるために，まず商人の概念を定め，その商人の営業上の行為から商行為の概念を導く一方，行為の客観的性質にもとづき商行為の概念を認める折衷的な手法を採る。

商行為には，行為の客観的性質にもとづいて商行為となる絶対的商行為（商501条）と，商人の営業上の行為から商行為となる相対的商行為とに分けられる。また，相対的商行為は，「営業として」行われることにより商行為となる営業的商行為（同502条）と，商人が「営業のために」行うことにより商行為となる附属的商行為（同503条）とにわけて規定されている。

また，絶対的商行為と営業的商行為は，商人（固有の商人）の概念を定める基準となる（商4条1項）ため基本的商行為ともいい，附属的商行為は，商人の営業を補う行為として商人概念から導き出されるため補助的商行為ともいう。

基本的商行為は商法に限定列挙されているが，附属的商行為には限定がない。そのほか，店舗等での物品販売を行う者や鉱業を営む者は商人とされ（商4条2項），会社が事業に関連して行う行為は商行為とされる（会社5条）ため，内容の如何を問わず，該当する者の取引には商法が適用される。

(2) 各種の商行為 (a) 絶対的商行為 強度の営利性ゆえ，営業として行うか否かを問わず商行為となる（商501条列挙の4類型の取引と担保付社債信託法

41

による信託の引受け）。商人でない者が1度だけ行っても商行為となる。

(i) 投機購買およびその実行売却（商501条1号）　投機購買とは，転売して利益を得る目的で，動産・不動産または有価証券を有償で取得する行為であり，その実行売却とは，取得した物を他に譲渡する行為である。物を仕入れて売るという基本的な商取引をさす。有償取得は，売買だけでなく，交換，消費貸借による場合を含むが，農業漁業等による成果物については，原始取得のため含まない。有償取得した物に製造加工を施した場合は，これに該当する。取得の際に利益を得て譲渡する意思（投機意思）を要するため，自分で使用する目的物の譲渡により利益を得ても該当しないが，投機意思があれば，見込み違いで利益を出すことができなくても，これに該当する。

(ii) 投機売却およびその実行購買（商501条2号）　投機売却とは，動産または有価証券を，有償取得する前に利益を得る目的で譲渡する契約を結ぶ行為である。実行購買とは，その後に目的物を有償取得する行為で，注文を受けてから仕入れを行う取引で，(i)とは順序が逆になる。ただし，不動産は対象外。

(iii) 取引所においてする取引（商501条3号）　取引所においてする取引とは，取引所が開設する市場で行われる取引をいう。大量の代替性ある商品等を対象とした売買取引であるため，極度に定型化されているという特徴を持つ。

(iv) 手形その他の商業証券に関する行為（商501条4号）　商業証券とは，有価証券全般を意味し，手形・小切手のほか，株券，貨物引換証，倉庫証券，船荷証券なども含まれる。証券に関する行為とは，振出，裏書，引受け等の証券上の行為を意味し，売買・交換・貸借など証券自体の取引行為は含まない。

(v) 担保付社債信託法による信託の引受け（担信3条）　銀行または信託会社だけに認められ（同2条・5条），本規定がなくても商行為となる。

(b) 営業的商行為　行為が営業としてなされることにより，商行為となるものである（商502条）。ここでいう営業は，主観的営業，すなわち継続的意図をもって一定の計画に従って行う営利目的の活動をいう。「営利目的」とは，収支の差額を利得する意図があれば足り，実際に利益が出たかは問わない。また，「営業として」とは，特定の行為を継続的・集団的・反復的に行うことをいう。ただし，営業主に雇われ，もっぱら賃金を得る目的で物の製造または労

務に従事する者の行為は，使用人としての行為であり商行為ではない（同条但書）。

（i）投機貸借とその実行行為（商502条1号）　投機貸借とは，他に賃貸して利益を得る目的で，動産や不動産を有償で取得または賃借する行為であり，その実行行為とは，取得または賃借した物を賃貸する行為である。所有権の移転ではなく物の利用が投機の対象である点が，投機購買や投機売却と異なる。たとえば貸家，貸衣装業者，レンタカー，など。投機の意思を要するため，自己使用目的で取得した物を賃貸して利益を得た場合は対象外である。

（ii）他人のための製造・加工に関する行為（商502条2号）　他人のために製造または加工を引き受ける契約であり，通常は請負により行う。他人のためとは，他人から材料の給付等を受けて行うことをいい，みずからの負担で材料を仕入れた場合は投機購買である。また，製造とは，材料に労力を加えてまったく異なる種類の物にすること，加工とは，物の種類に変更を生じない程度に労力を加えることをいう。たとえば，製造は，機械器具の製作，紡績，醸造など。加工は，クリーニング，染色，精米など。

（iii）電気・ガスの供給に関する行為（商502条3号）　電力会社・ガス会社が行う電気やガスの供給契約をいい，通常は，電気やガスの売買契約である。

（iv）運送に関する行為（商502条4号）　物や人をある場所から他の場所に移動させる行為であり，物品運送と旅客運送に分類される。

（v）作業または労務の請負（商502条5号）　作業の請負とは，不動産や船舶に関する工事を請負うことをいい，労務の請負とは，労働者の供給を請負うことをいう。前者は，家屋の建築，整地，船舶の建造・修繕など。後者は，労働者派遣法に基づき厚生労働大臣の許可がある場合以外は禁止されている。

（vi）出版，印刷または撮影に関する行為（商502条6号）　出版とは，文書や図画を印刷して販売・頒布する行為，印刷とは，文書や図画の印刷・複製を引き受ける行為，撮影とは，写真やビデオ等の撮影を引き受ける行為をいう。

（vii）客の来集を目的とする場屋の取引（商502条7号）　多数の人の来集に適する設備を整えて，来集する客の需要に応えるさまざまな取引がこれに該当する。旅館，飲食店，浴場，ゲーム・センター，劇場，遊園地など。

第2部　企業取引法

(viii)　両替その他の銀行取引（商502条8号）　　銀行取引に該当するには，不特定多数の人から金銭等を受け入れる行為（受信行為）と，それらを必要とする者に融通する行為（与信行為）の双方を行う必要がある。したがって，貸金業者や質屋等の行為は銀行取引でない。また，信用金庫などの協同組織で行われる金融取引は，営利ではなく相互扶助が目的であるため，該当しない。

(ix)　保険（商502条9号）　　営利を目的として保険を引き受ける行為である。損害保険，生命保険，その他の保険のいずれでもよい。

(x)　寄託の引受け（商502条10号）　　寄託とは，他人のために物の保管を引き受ける行為であり，倉庫業者の行為がその典型例である。

(xi)　仲立ち・取次ぎに関する行為（商502条11号）　　仲立ちとは，他人間の法律行為を媒介する行為で，仲立人（同543条），媒介代理商（同27条）などの行為をさす。取次ぎとは，自己の名をもって（契約の名義人となって），他人の計算において（取引で生じた損益は他人に帰属して）法律行為を引き受ける行為で，問屋（同551条，証券会社等），運送取扱人（同559条）などの行為をさす。

(xii)　商行為の代理の引受け（商502条12号）　　委託者にとって商行為となる行為の代理を引き受ける行為で，締約代理商（同27条）の行為が該当する。

(c)　附属的商行為（商503条）　　附属的商行為は，商人が「営業のために」行うことで商行為となるもので，営業そのものを遂行するために必要な行為のほかに，営業資金の借入，事務所物件の確保などさまざまな行為が該当する。

> **一方的商行為・双方的商行為**

当事者の双方にとって商行為となる行為が双方的商行為，当事者の一方にとってのみ商行為となる行為が一方的商行為である。たとえば，小売商が卸売商から商品を仕入れる行為は双方的商行為で，一般消費者へ商品を販売する行為は一方的商行為である。

規定の適用の統一性を確保するため，双方的商行為だけでなく一方的商行為にも商法が適用される（商3条1項）。同じ理由で，当事者の一方が複数で，内1人だけに商行為となる行為にも商法が適用される（同条2項）。

第7章　企業取引の法規制

Ⅱ　商行為の通則

商行為一般に関する特則　　**(1)　緒　説**　　ここで扱うのは，商行為に特有の，営利性，迅速性，自由性などの要請により，当事者が商人でなくても，商行為である限り適用される規定である。

(2)　商行為の代理と委任　　**(a)　商行為の代理**　　**(ⅰ)　代理の方式**　　民法では代理の方式につき顕名主義がとられ，代理人が本人のために行うことを表示しない場合，代理人の行為は本人に効力を生じず，代理人自身のために行ったとみなされる（民99条1項・100条）。簡易迅速を重んじる商取引においては，代理行為の際に毎回，本人のために行うことの表示を求めるのは煩雑である。

したがって，商行為の代理の場合は，代理人が本人のために行うことを表示しない場合でも，本人に効力が生じる（商504条本文）という非顕名主義がとられている。ただし，相手方が本人のために行う行為であることを知らなかった場合，代理人に履行を請求することが可能である（同条但書）。

(ⅱ)　本人の死亡と代理権　　民法の原則では，代理人の代理権は本人の死亡により消滅する（民111条1項1号）。この原則が商取引に適用されると，事業主の死亡により個人事業主の商業使用人などの代理権が消滅するため，営業活動が中断するという不都合が生じる。そこで，商行為の委任による代理権は，本人の死亡によっては消滅せず（商506条），死亡した本人の代理人は当然に相続人の代理人になるとした。事業主の相続人は，事業から生じる債権債務を一切承継するため，後の事業の存続を含む事業方針は相続人が決定する。商業使用人等の代理権も，相続人によって授与された代理権として継続される。

(b)　商行為の委任　　民法では，委任につき，委任の本旨に従い，すなわち委任した内容の通りに，委任事務を処理するものとする（民644条）。商法では，商行為の受任者は委任の本旨に反しない範囲で，委任を受けない行為もすることができる（商505条）。

(3)　契約の申込みの効力　　**(a)　対話者間における申込みの効力**　　直接に意思の交換が可能な当事者間（対話者間）で，承諾の期間を定めず契約の申込

45

第 2 部　企業取引法

みを受けた者が，直ちに承諾をしなければ，申込みは効力を失う（商507条）。

　民法でも同様に解するのが通説で，民法の規定を明確にしたものと解されている。

　(b)　隔地者間における申込みの効力　　商取引では，直接に意思の交換が可能でない当事者間（隔地者間）において，承諾の期間を定めず契約の申込みを受けた者が相当の期間内に承諾の通知を発しないときには，その申込みは効力を失う（商508条1項）。民法では，承諾の通知を受けるのに相当な期間を経過した後，申込者は撤回が可能である（民524条）にすぎないとされるため，本条は商取引の場合の特則といえる。遅延した承諾は，申込者の側で，これを新たな申込みとみなすことができる（商508条2項，民523条）ため，拒絶することもできる。

　(4)　多数当事者の債務　　**(a)　多数当事者の連帯**　　民法では，債務者が複数いる場合，各人が平等の割合で分割した債務を負う（分別の利益。民427条）。商取引においては，債務者が複数いる場合，その1人または全員のための行為により負担した債務につき，各人が連帯して負担する（商511条1項）。複数いる債務者のいずれにとっても商行為でない場合，この規定は適用されないが，商行為となる債務者が1人でもいれば全員に本条が適用され（同3条2項），債務に関する法定利息や時効など，商法の規定（同514条・522条）に従う。

　(b)　保証人の連帯　　民法では，連帯保証でない限り，保証人はいわゆる催告の抗弁（民452条。債権者が保証人に債務の履行を請求したときに，まず主たる債務者に催告をなすべき旨を保証人が主張できる権利）や，検索の抗弁（同453条。主たる債務者の財産につき執行をなすまで自己の保証債務の履行を拒むことができる権利），および前述の保証人が複数いる場合の分別の利益（同456条）が認められる。

　債務が商行為により生じた場合や保証が商行為にあたる場合，保証人は各自が連帯して負担する連帯保証人となり（商511条2項），これらが認められない。

　(5)　法定利率　　民法上の法定利息は年5％（民404条）であるのに対し，商行為により生じた債務の法定利息は年6％（商514条）である。この利率は，商人が行う雇用契約から生じた労働債務に関しても適用される。

　(6)　流質契約の許容　　民法では，債務を弁済しなければ，債権者に質物の

第7章　企業取引の法規制

所有権を取得させることで弁済に代える契約（流質契約）は禁止される（民349条）が，商行為で生じた債権を担保する場合には許される（商515条）。民法では債務者保護のために競売など一定の手続が必要だが，商法では不要である。

(7)　債務の履行　**(a)　履行の場所**　民法では，債務を履行する場所に関し，特定物の場合には債権発生時にその物が存在した場所で，それ以外の場合には債権者の現在の住所で履行すべきとしている（民484条）。

商行為で生じた債務の場合も同様だが，「その行為の性質または当事者の意思表示によって定まらないとき」という限定のもと，営業所（または住所）で履行すべきとされる。いずれの場合も，特約によって変更可能である。

(b)　履行または履行請求　商行為により生じた債務は，法令または慣習により取引時間の定めがあるときは，その時間内に限り債務を履行し，または履行を請求することができる（商520条）。民法には，このような規定はないが，信義則上同様に解され，商法のこの規定は単なる注意規定とされる。

(8)　消滅時効　民法では，一般債権の消滅時効期間は10年である（民167条1項）が，商取引の場合には迅速な結了の観点から，時効期間は5年に短縮される（商522条）。ただし，別段の定めがある場合（運送人・運送取扱人等・倉庫営業者・場屋営業者等の責任は1年〔商566条・567条・589条・596条・615条・626条・765条・798条・810条〕）や，他の法令に商法より短い時効期間の規定がある場合（手70条，小70条，民170条・173条・174条等）は，それに従う（商522条但書）。

当事者の一方が商人である場合の商行為に関する特則

(1)　契約の申込みに対する諾否の通知義務　民法では，契約の成立には申込みに対して，明示または黙示による承諾の意思表示が必要である（民526条）。

商行為の場合，商人が平常取引を行う者から営業の部類に属する契約の申込みを受けたときは，遅滞なく諾否の通知を行う必要があり，怠れば申込みを承諾したとみなされ（商509条），当然に契約が成立する。

(2)　送付品保管義務　民法では，契約の申込みを受けた者が申込みと同時に物品を受取った場合，契約は未だ成立しておらず，申込みを拒絶しても物品を保管または返送する義務はない。

商法では，商人が営業の部類に属する契約の申込みと同時に物品を受領した

47

第2部　企業取引法

場合，申込みを拒絶しても，その物品を保管する義務を負う。その際，保管費用は申込者が負担し，物品の価額が保管費用を償うに足りない場合や商人が損害をこうむる場合は保管義務を免れる（商510条）。

(3) 商行為の有償性 **(a) 報酬請求権**　民法では，委任・寄託・事務管理など，他人のための行為を行っても，特約がない限り報酬を請求できない（民648・665・702条）。商法では，商人が営業の範囲内で他人のための行為を行った場合には，相当の報酬を請求できる（商512条）。

(b) 立替金の利息請求権　商法では，商人が営業の範囲内で他人のために金銭を立替えた場合，以後の法定利息を請求できる（商513条2項）。

民法には，こうした規定はなく，立替金の利息は請求できない。

(4) 受託者の注意義務　民法では，受寄者は特定物の保管義務につき，有償寄託の場合には善良なる管理者の注意義務（善管注意義務）を負う（民400条）が，無償寄託の場合には自己の財産に対するのと同一の注意義務を負うにすぎない（同659条）。商法では，商人が営業の範囲内で寄託を受けたときは，報酬を受け取らない場合でも，保管の際に善管注意義務を負う（商593条）。

商人間の商行為に関する特則　**(1) 金銭消費貸借における法定利息請求権**　民法では，金銭消費貸借契約において，特約がない限り，貸主に利息請求権は生じない（民587条）。商法では，商人間で金銭の消費貸借をしたとき，貸主は特約がなくても，法定利息を請求できる（商513条1項）。

(2) 商人間の留置権　留置権は，民法の規定する民事留置権（民295条〜302条）と商法の規定する商事留置権（商521条）とに大別される。商事留置権が成立するのは，①商人間において，②双方にとっての商行為によって生じた債権が，③弁済期にある場合で，④その債務者との商行為によって，⑤債務者所有の物または有価証券を占有している場合である（同条）。別段の意思表示がない限り，債権者は弁済を受けるまで，占有している物または有価証券を留置し，そこで生じる経済的利益を得て優先的に弁済にあてることができる。

民事留置権とは異なり，被担保債権と留置の目的物との間の直接の個別的な関連性（牽連関係）は必要ではなく，相互の営業上の取引により得られた債権と物という，一般的な関連性があれば足りる。また，債務者が破産した場合，

48

第7章　企業取引の法規制

民事留置権は破産財団に対し効力を失うが，商事留置権は特別の先取特権とみなされ（破66条），別除権が認められている（同65条）。会社更生法においても，更正担保権として特別の取扱いを受ける（会更2条10項，168条1項）。

Ⅲ　商事売買

総　説　売買とは，当事者の一方（売主）が，財産権を相手方（買主）に移転させ，相手方が代金を支払うことを約する契約である（民555条）。商事売買とは，当事者の双方または一方にとり商行為となる売買をいう。

売主による目的物の供託および競売　民法では，債権者が弁済の受領を拒み，あるいはこれを受領できないとき，または弁済者の過失なく債権者を確知できないときは，弁済者は目的物を供託し債務を免れる（民494条）。

また，弁済の目的物が供託に適せず，あるいは目的物に滅失または損傷のおそれがあり，または目的物の保存に過分の費用を要するときは，弁済者は裁判所の許可を得て，目的物を競売に付し代価を供託できる（自助売却権。民497条）。

商法では，商人間の売買で双方的商行為の場合，自助売却権について，売主は裁判所の許可を得ることなく，相当の期間を定めて催告した上で，その物を競売に付すことができる（商524条1項）。また，損傷その他の事由による価格下落のおそれがある物（生鮮物等）については，催告なしに競売に付すことができ（同条2項），その代価を代金に充当することができる（同条3項）。

このような供託や競売を行う売主は，遅滞なく買主に対する通知を発しなければならないが（民495条，商524条1項），民法では到達主義の原則（民97条1項）が適用されるのに対し，商法では発信主義をとる（商524条1項）。

確定期売買の履行遅滞による解除　契約の性質または当事者の意思表示により特定の日時または一定の期間内に履行しなければ，契約の目的を達成できない場合（定期行為），当事者の一方が履行せずに当該時期を経過したときは，相手方は催告なしに，直ちに契約を解除できる（民542条）。商法では，商人間の売買で双方的商行為の場合，買主が直ちに履行を請求しない限

49

第 2 部　企業取引法

り，解除の意思表示がなくても，当然に解除したとみなされる（商525条）。

買主による目的物の検査および通知　民法では，売買の目的物に隠れた瑕疵があり，または数量が不足する場合，買主はその事実を知ったときから1年以内は，売主に対し契約の解除や代金減額または損害賠償を請求できる（瑕疵担保責任）。商法では，商人間の売買において，買主に受領直後の目的物の検査義務と，瑕疵や数量不足の場合の売主への速やかな通知義務を課し，隠れた瑕疵があっても6ヵ月以内に発見しなければ責任を追及できないとし，売主への瑕疵担保責任の追及が制限される（商526条）。ただし，売主が悪意，すなわち目的物の瑕疵や数量不足を知っていた場合は例外である。

買主による目的物の保管および瑕疵　民法では，買主が瑕疵担保責任を根拠に契約を解除する場合，各当事者は相手方に対し原状回復義務を負う（民545条1項）。商人間の売買では，返品に伴う運送の危険等を考慮して，瑕疵担保責任を根拠に契約を解除する場合（商527条）や，引渡品が注文品と異なる品目違いや数量超過の場合（同528条）も含め，売主に悪意ある場合を除き，売主が適当な措置を取るまで，買主に目的物の保管・供託義務が課される。

　この場合，保管・供託の費用は売主が負担する。また，目的物につき滅失や損傷のおそれがあるときには，買主は裁判所の許可を得て競売して，代価を保管・供託し，遅滞なく売主に対して通知を発しなければならない。買主がこれに違反した場合，売主は買主に損害賠償を請求でき（民415条），買主が義務を履行した場合，買主は売主に対して相当な報酬を請求できる（商512条）。

Ⅳ　交互計算

意　義　交互計算とは，商人間または商人と非商人との取引において，一定の期間内の取引から生じる債権と債務について相殺を行い，その残額を支払うことを約する契約である（商529条）。継続的な取引関係にある企業間で，相互に多数の金銭支払関係が生じる場合，交互計算契約により一定の期間を区切り，一括して債権と債務の総額を相殺し残額を支払うことで，双方の貸借関係が明瞭になり，決済を簡素化でき，担保的機能も期待できる。

第8章
約　　款

I　普通取引約款の意義

約款とは　　企業はさまざまな相手方と大量にかつ集団的に反復継続して取引を行っているため，企業にとって，相手方と交渉し取引ごとにその都度取引条件を定め契約を締結することはきわめて煩雑である。他方，企業が行う取引はその個性を喪失している。そこで，企業取引は定形化されていく。実際上，企業はみずからが主体となる取引において，取引条件としてあらかじめ画一化・定型化された契約条項を作成しそれを内容とした契約を締結している。このような契約条項を普通取引約款または単に約款という。約款は，大量にかつ集団的に反復継続する取引の条件を定めるものであるから，企業の業態ごとにその条件は類型化され，保険業には保険約款が，運送業には運送約款が，また銀行業には銀行取引約款などが存在するが，その内容は企業ごとに異なっている。

　このような約款は，企業内においても必要な存在である。企業は組織的構造を有しており，その対内的業務は，組織内に客観的に統一された1つの基準に依拠して行われ，これにより企業はその事業に関して予測が可能となるからである。

普通取引約款とは　　普通取引約款は，保険約款を典型例として，主契約と特約に分かれる。保険約款には，基本的で標準的な契約内容を定めるものが「普通保険約款」（主約款）であり，この主約款に付随し付加されて主約款の内容を補完するものが「特約」といわれるものである。したがって，主約款を内容とする契約が締結されないまま特約だけを基礎にして契約が締結されることはないし，主約款と特約は別個の異なる契約ではなく，

51

第 2 部　企業取引法

特約が付加されて契約が締結された場合は主契約と併せて 1 個の契約となる。

Ⅱ　普通取引約款の拘束力

問題の所在　普通取引約款を内容とする契約の締結は「契約自由の原則」に基づき許される。しかし，企業と消費者との間で取引がなされる場合，約款に基づいて契約を締結することには問題がある。企業と消費者とでは，社会的・経済的力関係が極度に不均衡であるため，取引条件をめぐって対等に拮抗し合うことができないからである。また，専門的知識を有する企業が一方的に作成し，消費者はそのような専門的知識は持ち合わせておらずその作成には関与しようがないからである。

　本来，契約内容・方式については，社会的・経済的に拮抗力が等しい両当事者が交渉し具体的に決定されていくものである（「契約自由の原則」）。ところが，約款については，契約関係に入ろうとする一方の当事者は企業があらかじめ作成した約款内容を包括的に承認するかしないかの二者択一的な選択しかできない（このような契約を附合契約という）。とりわけ消費者契約の場合，消費者が小さく印刷された約款条項の文字をすべて読むことは事実上無理であり，約款の条項の一つ一つを理解して契約関係に入るわけでもない。契約締結後，企業が，消費者のなした権利行使に対して，それを拒んだ場合に，消費者に一方的に不利な条項がおかれていることが明らかとなることが多い。このような契約締結の実態から，なぜ契約当事者は約款に拘束されるのかをめぐって従来から議論がなされてきた。

　普通取引約款を使った契約が「契約自由の原則」に依拠し許容されているはずなのに，実際上一方の当事者は「契約自由の原則」を享受できていないのである。

学説・判例　**(1)　判例**（大判大正 4・12・24）　普通保険約款一般の拘束力に関するリーディングケースがある。Y 保険会社との間で火災保険契約を締結した X らの所有家屋が森林火災の延焼により消失したので，X らが保険金を請求したところ，Y 会社は，火災保険約款にある，樹林火災または森林の燃焼による損害について保険会社はてん補責任を負わない

旨の免責条項を根拠に損害のてん補責任を負わないと拒否した。この事案について，大判大正4・12・24は，火災保険契約「当事者双方カ特ニ普通保険約款ニ依ラサル旨ノ意思ヲ表示セスシテ契約シタルトキハ反証ナキ限リ其約款ニ依ルノ意思ヲ以テ契約シタルモノト推定スヘ」し，と判示した。本判決は，保険契約の当事者がとくに普通保険約款によらない意思を表示せずに契約をした場合には，反証がない限りその約款による意思で契約をしたものと推定すべきであると説示したものである。ところが，学説からは必ずしも支持されているわけではない。

(2) **学　説**　　主な学説を紹介する。第1に，契約が契約当事者を拘束するのは，契約内容について申込みの意思表示と承諾の意思表示との合致により契約が有効に成立したことによるのだから，普通取引約款を使って契約を締結する場合においても，契約当事者が約款条項の内容を了知していることと約款を契約内容とすることについて合意することが必要であるとする契約理論に忠実な学説（契約説）がある。しかし，この説では，当事者の主観的事情により拘束力の有無が定まるので，企業の取引上の定型的処理の要請を満たすことができない。そこで，必要とされる当事者の意思の抽象度を高めて，当事者が契約した以上はそこに包括的承認（附合）の意思があると考える説（附合契約説）が唱えられた。この見解に対しては，当事者に包括的承認があるというのは擬制ではないかという難点が指摘されている。

　これらに対し，当事者の主観に拘束力の基礎を求めない学説がある。1つは，約款はその内容に対して国家的規制を受ける点をとらえて，一種の法規とみる見解（法規説）である。しかし，たとえばある約款が当該業種の監督官庁により認可されても，行政官庁の監督は契約者保護の観点からなされる当該約款に対する行政官庁の適法性の判断にすぎず，とりわけ三権分立上私法上の効果に影響を与えるものではない等と批判されている。

　2つ目は，「社会あるところに法あり（Ubi societas ibi ius）」という法格言があるように，法社会学的見地から，「法」の意義を広くとらえ，約款を当該取引圏という部分社会における自治法であると見て拘束力が生じるとする説（自治法説）である。しかし，企業が中心となって形成された取引関係を部分社会

とみて約款が自治法であるととらえることは困難である。なぜなら，企業間の取引のほか，消費者対企業の取引もあり，少なくともその場合の消費者は当該取引圏を形成しているという意思に欠けるので，約款を自治法ととらえることは困難だからである。

3つ目は，約款内容そのものを商習慣ないし商習慣法と認める見解（商習慣〔法〕説）であるが，当該特定の取引圏に着目して，そこには「約款による」ことを内容として契約を締結するということが商慣習法（商１条２項）ないしは事実上の商慣習（民92条）になっていると考える見解もある（白地習慣説）。後者の説が現在の多数説である。これに対しては，新規に特定の取引圏が形成され新規に設立された企業が初めて約款を使用する場合には，商慣習法の確立は認められないし，事実上の商慣習についても，当事者に「その習慣による意思」を有しているとは考えられない（同92条）ので，説明が困難であると批判されている。

近年では，新たな観点から，約款の拘束力の根拠を当事者の意思に求める考え方が唱えられている（新契約説）。すなわち，顧客の対価性確保の期待へ向けられた客観的意思と約款文言に体現されている約款使用者の意思とが合致して客観的合意が成立し，その範囲内において約款は拘束力を持つと説明する学説や，約款を利用した契約は革新的合意部分と約款上の付随的合意部分からなり，後者には適切な開示を前提として，前者に連動して拘束力が生じるという学説，さらに，企業が約款の使用を相手方に明示し，相手方が異議なく契約締結に従った場合に約款の拘束力が認められるという学説，約款に拘束力を認めるためには，約款の内容が開示されるだけでは十分でなく，約款条項が通常の顧客にとって理解可能であり，かつ，それが顧客にとって明瞭に認識し得る状態におかれていたことが必要であるとする学説等がある。

このように約款の拘束力に関する学説は多岐に分かれている。このような「約款の拘束力」について華々しくさまざまな学説が唱えられたのは，かつて約款に基づく契約内容を適正化するための民事規制が定められていなかったので，とくに消費者に一方的に不利な不当条項が約款に挿入されている場合に，消費者をどういう理論で保護するのかという点に苦心したからである。今日では，消費者契約法が制定され，同法に基づき不当条項等の排除が可能となった

（消費契約 8 ～11条）ので，「約款の拘束力」に関する上記学説の役割が消費者契約法に取って代わられたといえるだろう。

　なお，民法（債権法）改正作業が進行中であるが，約款に関する規定の新設がその要否を含め議論されているところである（本章Ⅴ約款規制のあり方と関係法の改正）。

Ⅲ　普通取引約款に対する国家的規制

はじめに　　消費者契約法が制定されても，約款が附合契約の 1 つであることには変わりがなく，とりわけ消費者は，依然として企業が一方的に作成した約款の個々の条項について，契約締結時に交渉力（bargaining power）を発揮できないままであるから，約款に基づく契約内容の適正化を担保するため，国家が後見的に約款を規制する必要がある。

立法的規制　　約款に対する立法的規制は，法令を定め約款内容を法令に従わせ契約を適正化させる方法で行われる。消費者契約法は立法的規制の典型の 1 つであって，消費者に一方的に不利な条項は無効とされる（消費契約 8 条・ 9 条・10条）。また，約款を基礎づける法令の規定にその約款条項が抵触する場合も無効とされるのが通例である。たとえば，自賠責保険約款のある条項が自賠法の被害者保護のための規定に抵触する場合は無効とされる。

行政的規制　　行政的規制においては，許可，認可または登録という形式がとられる。許可とは，営業免許のように，法令により禁止されている行為を，特定の条件を満たすことで，禁止を解除し，特定人が適法にその行為をなすことを許す行為である。認可とは，法律で定める一定の要件を満たせば，その行為を行うことを許すものである。登録とは，法令に基づき一定の営業を行おうとする者を，有資格者として公簿に搭載する方法である。

　約款との関係においては，行政的規制は，認可という形がとられる。すなわち，約款内容の適正化を図るため，主務官庁が事業者の事業を監督する一環として約款を届出させ認可を受けさせ，それに従わなければ，行政処分を事業者に対し行うという方法によりなされる。たとえば，保険業法では，保険事業の免許を申請する者に対し普通保険約款を添付させ（保険業 4 条 2 項 3 号），事業

第2部　企業取引法

開始後，普通保険約款の内容を変更する場合には，原則として，過料の制裁を
もって（同333条1項40号）内閣総理大臣の認可を受けることを義務付けている
（同123条1項）。また，内閣総理大臣は，保険契約者等の保護を図るため必要が
あると認めるときは，保険会社に対し，約款の変更を命ずることができる（同
131条。なお，命令違反は過料により制裁の対象となる〔同333条1項44号〕）。

　そこで，普通保険約款の場合，普通保険約款の内容を変更した保険会社が，
主務官庁の認可を受けないままその約款を使って保険契約を締結した場合，そ
の私法上の効力どうなるかが問題となる。学説には，主務大臣の認可が私法上
の効力発生の要件とするものもあるが，多数説は，業法上の規定に違反しても
その契約の私法上の効力は無効となるものではないと考えている。判例（最判
昭和45・12・24）は，契約の当事者の一方が企業である船舶海上保険約款の内
容について，保険業者が一方的に変更し，主務大臣の認可を受けないままその
約款に基づいて保険契約を締結したという事案に対して，「その変更が保険業
者の恣意的な目的に出たものではなく，変更された条項が強行法規や公序良俗に
違反しあるいは特に不合理なものでない限り」，その契約も効力を有するとする。

　なお，消費者庁が，2009年に発足し消費者の利益の擁護および増進に関する
事務をつかさどっている（消費者庁および消費者委員会設置法）。

司法的規制　　右の一般的抽象的な立法的規制・行政的規制が紛争の発生前
に「事前」に規制するのに対し，司法的規制は，紛争が生じ
た後に，約款が法令に違反し無効か否か，約款を規制する行政行為が適法か否
かについて，法令に基づいて，裁判所が個別的具体的に規制する方法である。
したがって，司法的規制は，紛争が生じた後に，「事後」に規制が行われるこ
とになる。もっとも，行政も各地方公共団体に消費者生活センター等を設置
し，「事後」の相談・苦情処理等の業務を行っている。

　約款に基づく契約内容は，紛争が生じてから事後に規制されるよりも，むし
ろ紛争が生じないよう事前に規制されその適正化が図られることが望ましい。

第8章 約　　款

Ⅳ　普通取引約款の解釈

　当事者の契約の内容は「約款による」という意思表示が基礎となって約款に
拘束力が生じると解すると，約款の解釈は法律行為の解釈方法を意味すること
になる（これに対し，約款が客観的な法規であるならば〔法規説〕，約款の解釈は法規
の解釈方法に従うことになる）。その上で，約款は，①企業が不特定多数の取引を
画一的に処理するための必要性から生まれたこと，および②企業が一方的に作
成したものであるということの2点から，約款を解釈するにあたっては，次の
解釈方法に従うことになる。

客観的解釈・
統一的解釈　　　約款に基づく契約により，企業を中心に不特定多数の法律
　　　　　　　　　関係が大量に形成される。この法律関係を処理するために
は，約款の解釈方法においても，個別具体的な特殊な利益を考慮すべきではな
く，平均的合理人の理解可能性を基準に約款は客観的に解釈される必要があ
る。これにより企業を中心とする大量の法律関係の処理が可能となるだけでな
く，企業活動を予測することも可能となり，法的にも安定性が確保される。こ
のような解釈方法は，さらに，大量処理を可能にするなどの担保として導かれるも
のだから，企業を中心として形成される法律関係は，顧客圏の地域性・職域性
に応じて，それぞれの顧客圏内において解釈の統一性が確保されれば足りる。

目的論的解釈・
制　限　解　釈　　　約款の条項は完全無欠ではなく，起こり得るすべての事
　　　　　　　　　項を想定して条項をもって記述することは不可能である
（約款の欠缺）から，約款の欠缺に対しては，約款全体の趣旨・目的に合致した
解釈を行い補充する必要がある。ただ，このような解釈方法は，契約当事者の
一方である相手方に不利となる免責条項を中心に，顧客に対し企業の経済的優
位性を維持強化させることにつながり得る。そこで，企業に有利になる免責条
項等に対しては，顧客を保護するため，厳密にかつ制限的に解釈すべきである
とされる。

「疑わしきは作成
者不利に」の解釈　　　企業に有利な約款条項に不明確なものがあれば，「作
　　　　　　　　　成者不利に」の原則が適用され，不明確な条項は企業

57

第2部　企業取引法

にとって不利に，顧客には有利に解釈されるべきである。なぜなら，企業がより明確な表現をもって約款条項を作成することが可能であったにもかかわらず，不明確な表現のまま放置していたことに対する責任は，顧客ではなく企業が負うべきだからである。

V　約款規制のあり方と関係法の改正

民法（債権関係）に係る改正の動向　平成25（2013）年2月26日には，「民法（債権関係）の改正に関する中間試案」（以下「中間試案」という）が決定され，平成27（2015）年2月10日に，「民法（債権関係）に係る改正に関する要綱案」（以下「要綱案」という）が決定された。同年同月24日に，第174回法制審議会総会において，同要綱が決定され，同年3月31日に，「民法の一部を改正する法律案（以下「民法改正法案」という）等が閣議決定され，同日，国会に提出された。明治29年（1896年）に制定された民法財産編が大きく改正される見通しである。

　民法（債権関係）の改正において注目すべき点の1つは，「社会・経済の変化への対応」という観点から，定型約款に係る規定の新設が提案されているという点である。

　中間試案では，次のような規律を設けることが予定されていた（①〜④の項目分けは，執筆者による）。すなわち，① 約款とは，多数の相手方との契約の締結を予定してあらかじめ準備される契約条項の総体であって，それらの契約の内容を画一的に定めることを目的として使用するものをいう（中間試案では，このような規律は不要だという考えも示されている）。② 約款が契約内容となるための約款組入要件が新設される。契約の当事者がその契約に約款を用いることを合意し，かつ，その約款を準備した約款使用者によって，契約締結時までに，相手方が合理的な行動を取れば契約の内容を知ることができる機会が確保されている場合には，約款はその契約内容となるものとされる（約款の明示的提示を原則とし明示困難な場合を例外として規律するという考え方もある）。不意打ち条項については契約内容に組込まれないこととされる。約款に含まれている契約条

項のうち，他の契約条項の内容，約款使用者の説明，相手方の知識および経験その他の当該契約に関する一切の事情に照らし，相手方が約款に含まれないことを合理的に予測することができないものは，契約内容に組み込まれないとされる。③ 不当条項規制については，約款使用者の相手方の権利を制限し，又は相手方の義務を加重するものであって，その制限または加重の内容，契約内容の全体，契約締結時の状況その他一切の事情を考慮して相手方に過大な不利益を与える条項は無効とされる（このような規律は不要であるという考え方もある）。④ 契約成立後に組入れられた約款内容を変更するための要件についてどのような規律にするかは引き続き検討されることとされた。

　次に，要綱によれば，定型約款に対する新たな規律の柱は，① 定型約款を定義すること，② 定型約款についてのみなし合意の要件を明文化すること，③ 定型約款の内容の表示について表示義務を課すこと，および④ 定型約款の変更についての要件を明文化することとされた。

　民法改正法案では，定型約款の定義および定型約款の個別条項に合意したものとみなされる場合と合意されたものとみなされない場合についての規律（民法改正法案548条の2），定型約款準備者が定型約款の内容の表示義務を負うべき場合と例外的に負わない場合についての規律（同548条の3）および定型約款変更による契約変更の場合の規律（同548条の4）が定められた。

　約款規制に係る民法改正法案は次に述べる消費者契約法の改正とも関連がある。

> **消費者契約法に係る改正の動向**　平成12年に制定された消費者契約法の改正においても，見直しが検討されている。消費者契約法は，消費者と事業者との間に情報の質および量ならびに交渉力の格差があることに鑑み，事業者の一定の勧誘等に対する消費者の契約の申込みまたはその承諾の意思表示を取消すことができると定めるとともに，消費者の利益を不当に害することとなる条項の一部または全部を無効とする等，適格消費者団体が事業者等に対する差止請求を認め，消費者の利益の擁護を図ろうとしたものである（消費契約1条）。

　平成26（2014）年8月に，内閣総理大臣から，消費者委員会に対し，平成13

第2部　企業取引法

年4月1日の同法施行以降の消費者契約に係る「苦情相談の処理例及び裁判例等の情報の蓄積」を踏まえ，情報通信技術の発達や高齢化の進展を始めとした社会経済状況の変化への対応等の観点から，契約締結過程および契約条項の内容に係る規律等の在り方を検討するようにという諮問がなされた。これを受けて，同法の見直しが審議され，平成27（2015）年8月に，同法の中間取りまとめ（以下「まとめ」という）が公表された。

　まとめに従い，以下に約款規制に係わる審議部分を整理する。① 不当条項規制である同法10条前段の要件については，「民法，商法その他の法律の公の秩序に関しない規定」（以下「任意規定」という）の適用による場合に比し，消費者の権利を制限し，又は消費者の義務を加重する内容であることを要件としているところ（前段要件），ここにいう任意規定とは，「明文の規定のみならず，一般的な法理等も含まれると解するのが相当である」（最判平成23・7・15）から，当該条項がない場合と比べて消費者の権利を制限し，または消費者の義務を加重するものかどうかを判断するという規律とすることが適当であり、具体的な規定の在り方について引き続き検討すべきであるとされた。同法10条後段の要件については，後段要件の考慮要素として，契約条項が平易かつ明確でないことを明記することは誤解を招くおそれもあるので，後述の「条項使用者不利の原則」等において検討することとし，とくに見直さないとされた。② 不当条項の類型の追加については，同法10条の要件は抽象的であるため，契約当事者の予見可能性を高め紛争を予防する等の観点から，具体的な条項を無効とする規定を追加すべきであるという考え方に従い，その条項の類型について，同法10条の適用が争われた裁判例，適格消費者団体による差止請求事例，消費生活相談事例等も踏まえた上で，実際に用いられている契約条項の例を基に検討が行われた。追加検討すべき条項の中に，サルベージ条項がある。サルベージ条項とは，本来であれば全部無効となるべき条項にその効力を強行法規によって無効とされない範囲に限定する趣旨の文言を加えたもの（たとえば，「法律で許容される範囲において一切の責任を負いません」というもの）であるが，これを無効とする規定を設けることについては，引き続き検討することとされた。③「条項使用者不利の原則」とは，契約条項について，解釈を尽くしてもなお複数の

解釈の可能性が残る場合には，条項の使用者に不利な解釈を採用すべきであるという考え方をいうとし，この原則を定めるという考え方もあるのに対し，新民法で規定予定の定型約款の条項に限定するという案も示されたが，引き続き検討されるべき事項とされた。

　今後の消費者契約法の見直しに向けての検討に注視していく必要がある。

第**9**章
各種の営業

I 　緒　説

　企業社会には，独立の商人によって営まれるさまざまな営業があるが，本章では，他人の委託を受けてその者のために商取引の成立を補助する役割を営む仲立（なかだち）営業や問屋（といや）営業のほか，客の来集を目的とする場屋における取引を営む場屋営業を取り上げる。仲立営業（宅地建物取引業・旅行業等）や問屋営業（金融商品取引業・商品先物取引業等）は，既述の代理商（本書第5章企業の組織参照）と同様に，企業の外部にあって商人の活動を補助することをみずからの営業とするものであるが，きわめて多様な取引形態をもっている。また，場屋営業も，ホテル・旅館，飲食店，劇場・映画館等の施設の利用にかかる種々の取引形態をもっている。なお，各営業については，それぞれ，各種の業法による規制も行われているが，本書では，その基礎をなす商法上の規制を紹介する。

II 　仲立営業

仲立営業の意義　　仲立営業とは，他人間の商行為の媒介を引き受けることを目的とする営業をいう。また，この営業を行う者を仲立人という（商543条）。仲立人は媒介，つまり他人間の法律行為の成立を容易にするために尽力することを業とする者である。たとえば，旅行者と鉄道会社との間で，旅行者の依頼を受け鉄道会社への予約をすることなどを業とする旅行業者などが仲立人である。

62

第9章　各種の営業

　仲立人は媒介という事実行為を行うだけであるから，委託者の代理人として相手方と契約を締結する締約代理商（商27条）や自己の名において委託者のために相手方と契約を締結する問屋（同551条）とは異なる。また，仲立人は不特定多数の他人間の商行為の媒介を行う点において，特定の商人のために媒介を行う媒介代理商（同27条）とも異なる。

　仲立人は商行為の媒介を行う者であるから，商行為以外の媒介を行う者は民事仲立人と呼ばれ，商法上の仲立人には含まれない。結婚仲介業者や非商人間の投機的でない不動産取引の媒介を行う者は民事仲立人である。民事仲立人も，媒介を引き受けることを業とすることにより，商人となる（商502条11号・4条1項）。仲立人は商行為の媒介を行う者であるが，当事者双方にとって商行為である必要はなく，いずれか一方にとって商行為であればよい（同3条）。

　仲立人が委託者から商行為の媒介を引き受けることにより成立するのが仲立契約である。すなわち，仲立契約は仲立人と委託者との間の契約である。仲立契約には双方的仲立契約と一方的仲立契約の2種類があるが，わが国で行われている仲立契約は，特別の事情がない限り，双方的仲立契約であると解されている。双方的仲立契約においては，仲立人は，委託者である取引当事者の双方のため契約の成立に尽力する義務を負い，委託者は契約が成立した場合には仲立人に報酬を支払う義務を負うことになる。一方的仲立契約においては，仲立人が仲立契約を締結していない相手方当事者のために契約の成立に尽力する義務を負わないが，その尽力によって契約が成立した場合には，相手方当事者は仲立人に報酬を支払う義務を負うことになる。双方的仲立契約の法的性質は準委任（民656条）であるが，一方的仲立契約は請負（同632条）に準じた特殊な契約であると解されている。

仲立人の義務　　仲立人は一般的義務としての善管注意義務（民644条）を負うほか，商法上，当事者間の紛争防止のための種々の義務を負っている。

　（1）**善管注意義務**　　双方的仲立契約の場合，仲立契約の性質は準委任であるから，仲立人は委託者と準委任の関係に立つ。したがって，仲立人は委託者に対して，委任の本旨に従い善良な管理者の注意をもって媒介を行う一般的義

務を負う（民644条）。仲立人は成立する契約が支障なく履行され，委託者が契約の目的を達することができるよう注意を尽くさなければならない。一方的仲立契約の場合，仲立契約の性質は準委任ではないが，仲立人は契約関係に立たない相手方当事者に対しても公平にその利益を図る義務を負うものと解されている。

(2)　**見本保管義務**　　仲立人がその媒介する行為（売買契約など）について見本を受け取ったときは，その行為が完了するまで見本を保管しなければならない（商545条）。この義務は，取引の目的物が見本と同一の品質を有することを担保する見本売買の仲立人に課せられる特別な義務である。後日当事者間に紛争が生じた場合に証明を容易にするための証拠として保管させるものである。したがって，仲立人は，目的物の品質に関する紛争が発生しないことが確実になるかその紛争の解決が確実になるまで，その見本を保管しなければならない。

(3)　**結約書作成・交付義務**　　仲立人は，その媒介により当事者間に契約が成立したときは，遅滞なく各当事者の氏名または商号，行為の年月日（契約成立の年月日）およびその要領（契約内容の重要事項）を記載した書面を作成し，署名した後，これを各当事者に交付しなければならない（商546条1項）。ただし，各当事者の氏名または商号については，当事者がその氏名または商号を相手方に示さない旨を仲立人に命じたときは，結約書に記載することができない（同548条）。

(4)　**仲立人日記帳作成・謄本交付義務**　　仲立人は帳簿（仲立人日記帳）を作成して，これに結約書に記載すべき事項を記載しなければならない（商547条1項）。各当事者の請求があれば，仲立人はいつでもその帳簿の中の関係部分の謄本を交付しなければならない（同条2項）。当事者がその氏名または商号の黙秘を命じた場合であっても，謄本を除き（商548条），仲立人は当事者の氏名または商号を帳簿に記載しなければならない。なお，帳簿は電磁的記録をもって作成することができ（商則10条），交付も電磁的方法によることができる（同11条）。この帳簿は，仲立人自身の取引を記録するものではなく，他人間の取引を記録するものであるから，商人の会計帳簿（商19条2項）ではないが，その保存期間については，商業帳簿の規定（同条3項）を類推適用して10年と解されている。

第9章　各種の営業

(5)　**氏名黙秘義務**　当事者がその氏名または商号を相手方に示さないよう仲立人に命じたときは，仲立人は，結約書および帳簿の謄本にその氏名または商号を記載することができない（商548条）。この黙秘義務は，媒介の委託者のみならず，相手方当事者が命じた場合にも生じる。また，取引の成立後も当事者が匿名を通すことも認められるが，学説は一般に否定的である。

(6)　**介入義務**　仲立人は，当事者の一方の氏名または商号を相手方に示さなかったときは，その相手方に対して，みずから履行する責任を負う（商549条）。これを仲立人の介入義務という。相手方の氏名または商号を示されなかった当事者を保護するためのものである。なお，仲立人は，相手方に対し履行義務を負担するだけであり，相手方に対し反対給付を請求する権利は有しない。履行した仲立人は，匿名の当事者に対し求償することができる。

仲立人の権利　(1)　**報酬請求権**　仲立人は商人であるため，特約がなくても相当な報酬（仲立料）を請求することができる（商512条）。仲立料には，特約がない限り，媒介のために支出した費用も含まれるため，委託者に別に費用を請求することはできない。

仲立料を請求するためには，仲立人の媒介により当事者間に契約が成立したことが必要である（成功報酬制）（商550条1項参照）。その契約が履行されたか否かは問われないが（大判明治41・7・3），無効・取消事由のような瑕疵がなく有効に契約が成立していなければならない。なお，停止条件付きの契約の場合には，条件が成就しなければ仲立料を請求できないと解される。また，仲立料の請求前に結約書の交付を終えていなければならない（同550条1項）。

仲立料は，一方的仲立契約の場合にも，当事者双方が平分して半額ずつ負担しなければならない（商550条2項）。これは，当事者間の内部的な負担関係を定めたものではなく，特約がない限り，仲立人は委託者の相手方当事者に対しても直接に仲立料の半額ずつを請求できるという趣旨である。

(2)　**給付受領権**　仲立人は媒介という事実行為を引き受けるだけであるから，別段の意思表示や慣習がない限り，自己が媒介した行為について，当事者のために支払いその他の給付を受ける権限を有しない（商544条）。したがって，当事者が仲立人に対して支払いその他の給付を行っても，契約の相手方に対す

65

第2部　企業取引法

る履行を行ったことにはならない。なお，当事者が仲立人にその氏名または商号の黙秘を命じたときは，給付受領権限を仲立人に与える旨の意思表示があったものと解される。

Ⅲ　問屋営業

問屋営業の意義

(1) 意　義　問屋営業とは，自己の名をもって報酬（手数料）を得る目的で，他人のために，物品の販売または買入れをなすことを引き受けることを行う営業をいう。また，この営業を行う者を問屋（といや）という（商551条）。

自己の名をもってとは，みずからが行為（売買契約等）の当事者となり，その行為から生じる権利義務の帰属主体となることである。他人のためにとは，他人の計算においてということであり，取引の経済的損益を他人に帰属させることをいう。このような取引をなすことを引き受ける行為を取次ぎというが，問屋は取次ぎを行う者である。問屋が行う取次ぎの対象となる行為は物品の販売または買入れである。有価証券もこの物品に含まれる（最判昭和32・5・30）。

そのほか，物品運送の取次ぎを業とする者を運送取扱人（商559条以下）と呼ぶ。さらに，物品の販売または買入れ以外の行為の取次ぎを業とする者を準問屋（同558条）と呼ぶ。準問屋としては出版，広告，保険などの取次業者をあげることができる。

問屋は不特定多数の他人のために活動する点において，特定の商人のために活動する代理商とは異なる。また，問屋は法律行為の当事者となる点において，事実行為にすぎない媒介のみを行う仲立人とも異なる。一般に自己売買商である卸売商を問屋（とんや）と呼ぶが，商法上の問屋（といや）とは異なるものである。商法上の問屋の典型例としては証券会社や商品取引所の商品取引員をあげることができる。

(2) 問屋と委託者との関係　問屋が委託者との間で結ぶ問屋契約の法的性質は委任（民643条）である。問屋と委託者の法律関係について委任の規定が適用され，代理の規定が準用される（商552条2項。最判昭和31・10・12）。　なお，

問屋が委託の実行として行った売買によって取得した権利を委託者に移転する前に破産した場合，これらの債権や所有権は，経済的・実質的には委託者のものであるが，法律的形式に従えば問屋に帰属することから，問屋の破産財団を構成する。したがって，委託者は，取戻権（破62条）を有するか，また，問屋の債権者による強制執行に対して第三者異議の訴え（民執38条）を提起できるかが問題となる。しかし，近時の学説・判例（最判昭和43・7・11）は，委託者の保護の見地から，対象が特定されている場合には取戻しなどを認めている。

問屋の義務　**(1) 善管注意義務**　問屋契約の法的性質は委任であるから，問屋は委任の受任者として善管注意義務を負う（民644条）。したがって，問屋は委託者にとって最善の方法で取引を行い，必要に応じて，物品の保管のほか，委託者に帰属すべき権利（契約解除権・損害賠償請求権等）の保全等を行わなければならない。

また，委託者の指図があるときは，問屋はその指図に従わなければならない。問屋が指図に従わずに契約を締結したときは，委託者はその売買が自己のためになされたことを拒否したり損害賠償を請求することができる。しかし，指図に従わずに締結された契約自体は有効であり，その権利義務は問屋に帰属する。

(2) 通知義務　問屋は，委託者のために売買を行った場合，遅滞なく委託者に対しその通知を発しなければならない（商557条・27条）。売買の相手方，時期，内容などを通知しなければならない。この通知は委託者の請求を待たずに行わなければならない点で，民法の原則（民645条）に対する特則となる。

(3) 指値遵守義務　委託者が販売価格または買入価格の指値（さしね）をした場合（指値売買）において，問屋が指値よりも低価で販売または高価で買入れを行ったときは，委託者はその売買が自己のためになされたことを拒否することができる。しかし，問屋が指値との差額を負担するときは，その取引の効力は委託者に対しても生じ，委託者はその取引の計算の帰属を拒むことができない（商554条）。なお，問屋が指値よりも委託者にとって有利な価格で取引を行った場合，その差益は委託者に帰属する。

(4) 履行担保責任　問屋は委託者のために行った取引について，相手方がその債務を履行しないときは，特約または慣習がない限り，委託者に対しみず

第2部　企業取引法

から履行する責任を負う（商553条）。これは委託者を保護し，問屋制度の信用を維持するために，問屋に対し特別な履行担保責任を課したものである。

問屋のこの責任は，相手方に代わるものであるから，相手方が問屋に対して負っているものと同一内容のものである。したがって，相手方が問屋に主張することができる抗弁は，問屋も委託者に対してこれを主張することができる。

問屋の権利　**(1)　報酬請求権**　問屋は商人であるため，特約がなくても相当な報酬を委託者に請求できる（商512条）。報酬を請求できるのは委託を履行した後である（民648条2項本文）。また，委託の実行に必要な費用の前払いまたは償還を委託者に請求できる（同649条・650条）。

(2)　留置権　問屋は，反対の特約がない限り，委託者のために物品の販売または買入れを行ったことによって生じた債権の弁済期が到来しているときは，その弁済を受けるまでは，委託者のために問屋が占有する物または有価証券を留置することができる（商557条・31条）。この留置権により担保される債権は留置する目的物に関して生じたこと（個別的関連性）を要しない点で，民法上の留置権（民295条1項）と異なる。また，商人間の留置権（商521条）とも異なり，留置の目的物が債務者（委託者）の所有に属することを要しないほか，債務者が商人であることも要せず，かつ，商行為によって問屋の占有に帰したことも要しない。

(3)　供託権・競売権　問屋が買入れの委託を受けた場合に，委託者が問屋の買い入れた物品を受け取ることを拒否したり，またはその物品を受け取ることができないときは，問屋はその物品を供託しまたは相当の期間を定めて催告した後に競売に付することができる（商556条・524条）。

(4)　介入権　問屋が取引所の相場のある物品の販売または買入れの委託を受けたときは，みずから買主または売主となることができる（商555条1項前段）。これを問屋の介入権という。この場合でも問屋の報酬請求権は認められる（同条2項）。

委託者が物品の販売または買入れの委託を行う場合，委託者にとってはその相手方が誰であるかは問題とならないのが通常である。その物品の販売または買入れが公正に行われる限り，委託者の利益を害することにはならない。委託

68

第9章 各種の営業

者にとっても，委託の履行が迅速に行われるなど有利な点も見受けられ，問屋
と委託者双方にとって便利な面が多い。

しかし，問屋が自己に有利な価格で介入権を行使すると委託者の利益が害さ
れるおそれが生じる。そこで，その弊害を防ぐために介入権の対象となる物品
は取引所の相場のあるものに限定されている。また，商品取引の分野において
は介入権の行使（のみ行為）が禁止される場合が多い（商品先物取引法212条等）。

(5) 運送中の物品の取戻権 物品の買入委託を受けた問屋が買入物品を委
託者に発送した場合に，委託者が問屋に対して弁済をせず，かつ到着地におい
てその物品を受け取らない間に，委託者が破産手続開始の決定を受けたとき
は，問屋はその物品を取り戻すことができる（破63条1項本文・3項，民再52条
2項，会更64条2項）。ただし，委託者の破産管財人は債務の全額を支払ってそ
の物品の引渡しを請求できる（破63条1項但書・3項）。

Ⅳ 場屋営業

場屋営業の意義 場屋営業とは，客の来集を目的とする場屋の取引（商
502条7号）を営業とするものである。場屋営業において
は，公衆の来集に適する物的・人的設備が設けられ，そこに出入りする多数の
客がある程度の時間，そこにとどまってそれらの設備を利用するものである。
商法は，場屋営業として旅店（旅館，ホテル），飲食店，浴場を例示している（同
594条1項）。このほかにも，映画館，パチンコ店，ボーリング場なども場屋営
業と解されている。理髪店・美容院については争いがある。通説は肯定する
が，判例（大判昭和12・11・26，東京地判平成2・6・14）は，設備の利用が目的
でないことを理由に否定している。

場屋営業者は商人である（商4条1項）が，商法はこれを「場屋ノ主人」と
呼び，場屋営業者としての責任を規定している（同594条〜596条）。

場屋の主人の特別責任 **(1) 寄託を受けた物品に関する責任** 民法では，
無報酬で寄託を受けた者は，自己の財産に対するの
と同一の注意をもって寄託物を保管する義務を負う（民659条）のみである。そ

69

第2部　企業取引法

れに対し，商法では，ローマ法以来のレセプツム（受領）責任という厳格な責任を踏襲し，商人がその営業の範囲内において寄託を受けたときは，無報酬であっても，善良な管理者の注意をもって保管しなければならない（商593条）とされ，民法よりも重い責任を商人に課している。場屋営業者は商人であるから，寄託を受けた物品を善良な管理者の注意をもって保管しなければならない。

　さらに，商法は，場屋営業者は客より寄託を受けた物品の滅失または毀損につき，不可抗力により生じたことを証明しなければ，損害賠償責任を免れることはできない（商594条1項）として，場屋営業者の責任をより重くしている。

　客とは，場屋営業における設備の利用者であるが，事実上客として待遇される者であれば，利用契約が成立しているか否か，現実に設備を利用したか否かは問われない。

　寄託とは，場屋営業者が客のために物品を保管することを約束して，その物品を受け取ることによって成立する契約であると解される。しかし，保管を約束した寄託なのか，単に物品を置く設備を提供したのかの区別が判然としない場合も多い。

　不可抗力については学説の争いがあるが，通説は，不可抗力を特定事業の外部から発生した出来事で，通常必要と認められる予防手段を尽くしてもなお防止することができない危害と解している。

　(2)　寄託を受けない物品に関する責任　　客がとくに寄託していない物品であっても，場屋内に携帯した物品が場屋営業者またはその使用人の不注意（過失）によって滅失または毀損したときは，場屋営業者は損害賠償の責任を負う（商594条2項）。通説は，この責任について，場屋の利用関係に基づいて認められた法定の特別責任と解している。なお，土地工作物の占有者あるいは所有者の責任（民717条）に類似する不法行為責任と解する説もある。

　(3)　免責の特約　　商法594条1項および2項は場屋営業者の責任を規定しているが，任意規定である。したがって，場屋営業者は特約により免責または責任軽減を受けることができるが，客の携帯品について責任を負わない旨の一方的な告示を場屋営業者が行っても免責されない（商594条3項）。

　(4)　高価品の特則　　貨幣，有価証券その他の高価品については，客がその

種類および価額を明告して場屋営業者に寄託しなければ，場屋営業者はその物品の滅失または毀損により生じた損害を賠償する責任を負わない（商595条）。すなわち，「明告」と「寄託」の２つの条件が満たされなければ場屋営業者の責任は発生しないことになる。高価品と認識していなければしかるべき注意を払うことができないからである。

なお，明告なしに寄託された物品が高価品であることを場屋営業者が知っていた場合については，学説の争いがある。通説は，場屋営業者が悪意の場合には，明告の有無と損害の発生は無関係だから商法595条の適用はないと解している。

(5) 時 効 商法594条および595条に規定されている場屋営業者の責任は，場屋営業者が寄託物を返還し，または客が携帯品を持ち去った後，１年を経過したとき時効により消滅する（商596条１項）。この期間は，物品の全部滅失の場合においては，客が場屋を去ったときから起算される（同条２項）。

１年という短期消滅時効が規定されているのは，重い責任を負わされる場屋営業者の利益を考慮したものと考えられる。したがって，場屋営業者に悪意があるときはこの短期消滅時効は適用されない（商596条３項）。

第10章
運送・倉庫取引

Ⅰ 運送取引

1 総 説

緒 説 　運送取引は，企業取引の当事者間における物流に大きな役割を果たす営業（事業）活動といえるが，これは企業活動の補助業として専門的に分化・独立するに至ったものであり，経済生活の進展に伴い多数の財貨が大規模に国内・国際間で移動する現在において，きわめて重要な機能を営むものとなっている。したがって，運送取引当事者の利害調整および運送営業の健全な進展を図るため，商法その他の特別法令による規律が重要となる。

運送の種類・
類型と法規整 　運送は，その対象により物品運送と旅客運送に大別され，その行われている地域によって陸上運送・海上運送・航空運送に分けられる。さらに，現在はコンテナ等の普及により，陸上・海上・航空運送のいずれか2つ以上を組み合わせた複合運送形態も盛んに利用されている。ただ，陸上運送の場合は，地上や地下での運送のほか，空間（ロープウェイなど）や湖川・港湾（遊覧船など）における内水運送も含まれる（商569条）。

　陸上運送および海上運送の法規整は，原則として商法の規定が適用されるが，運送取引の性質上，独占的傾向に基づく普通取引約款が普及しているため，商法は補完的に適用されるにとどまる。なお，運送取引は，国民経済においても重大な作用を及ぼすことから，その組織・運営について特別法令により厳重な規整がなされることが多い。たとえば，陸上運送契約に関する鉄道営業法・軌道法，行政的取締法規としての貨物自動車運送事業法・道路運送法・鉄道事業法，海上物品運送契約に関する国際海上物品運送法，さらに海上運送では国

72

際的な商慣習・標準約款が利用されている。航空運送の法規整に関しては，行政的取締法規として航空法がある。国際航空運送の場合は，1929年のワルソー条約（1953年批准）および1975年のモントリオール議定書（2000年批准）が国内法的効力を有している。

2 物品運送契約

意義・性質　　　物品運送契約は，運送人がその保管の下に物品の運送をなすことを引き受ける契約である。その法的性質は請負（民632条以下）に属し，契約成立には運送品の引渡しや書面の作成を必要としない諾成・不要式の契約である。実際には荷送人が運送状を作成したり，また運送人が貨物引換証を発行することもあるが，いずれも契約成立の要件ではない。

契約関係者　　　物品運送契約は，物品の運送を依頼する荷送人とこれを引き受ける運送人が当事者となって成立する。

(1) **運送人の権利**　　(a) **運送品引渡請求権**　　運送人は，物品運送契約上の債務を履行するため，当然に荷送人に対し運送品の引渡しを請求できる。

(b) **運送状交付請求権**　　運送人は，荷送人に対して運送状（送り状）の作成・交付を請求することができる（商570条1項）。運送状には，運送品等に関する情報（運送品の種類・個数，到達地，荷受人の氏名・商号等）を記載し，荷送人がこれに署名しなければならない（同条2項）。この運送状に関する規定は海上運送においては存在していないが，実務上，海上運送状として利用される場合がある。また，国際航空物品運送の分野では，航空運送状が通用している。

(c) **運送賃請求権**　　運送人は商人であるから，特約のない限り運送が完了した場合，その報酬として相当の運送賃を請求することができる（商512条，民633条）。運送の途中で運送品の全部または一部が不可抗力により滅失したときは，運送人は運送賃を請求することができず，既収の運送賃は返還しなければならない（商576条1項）。運送品の全部または一部がその性質もしくは瑕疵または荷送人の過失により滅失したときは，運送人は運送賃の全額を請求することができる（同条2項）。この商法576条の規定は，海上運送において準用（同766条）され，1年の短期時効により消滅する（同589条・567条・765条）。

(d) **留置権・先取特権**　　運送人は，運送賃その他の費用（通関手続費用，倉

第2部　企業取引法

敷料，保険料等）について，その支払いがなされるまで運送品に対する留置権を行使することができる（商562条）。また，運送人は，運送賃および付随する費用に関し，その手中にある運送品について先取特権を有する（民318条）。海上運送においても，同様の規定がある（商753条）。

（e）**供託・競売権**　荷受人が不明の場合や運送品の引渡しに関して争いがある場合（品質相違，数量不足，荷受人の支払拒絶等），運送人は運送品を供託することができる（商585条1項・586条1項）。さらに，荷受人が不明の場合は，運送人は荷送人に対し相当の期間を定めて運送品の処分について指図を催告し，かつ指図がなければ，運送品を競売に付すことができる（同585条2項）。運送品の引渡しで争いがある場合には，運送人はあらかじめ荷受人に対し相当の期間を定めて運送品の受取りを催告し，その期間経過後さらに荷送人に運送品処分の指図を催告したのち，運送品を競売に付することができる（同586条2項）。海上運送の場合も，供託・競売権は認められている（同754条・757条）。

（2）**運送人の義務**　（a）**貨物引換証交付義務**　運送人は，荷送人の請求があるときは貨物引換証（後述）を作成・交付しなければならない（商571条）。貨物引換証が発行された場合，運送人は貨物引換証の所持人に対し，これと引換えに運送品を引き渡せばよい（同584条）。

（b）**運送品処分義務**（指図に従う義務）　荷送人または貨物引換証の所持人は，運送人に対し運送の中止，運送品の返還その他の処分を請求することができる（商582条1項前段）ので，運送人はこの指図に従わなければならない。指図は，当初の運送契約の範囲内のものであることを要し，運送人の義務を加重するようなものであってはならない。運送人は，この処分義務を履行した場合，すでに行った運送の割合に応じた運送賃，立替金，およびその処分によって生じた費用（積換え費用，保管費用等）の弁済を請求することができる（同条同項後段。なお，商583条1項）。この規定は，運送契約締結後の状況や買主の信用状態の変化に対応するために設けられた付随的な義務である。国際海上物品運送法（1958年施行）では，この商法582条が準用されている（国際海運20条2項）。

（3）**運送人の責任**　（a）**責任発生原因**　運送人は，自己もしくは運送取扱人（後述）またはその使用人その他運送のために使用した者（下請運送人）が，

74

運送品の受取り・引渡し・保管・運送に関して注意を怠らなかったことを証明しなければ，運送品の減失・毀損・延着につき損害賠償の責めを免れることができない（商577条）。これは，債務不履行責任を具体化したもので，その責任を加重したものではない。また，運送人は，運送契約上の債務を履行する際に他人に損害を与えた場合には，民法上の不法行為責任（民709条）が課せられることもある。とくに，損害をこうむった者が荷送人の場合には，運送人に対し債務不履行および不法行為に基づく責任追及（損害賠償請求）が両方とも生ずる，いわゆる請求権競合の問題がある。これに関して，判例（大判大正15・2・23，最判昭和44・10・17。なお，最判昭和38・11・5参照）は請求権競合を肯定しているが，債務不履行責任のみならず不法行為責任においても責任制限の特約を認めた判例（宅配便の責任制限条項が不法行為責任にも及ぶとした事件として，最判平成10・4・30）もある。ちなみに，国際海上物品運送法（1992年改正法）では，運送人の不法行為による損害賠償請求に対しても商法578条（高価品に関する特則）を準用する立法的解決がなされた（国際海運20条の2第1項）。

(**b**) 損害賠償責任の範囲　　大量かつ迅速な処理が求められる商行為としての運送取引（陸上および海上運送）においては，その運送取引の性質にかんがみ，運送人が不当に害されないために法律関係の画一的処理，すなわち損害賠償額の定型化が図られている。すなわち，運送品の全部減失の場合は，それを荷受人に引き渡さなければならない日における到着地での価格（商580条1項），一部減失・毀損の場合は，現実に荷受人に引き渡した日（延着のときは引渡予定日）の到着地での価格（同条2項）の価額減少額に，それぞれ損害賠償金額が定められている（同条3項・766条，国際海運12条の2）。したがって，運送人は，実際の損害額に関係なく，このような賠償額を支払えばよい。しかし，運送人の悪意・重過失によって減失・毀損・延着した場合は，運送人を保護する必要はなく，一切の損害を賠償する責任がある（商581条・766条，国際海運13条の2）。

(**c**) 高価品に関する特則　　運送品が高価品である場合に，荷送人が運送を委託する際に運送品の種類および価額を運送人に明告しなかったときは，運送人はその毀損・減失等により損害が生じても損害賠償責任を負わない（商578条）。ここでいう高価品とは，貨幣，有価証券，宝石など容積または重量の割

第2部　企業取引法

に著しく高価な物品をいう（最判昭和45・4・21）。海上運送において，この商法578条は準用されている（同766条，国際海運20条2項）。

(d)　責任の消滅　　商法上，特別消滅事由として，たとえ運送品に毀損・一部滅失があったとしても，荷受人が荷送人にその旨を伝えずに受け取り，かつ運送賃等を支払った場合には，運送人の債務不履行責任は消滅する（商588条1項本文）。運送品に直ちに発見できない毀損・一部滅失があった場合は，運送品の引渡日から2週間以内に運送人に通知すれば，運送人の責任は消滅しない（同条同項但書）。運送人が悪意（運送品の毀損・一部滅失を知った上で荷受人に引き渡すこと）の場合には，運送人に対する責任追及の権利は留保される（同条2項）。この特別消滅事由の規定は，海上運送において準用されている（同766条）が，国際海上物品運送法では異なる処理がなされる（国際海運14条・12条参照）。

また，運送人の債務不履行責任は，悪意（商588条2項の悪意）の場合を除き，荷受人が運送品を受け取った日（全部滅失の場合は引渡予定日）から1年で消滅時効にかかる（同589条・566条・766条）。

(4)　荷受人　　荷受人は，運送契約の当事者ではないが，運送の進行に従って一定の権利義務を有する。すなわち，荷受人は，運送品が到着地に到着する前は，運送人に対して何らの権利も持たないが，運送品が到着地に到着すれば，物品運送契約に基づく運送品引渡請求権を取得する（商573条・583条1項）。荷受人が運送品を受け取ったときは，運送人に対し運送賃等の支払義務を負う（同583条2項）が，これは法律により荷受人に対して特別の義務を課している（不真正連帯債務）。

相次運送　　(1)　通し運送の形態　　運送区間が長距離の場合，全区間を単独の運送人が行うことが困難であれば，複数の運送人が同一運送品を相次いで運送することがある。これを，通し運送もしくは相次運送（広義）という。通し運送の形態としては，①複数の運送人が各自独立してそれぞれの区間運送を引き受ける場合（部分運送または分割運送），②最初の運送人が全区間の運送を引き受け，その全部または一部について他の運送人に委託する場合（下請運送），③複数の運送人が共同して全区間の運送を引き受け，その内部において各自の担当区間を定める場合（同一運送），④最初の運送人が全区間

76

第10章　運送・倉庫取引

の運送を引き受け，それに続く運送人も荷送人のためにする意思をもって順次運送を引き継ぐ場合（連帯運送）に分けられる。②下請運送と④連帯運送は類似の形態であるが，下請運送では荷送人と契約関係（当事者）を有するのは最初の運送人だけであるのに対し，連帯運送においては運送人全員が当事者となる点で異なる。ちなみに，商法579条のいう相次運送（狭義）とは，判例において連帯運送を指すと解されている（大判明治45・2・8）。

　(2)　相次運送人の責任　　相次運送人（狭義）の責任について，各運送人は，運送品の滅失・毀損・延着につき連帯して損害賠償責任を負うとされ，これは海上運送において準用されている（商579条・766条，国際海運20条2項）。ただ，商法579条は任意規定であるため，実際は特約により運送区間に応じた責任分担がなされている。また，どの態様でも相次運送（広義）においては，後者の運送人は前者の運送人に代わってその権利を行使する義務を負い，後者が前者に運送賃・立替金その他の費用などを弁済したときは，後者は当然に前者の権利を取得すると解される（商589条・563条。相次運送人の代位）。

　(3)　複合運送　　現代社会において注目すべきは，近時の大型コンテナー運送に伴う特殊な相次運送ともいうべき複合運送である。これは，陸・海・空のいずれか2つ以上の経路を利用した全区間の運送契約を単一の運送人と締結する場合である。下請運送に類似しているが，複合運送では必ずしも複数の運送人である必要はなく，単一の運送人が全区間の運送を引き受けてもよい。しかしながら，複合運送人の責任に関して，これを直接的に規律する法規定はないので，複合運送契約上の合意または運送経路ごとに適用される運送規定により決定される。

貨物引換証　　貨物引換証は，運送人が物品を陸上運送する際に運送品の受領を確認し，これを目的地において証券の正当な所持人に引き渡すことを約束する有価証券である。これは，運送途中であっても，貨物引換証を流通させることにより運送品の譲渡・質入を可能とするものである。しかし，現在の国内運送においては，一般に運送期間が短いことから，実際にはほとんど利用されていない。

　貨物引換証は有価証券であるから，その表章する運送品引渡請求権の移転・

第2部　企業取引法

行使に貨物引換証が必要となる。具体的に貨物引換証は，①要式証券性として
その記載事項は法定化され（商571条2項），②処分証券性として運送品の処分
を行うことができ（同573条），③指図証券性として引渡し・裏書譲渡すること
ができ（同574条），④呈示・受戻証券性として引き渡すことになる（同584条）。
また，貨物引換証には，その記載された文言のみに従って運送人との法律関係
が決定され，原因関係たる運送契約の影響を受けない債権的効力（同572条），
および運送品を処分する場合に，貨物引換証の引渡しに物品の引渡しと同一の
物権的効力（同575条）を認めている。

船荷証券　　船荷証券（Bill of Lading）は，運送人が物品を海上運送する際
に運送品の受領または船積の事実を確認し，これを指定港にお
いて証券の正当な所持人に引き渡すことを約する有価証券である。その種類
は，船積船荷証券（Shipped B/L）または受取船荷証券（Received B/L。とくにコ
ンテナー船の場合，船積証明〔On Board Notation〕をつける）である。船荷証券には，
貨物引換証と同様，有価証券としての性質・効力が認められる。実際の取引で
は，船荷証券が発行されることは少ない。

3　旅客運送契約

意義・性質　　旅客運送契約は，運送人が人（旅客）の運送を引き受ける契
約である。その法的性質は請負（民632条以下）で，不要式・
諾成契約であるが，実際上は乗車券（乗船券・航空券）が発売されることが多い。
乗車前に発行される無記名式の乗車券の法的性質については，異論もあるが通
説では運送債権を表章する有価証券と解されている。

旅客運送人の責任　（1）　旅客の損害に対する責任　　旅客運送人（海上運
送を含む）は，自己またはその使用人が運送に関する
注意を怠らなかったことを証明しなければ，旅客が運送により受けた損害（生
命身体上の損害，被服の損害，旅行遅延による損害，慰謝料等）を賠償しなければな
らない（商590条1項・786条）。損害賠償額の算定は，裁判所は被害者およびそ
の家族の情況を斟酌しなければならない（同590条2項）から，民法416条2項
（予見可能性があった場合のみ特別損害賠償を認める）の例外と解される。

（2）　手荷物に対する責任　　運送人は，旅客から引渡しを受けてその保管の

第10章　運送・倉庫取引

下に運送する手荷物（託送手荷物）については，とくに運送賃を請求しないときでも物品運送人と同一の責任を負う（商591条1項・786条）。旅客から引渡しを受けていない手荷物（携帯手荷物）の場合は，その毀損・滅失について旅客運送人またはその使用者に過失があることを旅客側で立証しなければ，運送人は損害賠償責任を負わない（同592条・786条）。これは，物品運送の場合と異なり，携帯手荷物は運送人の管理下にないので，債務不履行責任に対する過失の立証責任が旅客運送人に転換されない。航空運送での手荷物の場合は，条約において同様の取扱いが行われている。

4　運送取扱営業

運送取扱人　物品運送を取次ぐ行為は運送取扱いといわれ，これを業（営業）として行う者を運送取扱人という（商559条1項）。運送取扱人は，自己の名をもって委託者の計算で運送人と物品の運送契約を締結する者であるが，取次ぎを業とするから商人である（同502条11号・4条1項）。こうした運送取扱人と委託者との間の取次契約は，運送取扱契約と呼ばれ，その法的性質は委任である。したがって，商法に別段の定めがない限り，同じく取次ぎを業とする問屋の規定が準用（同559条2項）されるとともに，民法の委任に関する規定が補完的に適用される（民643条以下）。

運送取扱人の権利　運送取扱人は商人であるから，特約がなくても当然に委託者に対し報酬請求権を有する（商512条）。その行使時期は，運送取扱人が運送品を運送人に引き渡した時点である（同561条1項）。ただし，運送取扱契約において運送賃を定めた場合（確定運送賃取扱契約）は，確定運送賃と実際に支払った運送賃の差額が運送取扱人の報酬と解されるので，特約がなければ別に報酬を請求することができない（同条2項）。

運送取扱人の義務・責任　運送取扱契約の法的性質は委任であるから，受任者たる運送取扱人には善良なる管理者の注意をもって委託された運送契約を取次ぐ義務がある（商559条2項・552条2項，民644条）。その範囲は，運送品の受取り・引渡し・保管，通関手続・積替手続・運送人または他の運送取扱人の選択など物品運送に必要な一切の業務に及ぶ。

79

第2部　企業取引法

Ⅱ　倉庫取引

1　緒　説

　倉庫取引は，運送営業と並んで商品取引の補助業として，きわめて重要な地位を占めており，実際にも運送とともに倉庫営業を兼ねる業者も存在する。倉庫取引は，大量の商品を専門的に倉庫で保管することにより一般商工業者の経費・時間・危険を軽減し，大量取引の円滑化・迅速化を実現する効用がある。ことに倉庫営業者が発行する倉庫証券（有価証券）を利用することで，保管中の商品に対する金融（譲渡・質入）の道を開く便益もある。

　倉庫取引については，その性質上国民経済的に重要な機能を有することから，商法の規定とは別に倉庫利用者の利益保護および倉庫証券の円滑な流通確保のため，倉庫業法（1956年施行）が制定されている。

2　倉庫寄託契約

意義・性質　　倉庫営業者は，他人のために物品を倉庫に保管することを業（営業）とする者であり，商人である（商597条・502条10号・4条1項）。倉庫寄託契約は，物品の保管をなすことを目的とする契約であるから，寄託契約（民657条）の一種である。民法上は，寄託は要物契約であるが（同条），倉庫寄託契約は，運送契約と同じく倉庫営業者（受寄者）が寄託者の物品引受けの意思表示をすることにより成立する諾成契約と解されている。したがって，物品の引渡しは，倉庫営業者に対する保管義務の発生要件にすぎず，契約の成立要件ではない。ただ，倉庫寄託契約の申込みに関して，実務では約款により寄託申込書の提出を義務づけている。

倉庫営業者の権利　　**(1)　保管料・費用償還請求権**　　倉庫営業者は商人であるから，特約がない場合でも当然に寄託者に対し保管の対価としての報酬，すなわち保管料（倉敷料）請求権を有する（商512条）。その他，立替金や受寄物に関する費用（通関手続費用や保険料など）を支払ったときは，その償還を請求できる（民665条・650条1項）。これらの請求ができるのは，特約がなければ受寄物の出庫時（商618条本文）であるが，保管期間が満

第10章　運送・倉庫取引

了した場合は，出庫しなくてもただちに請求できる。また，保管期間前の倉庫寄託契約の終了または一部出庫の場合は，その割合に応じた保管料（割合保管料）を請求することができる（同条但書）。

倉庫証券が発行された場合の保管料等の支払義務者については，物品運送契約における荷受人の義務のような規定（商583条2項）は存在していないが，判例・学説上，原則として倉庫証券の所持人に支払義務があると解されている（最判昭和32・2・19）。

(2)　留置権・先取特権　倉庫営業者は，保管料等の請求権を担保するため，寄託物に対する留置権（商521条，民295条），動産保存の先取特権（民320条），寄託物を競売した場合の競売代金に対する先取特権（商611条）が認められている。

(3)　供託・競売権　倉庫営業者は，保管期間の満了後，寄託者または預証券もしくは倉荷証券の所持人が寄託物の受取りを拒否する，または受け取ることができない場合は，寄託物を供託または競売することができる（商624条1項・524条1～2項・627条2項。預証券については，同603条2項参照）。競売（具体的手続については，同524条1～2項参照）が実行されれば，倉庫営業者は，競売代金の中から競売に関する費用，受寄物に課すべき租税，保管料，その他保管に関する費用および立替金を差し引いて，その残額を寄託者または預証券もしくは倉荷証券の所持人に支払うことになる（同624条2項・611条2項・627条2項）が，受取りが拒否されまたは受取人が不明であれば供託せざるを得ない。

| 倉庫営業者の義務 |

(1)　保管義務　倉庫営業者は，営業の範囲内において寄託を引き受けた場合，報酬の有無にかかわらず善良なる管理者の注意をもって寄託物を保管（保存・管理）しなければならない（商593条）。保管に関して，これを他の倉庫営業者に下請させるには寄託者の承諾を得なければならない（民658条1項）が，実務上，約款で再寄託についての条項を設けている。保管期間については，それを契約で定めている場合，倉庫営業者はやむを得ない事由（寄託物が腐敗する場合など）がある場合を除き，その期限前に返還することができない（同663条2項）。保管期間の定めがない場合は，倉庫営業者はやむを得ない事由がある場合を除き，入庫日から6カ月を経過しなければ受寄物の返還をすることができない（商619条。ただ，約款20条に

81

第2部　企業取引法

おいて保管期間は3カ月に短縮されている）。なお，倉庫証券を発行する場合は，原則として受寄物に火災保険を付すことが要求されている（倉庫14条）。

(2)　**倉庫証券交付義務**　倉庫営業者は，寄託者の請求があるときは，倉庫証券（預証券および質入証券の2枚セット，または倉荷証券）の作成・交付義務がある（商598条・627条1項）。なお，実際は倉荷証券のほかに商慣習として，荷渡指図書なる証券が利用されることが多い（一種の免責証券）。

(3)　**点検・見本摘出・保存行為の許容義務**　倉庫営業者は，寄託者または預証券・倉荷証券の所持人の請求があれば，営業時間内いつでも寄託物の点検・見本の摘出または保存に必要な処分をなす義務がある（商616条1項・627条2項）。また，質入証券の所持人に対しては，寄託物の点検の求めに応ずる義務がある（同616条2項）。

(4)　**返還義務**　倉庫営業者は，保管期間の有無にかかわらず，寄託者または倉庫証券の所持人の請求があれば，いつでも寄託物を返還しなければならない（民662条）。倉庫証券が発行された場合は，当該証券（預証券および質入証券のセット・倉荷証券）の所持人に対してのみ証券と引換えに寄託物の返還義務を負う（商620条・627条2項）。もし寄託物に質権が設定されて預証券のみの所持人であれば，所持人の債権者に対する弁済額を倉庫営業者に供託することにより寄託物の返還義務を負わすことができる（同621条。一部返還については，同622条参照）。

(5)　**帳簿作成義務**　倉庫営業者は，倉庫証券を発行した場合，受寄物の権利関係等を把握するために倉庫証券控帳を作成しなければならない（商600条・605条・612条・622条1項・628条）。

(6)　**受寄物の滅失・毀損による損害賠償義務**　倉庫営業者の受寄物の滅失・毀損に対する損害賠償義務については，物品運送人の責任に準じた取扱いがなされている（商617条・625条・588条・626条）。

第11章
金融・信用取引

Ⅰ 販売信用

1 総 説

　高額の商品を入手するため代金を分割払いするという発想は，通貨が使用される以前から存在していたという。手持ち資金以上の商品を購入させる販促手段として有用であった。

　無利息の翌月一括払いを原則とするクレジットカードも，20世紀初頭のアメリカで，多量の現金を持ち歩かない旅行客にホテルやレストラン等を利用してもらえるよう工夫された。その後，いわゆる三当事者型の汎用性カードが出現し，すでに存在していた割賦販売と組み合わされて現在のようなさまざまな支払い方法が提供されるようになった。

　計画的な利用者にとっては，このような決済方法は便利であり，購買量が増えることで事業者も潤うことになるが，安易に利用すれば経済的な破綻を招く。悪質商法等に利用されれば，被害額を増加させることにもなる。また，クレジットカードでは，盗難などによる不正使用の危険が避けられない。本節では，販売信用に関する現行法の概要とこれに関わる事件について述べる。

2 割賦販売法上の販売信用類型

射程距離　　いわゆるクレジットのうち，クレジットカードの翌月一括払いを除く決済については，割賦販売法により規制されている。割賦販売法は事業者の健全な育成を目的として制定されたが，のちに利用者保護の発想から何度も改正され，現在は消費者法の一部をなす内容となっている。特定商取引法はここから独立したもので，後述のようにリンクする規定がある。

83

第2部　企業法の基礎

二当事者与信と三当事者与信　　二当事者与信とは，販売者と与信者が同一の者であり，割賦販売がこれに該当する。二当事者与信は，販売契約に何らかの問題があっても，購入者は直接販売者にそのことを主張できる。

　これに対し，三当事者与信では，購入者と販売者のほか，信販会社等の与信者が介在する。購入者は，販売店から商品等を購入し，実質的な支払いは与信者に行う。この2つの契約は法律上は別であるものの，経済的には深い関係があり，その調整のため特別規定がある。ローン提携販売と信用購入あっせんとがこれに該当する。

個別方式と包括方式　　割賦販売法は，商品等を購入するつど後払い等の契約をする方式（個別方式）と，あらかじめクレジットカード等を発行し，それを提示して商品等を購入する方式（包括方式）とを区別する。包括方式の分割払いにはリボルビング払い（別に定めた与信枠の限度まで商品等の購入ができ，その残高にかかわらず所定の月額を支払う）や，ボーナス一括払いも含まれる。

取引類型　　割賦販売法の規定する取引の概要は次の通りである。

(1)　割賦販売および前払式割賦販売（割賦2条1項・3条〜29条）

　商品（指定商品・指定権利・指定役務）の購入者が，その代金を販売者に2ヵ月以上かつ3回以上に渡り分割して支払う（割賦2条1項，役務については「役務の提供を受ける者」「役務を提供する事業者」）。個別方式・包括方式（リボルビング払い）いずれも可能である。支払期間が長期となることから，権利関係を明確にし，両当事者を保護するため，取引条件の表示義務（価格・支払期間・手数料など。同3条），取引条件等についての書面交付義務（同4条），所有権留保の推定（同7条），契約の解除の制限（同5条），損害賠償額の制限（同6条）がある。前払い方式で，販売者と購入者の取次を行うことは前払式特定取引と呼ばれる（同2条6項・35条の3の61〜62）。

(2)　ローン提携販売（割賦2条2項・29条の2〜4）　　金融機関が，一方で，与信枠（利用限度額）を決めて利用者（会員）にローンカード等を発行しておき，他方，販売者（加盟店）とあらかじめ加盟店契約を締結しておく。利用者がカードを提示（または番号等を通知）して販売者から商品（ないし権利・役務）を購入

すると，利用者はその代金相当額を金融機関から借り入れたこととなり，販売者は購入者のためにその債務を保証する（割賦2条2項）。利用者は，借入金を分割して弁済する。販売者が利用者の弁済完了まで保証契約に拘束される点で下記の包括信用購入あっせんと異なる。割賦販売と同様，取引条件の開示義務（同29条の2）・書面交付義務（同29条の3）がある。

　(3)　包括信用購入あっせん（割賦2条3項・30条～35条の3）　　信販会社等のカード発行者（包括信用購入あっせん業者）は，一方で，与信枠（利用限度額）を決めて利用者（会員）にクレジットカードを発行しておき，他方，販売者（正確には，包括信用購入あっせん関係販売業者ないし役務提供事業者）とあらかじめ加盟店契約を締結しておく。利用者がカードを提示（または番号等を通知）して販売者から商品（ないし権利・役務）を購入すると，カード発行者はこの代金から手数料を差し引いた額を販売者に支払う。購入者は後日，カード発行者に代金分割払い等で（ボーナス一括払い・リボルビング払を含み，翌月一括払いを除く，通常は銀行引落し）支払う。この構造全体を「包括信用購入あっせん」と呼ぶ（割賦2条3項)。クレジットカード取引のうち翌月一括払いを除いた取引が典型例である。

　信販会社等を通じて購入者が金融機関から融資を受けて支払いに充てる（信販会社等はこの債務を保証する）いわゆる提携ローン（四当事者与信）のうち，ローンカード等を発行するタイプもこれに含まれる。

　(4)　　個別信用購入あっせん（割賦2条4項・35条の3の2～35条の3の35）個別クレジットと呼ばれる取引が典型例である。個別信用購入あっせん業者（信販会社等）はあらかじめ販売者（包括信用購入あっせん同様，正確には個別信用購入関係販売業者ないし個別信用購入あっせん役務提供事業者）と加盟店契約を締結している。購入者が販売者から商品（権利・役務を含む）を代金後払いで購入しようとするとき，販売者は同あっせん業者のために，立替払契約の申込みを受ける。後日（あるいは後刻）同あっせん業者が電話等で購入者に契約意思を確認し両者間で立替払契約が成立する。同あっせん業者は代金から手数料を差し引いた額を販売者に支払い，購入者は後日同あっせん業者に代金を分割払い等で（ボーナス一括払い・リボルビング払いを含み，翌月一括払いを除く）支払う。こ

第2部　企業法の基礎

の構造全体を「個別信用購入あっせん」と呼ぶ（割賦2条4項）。

　立替払契約ではなく，購入者が金融機関等から金銭を借り入れて代金に充当し販売者が保証人となる方式（(2)の個別タイプ，オートローンなど），および信販会社を通じて金融機関等から金銭を借り入れて代金に充当する方式（委託保証型クレジット等，信販会社が保証人となる，(3)の四当事者与信の個別タイプ）もこれに含まれる。

3　抗弁の対抗と既払金返還

割 賦 販 売 法
30条の4の意義

信用購入あっせんでは，販売契約等に取消原因などの瑕疵があっても，クレジット契約は法律上別であり，直接影響は及ばない。購入者は，販売契約を失効させても，代金支払い債務は残ってしまう（販売者はすでに代金を回収しているから，購入者からのクレームに応じるインセンティブがない。）このことを是正するため，割賦販売法は，信用購入あっせん・ローン提携販売について，販売業者との間に生じている抗弁を，あっせん業者等に対抗することができると規定する（支払停止の抗弁，割賦30条の4・35条の3の19・29条の4第2項）。購入者はこのとき未払分の支払いを免れる。しかし判例は，既払金の返還までは認めていない（最判平成2・2・20，同23・10・25など）。

既払金返還

近年，悪質な勧誘方法で高額商品を購入させる事件が増加してきたことを受けて，既払金の返還を認める下級審判決が現れてきた。いわゆるデート商法による販売契約を公序良俗違反で無効とし，「不可分一体」のクレジット契約も失効するとした判決（名古屋高判平成21・2・19，上記23年最判の原審），同様の事例で，媒介者の法理（消費契約4条および5条）によりクレジット契約の取消を認めた判決（大津地判平成21・10・2），未成年者取消権が問題となった事例で，カード会社の請求を権利濫用ないし信義則違反として不当利得返還を認めた判決（京都地判平成25・5・23）などである。

　その後，個別信用購入あっせんについては，後述4のように独自の規定が新設され，既払金返還が直接認められるようになった。しかし，包括信用購入あっせん・ローン提携販売についてはこの問題は残されたままである。あらかじめ会員契約を締結しておく包括信用購入あっせん等では媒介者の法理も困難

86

第11章　金融・信用取引

である。信販会社と加盟店の間に，アクワイアラー（加盟店管理会社）や決済代行業者等が介入する類型では，問題はより複雑になる。

4　個別信用購入あっせんをめぐる問題

**クーリング・オフ　　個別クレジットはカードが不要で，立替払契約の審査
と　取　消　し　　　も簡単であり（購入者に電話で確認するなど）比較的安**
易に利用できる。そのため，悪質な販売業者に利用されて被害が広がることも
多かった。そこで，割賦販売法は平成20年の大改正に際し，個別信用購入あっ
せん契約を直接失効させる規定を新設した。次の通りである。

（1）**クーリング・オフ**　　訪問販売（営業所以外での契約申込みまたは締結，も
しくは勧誘の開始。特商2条1項）または電話勧誘販売（同条3項）により商品等
を購入する者が個別クレジット（個別信用購入あっせん関係受領契約，割賦35条の
3の3）を申込んだとき，販売者および個別信用購入あっせん業者はそれぞれ
契約書面を申込者に交付しなければならない（同35条の3の8～9）。この書面
が交付された日から8日以内であれば，申込者は，書面により，両方の契約の
申込みの撤回ないし契約の解除ができる（クーリング・オフ，同35条の3の10第1
項）。この通知は，あっせん業者に対してのみでよい（同条4項）。あっせん業
者や販売業者は違約金等の支払を請求できない（同条6項）。申込者の既払金は
返還される（同条9項）。特定継続的役務提供・特定連鎖販売（マルチ）・業務提
供誘因販売の場合には，より申込者に有利な規定がある（割賦35条の3の11第1
項2号・3号）。つまり，特定商取引法により売買契約等がクーリング・オフで
失効するときは，その支払いのためのクレジット契約も割賦販売法で直接失効
するのである。

（2）**過量販売にかかる無条件撤回等**　　訪問販売により「通常必要とされる
分量を著しく超える商品」（特商9条の2）等を購入する者が個別クレジットを
申し込んだ場合，申込者は1年以内であれば，個別クレジット契約の申込みの
撤回ないし契約の解除ができる（割賦35条の3の12）。当該販売契約の無条件撤
回等を規定する特定商取引法9条の2の新設を受けて，クレジット契約も失効
させる規定である。(1)と同様，違約金は認められず，既払金も返還される。

（3）**不実告知等に基づく取消し**　　訪問販売または電話勧誘販売で商品等を

87

第2部　企業法の基礎

購入する者に対し，販売者が個別クレジットを勧誘するとき，販売契約または
クレジット契約の重要な内容について不実のことを告げたため申込者がそれを
事実と誤認したとき（または故意に事実を告げなかったことでその事実が存在しない
と誤認したとき），申込者はクレジット契約を取り消すことができる（割賦35条の
3の13第1項）。既払金は返還される（同条4項）。連鎖販売・特定継続的役務提
供・業務提供誘因販売の場合には，訪問販売等でなくても同様に取消しできる
（同35条の3の14〜16）。この取消権は，追認することができる時期から6ヵ月の
経過または契約締結から5年の経過で時効消滅する（同35条の3の13第7項）。

　(2)と同様，当該契約の取消しを規定する特定商取引法9条の3の新設を受け
て，クレジット契約も失効させる規定である。個別クレジットは通常，販売者
が勧誘するものであるという実務に即した規定であり，販売者をあっせん業者
の媒介者（消費契約5条）と認めたものである。

架空クレジット　　運転資金に窮した販売者が，信用購入あっせん業者から
支払われる立替金を目当てに，架空取引に基づいたクレ
ジット契約を締結することがある。このとき，購入者かつクレジット申込者と
された名義人の責任が問題となる。現実には，販売者が名義人を騙して，架空
クレジットの認識がないまま，あっせん業者からの契約確認の連絡に応じさせ
るという事件が多い。このような事件では，名義人と販売店に共謀がない場
合，判例・学説とも何らかの理由で名義人の免責を認める見解が有力であった。
そして，20年割賦販売法改正後では，同35条の3の13第1項（不実告知，前述4
(3)）によりクレジット契約の取消しを認めた判例が現れている（旭川地判平成
26・3・28，「（名義人の）支払負担を不要とする旨の説明」も不実告知に含まれるとし
た）。

5　クレジットカード特有の問題

不正使用　　クレジットカードは呈示ないしカード識別情報等の通知だけで
利用できる便利なものである反面，他人による不正使用の危険
も高い。とくに最近では，カード自体ではなくカード情報を何らかのかたちで
取得して不正使用する事件が相次いでいる。割賦販売法は，平成20年改正で，
クレジットカード発行者や販売業者等に対しクレジットカード番号等の適切な

第11章　金融・信用取引

管理のため必要な措置を義務づけている（割賦35条の16）。

　他方，カード名義人の落度が不正使用にいたる事件もある（札幌地判平成7・8・30，大阪地判平成5・10・18など）。カード発行会社から名義人に交付されるカード規約では，会員（名義人）にカード保管や取扱いについての善管注意義務を課している。そして，カードの盗難・紛失による不正使用による損害は原則としては発行会社が負担するが，家族等関係者の使用等，名義人側に重過失がある場合は名義人の負担とする旨の免責条項が置かれている。加盟店が手作業で利用手続を行っていた頃（上記大阪地判参照）に比べ，現在ではCAT等のオンライン認証システムや監視システムも充実してきたものの，他人による不正使用を完全に防ぐことは困難である。また，インターネット取引など，カード識別情報による事件も後を絶たない。PIN・暗証番号など，本人確認方法が工夫されてはいるが，最近では，未成年の子による親のカードの無断使用の事件が目立つ（長崎地判平成19・4・29，京都地判平成25・5・23など）。

二月払い購入あっせん　翌月一括払いのクレジットカード取引（二月払い購入あっせん）は，原則として割賦販売法の適用範囲外であり（カード情報保護のみ規定されている，割賦35条の16），抗弁の対抗も認められていない。そもそもこれが与信なのか，決済の一方法に過ぎないのかという前提で争いがある。

Ⅱ　消費者金融と過払金返還

緒　説　1980年頃から，無担保でもっぱら非商人相手に小口融資を行う消費者金融業者が増加してきた。「サラ金」（サラリーマン金融）等と俗称され，気軽に融資を受けることができる反面，安易ないし不注意な利用で「サラ金地獄」と言われるような経済的破綻に至る者が少なからず現れてきた。この状態を改善しようと制定されたのが貸金業等規制法（現・貸金業法）だったが，これは場合によっては事態を悪化させることにもなった。

グレーゾーン金利と過払金請求　もともと，金銭消費貸借の利息の上限については2つの基準があった。1つは利息制限法で，年15％〜20％

89

第2部　企業法の基礎

を上限とし，これを超過した部分は無効となる（利息1条）。もう1つは出資法
（出資の受入れ，預り金及び金利等の取締りに関する法律）で，上限金利を超える利
息を約定すると刑罰が科される（出資5条）。出資法の上限は，制定当初は
109％，その後40％に下がった（現在は後述のようにさらに下がる）。

　貸金業等規制法制定前まで，判例は，当時の利息制限法1条2項が任意に支
払われた超過利息は返還されない旨定めていたにもかかわらず，民法491条に
より超過利息を元本に充当できることを認めていた（最判昭和39・11・18）。と
ころが，貸金業等規制法は，貸金業者が契約書面・受取書面を交付していれば，
利息制限法超過部分の支払いも有効な弁済とみなされる旨の規定を置いた（み
なし弁済，旧43条）。そのため，利息制限法の上限を超えても出資法の上限に至
らない部分については，事実上，民事的にも有効と扱われるようになってし
まった。この差の部分がいわゆる「グレーゾーン金利」である。

　平成18年，利息制限法・出資法・貸金業等規制法が大幅に改正された。利息
制限法1条2項は廃止され，貸金業について遅延損害金の上限を決めるなどの
規定を置いた。出資法は，上限金利を20％に下げ，グレーゾーンをなくした。
貸金業等規制法は貸金業法に改められ，みなし弁済は廃止された。これによ
り，旧法当時借金をした者は，超過部分の利息相当額について返還請求できる
ようになった。いわゆる「過払金返還」である。

Ⅲ　金融商品販売規制

金融商品販売法　バブル経済を背景に，1980年頃から多種多様な金融商品
　　　　　　　　　が登場し，一般庶民も金融市場に参加するようになっ
た。その後の不況期にも，今度は低金利と将来への不安などから新たな殖財方
法として金融商品が注目された。しかし，中には複雑で危険性がわかりにくい
ものも多く，理解できないまま安易にハイリスク商品を契約し，多額の損害を
被る例が頻発した。もちろん，投資で損をしても本来は自己責任であるが，中
には，虚偽に等しいセールストークで，内容を理解できない高齢者などに危険
な商品を押しつけるような不当な販売もみられた。「相続税対策」として強引

第11章　金融・信用取引

な販売もみられた融資付変額保険もその例である。

　判例は当初，救済に消極的であったが，次第に，説明義務違反による不法行為などの埋由で金融商品販売業者の責任を認めるようになった。その後販売業者と共同で融資付商品を勧誘・融資した銀行等についても同様に損害賠償ないし返還を認める判決が現れてきた。

　この動きに応じて，平成12年，「金融商品の販売等に関する法律」が制定された。同法が規定する金融商品は，金融商品取引法とほぼ同様で，預金・投資信託・保険・証券等多岐にわたる（金販2条）。金融商品販売業者の説明義務が明定され（同3条），断定的判断の提供が禁止される（同4条）。説明義務違反または断定的判断の提供により顧客が損害を被ったときは，販売業者は損害賠償責任を負う（同5条）。元本の欠損が損害と推定される（同6条）。これは無過失責任である。これにより，契約者の救済は格段に進んだ。

適合性の原則　　金融商品の販売規制としては，金融商品取引法に規定されるいわゆる「適合性の原則」がある（金販40条）。ある金融商品について，その内容を十分理解できない者に対して販売してはならないという趣旨である。この原則に違反した場合の効果は明示されていないが，違法性があるとして不法行為に基づく損害賠償が可能ではないかと考えられている。

91

第12章
証券取引

I　金融商品としての有価証券

金融商品取引法上の有価証券　(1) **定　義**　金融商品取引法2条1項は，1号から21号において有価証券を限定列挙によって定義する。各号に書かれた証券が，金融商品取引法上の有価証券である。21号は「流通性その他の事情を勘案し，公益又は投資者の保護を確保することが認められるものとして政令で定める証券又は証書」と規定する。したがって，21号の授権の下，内閣総理大臣（金融庁）は，政令指定によって機動的に当該証券に対し金融商品取引法を適用できる。第1項有価証券は，紙媒体の証券を対象とする。

　一方，金融商品取引法2条2項は，①第1項有価証券であって紙媒体でないもの（有価証券表示権利），②「流通性その他の事情を勘案し……政令で定める」電子記録債権，および③第2項1号から7号において規定されたもの，と定義する。つまり，第2項有価証券は，紙媒体の証券（民商法上の有価証券）である必要はない。第2項7号は，第1項同様，政令による指定を授権する。

　(2) **学　説**　有価証券の特徴は何かということに力を注ぐよりも，投資者を保護するため法律上の規制（たとえば，情報開示義務および不公正な取引の禁止）を行うべきか否かという観点から，有価証券の範囲を画定すべきだという学説（通説）がある。投資者保護説である。たとえば，投資目的でアンティーク家具を購入した場合，家具の真偽や価値は家具を調べればわかる。しかし，証券の価値は紙片としての証券をいくら調べてもわからない。投資者が①自己の資金を投資し，②その投資先が共同事業であり，③利益を期待し，かつ④その利益がもっぱら第三者の努力によって生じる場合，この投資上の地位（権利）を

92

第12章　証券取引

有価証券とする。つまり，一般の商品と異なり，商品価値に対する物理的な管理・支配ができないことが，金融商品としての有価証券の特質である。

デリバティブ取引──定義　金融商品取引法は，デリバティブに対しても適用される。デリバティブとは，金融派生商品と訳されるように，一般には，金融商品から派生したすべての金融商品を指す。しかし，金融商品取引法の定義はこれと異なる。つまり，金融商品（金商2条24項）と金融指標（同条25項）という2つの用語を使い，市場デリバティブ取引（同条21項），店頭デリバティブ取引（同条22項）および外国市場デリバティブ取引（同条23項）として，限定列挙によって定義する（同条20項）。たとえば，新株予約権証券は，経済用語としてデリバティブである。しかし，金融商品取引法上はデリバティブではなく，有価証券に分類される（同条1項9号・2項）。これは株券（同条1項9号）を元資産とする金融派生商品であるため，有価証券として定義されたからである。

金融商品取引法の適用範囲　**(1)　法と法執行**　金融商品取引法を施行する監督官庁は，内閣府の下にある金融庁である。たとえば，有価証券またはデリバティブ取引に対し，金融庁の業法的規制（販売・投資勧誘規制）が及ぶ。したがって金融庁には，内閣府令の改正等を通じ機動的に金融商品取引法を施行すること，行政行為を通じて投資者保護の実効性を高めることが期待される。なお，金融商品取引法違反行為に対し，内閣総理大臣（金融庁）等は，裁判所に対して，その行為の禁止命令を発するように申立てができる（金商192条1項）。金融商品取引法29条に違反した無登録業者に関し，有価証券の募集等を禁止した事例がある（東京地決平成22・11・26）。

　有価証券とデリバティブ取引という2つの概念により金融商品取引法の適用範囲が画定される。限定列挙が採用された理由は，金融商品取引法中の刑罰法規について，罪刑法定主義に配慮し法律の適用範囲を明確にするためである。

　(2)　学　説　第1に，投資商品説がある。平成18年金融商品取引法制定の基になった金融審議会金融分科会第一部会報告「投資サービス法（仮称）に向けて」によって採用された。投資商品とは，「①金銭の出資，金銭等の償還の可能性を持ち，②資産や指標などに関連して，③より高いリターン（経済的効

93

第 2 部　企業法の基礎

用）を期待してリスクをとるもの」である。ここでリスクとは，理論的には相
場変動による市場リスクに限定されず，発行者の財産状況による信用リスクを
含む。つまり，リスクの解釈によって，銀行預金・保険契約が規制対象となり
得る。しかし，平成18年金融商品取引法は，これら銀行預金・保険契約を規制
の対象外として立法された。ただし，投資性がある銀行預金（たとえば外貨建預
金等）・保険契約（たとえば変額保険等）には，金融商品取引法の投資勧誘規制が
準用される（銀行13条の４，保険300条の２）。第２に，銀行預金や保険契約を金
融商品取引法の規制から外す学説として共同事業投資説がある。第３に，銀行
預金や保険契約も規制対象とすべきであるという一般金融商品説がある。な
お，金融商品の販売等に関する法律（平成12年法律101号）で規定される「金融
商品の販売」は，一般金融商品説が採られている（金販２条１項）。

Ⅱ　金融商品取引法

金融商品取引法の目的　　（1）　**目的条項**　　金融商品取引法１条は，「国民経
済の健全な発展及び投資者の保護」を金融商品取引
法の究極の目的と規定する。この２つの目的について，投資者保護を優先する
と解する一元論が，通説（投資者保護説）である。国民経済の健全な発展とい
う用語は経済法規一般に共通して使われる言葉であり，金融商品取引法に特有
の目的は，投資者の保護に尽きるという。しかし，近時は，この２つの目的が
矛盾することはなく，ともに目的であるという二元論が有力となっている。

　（2）　**自己責任原則と投資者保護**　　投資者保護とは，単純に「投資者に損を
させない」という意味ではない。市場経済の下，証券取引において利益を得る
のも，あるいは損をするのも投資者の自己責任である。ただし，投資者に対し
自己責任を求めるには，３つの条件が必要である。すなわち，①証券に関して
十分な情報開示が行われていること。②公正な証券市場において証券取引が行
われること。③適切な投資勧誘の下で証券取引が行われていること，である。
　つまり，自己責任原則とは，「この３つの条件が満たされている限り，投資
者は，当該証券取引によっていかに多額の損失を被ろうとも，何者に対しても

その損害の賠償を求めることはできないし，またそのような賠償が認められてはならない」原則である。言い換えると，この前提条件の成立を阻害した者に対し，投資者は，当該取引によって被った損失の回復を求めることができる。

このように3つの条件が満たされた取引において，証券市場を通じて資本の効率的な配分も実現され得る。つまり，「自己責任原則を妥当させること」が投資者保護の意味であり，同時に，資本の効率的な配分も達成され得ることから，国民経済の健全な発展を意味する。自己責任原則というルールを媒介として，金融商品取引法の2つの目的は矛盾しない。

Ⅲ 金融商品取引所

金融商品取引所　金融商品取引所とは，内閣総理大臣の免許を受けて金融商品市場を開設する金融商品会員制法人または株式会社である（金商2条16項）。ここで金融商品市場とは，有価証券の売買または市場デリバティブ取引を行う市場を指し（同条14項），取引所金融商品市場とは，金融商品取引所が開設する金融商品市場のことである（同条17項）。

取引所金融商品市場として，上場企業の株式市場として東京証券取引所第1部，第2部が有名である。またベンチャー企業の新興市場として，大阪証券取引所のJASDAQが有名である。これら証券取引所は，有価証券と有価証券関連デリバティブ取引の市場を開設しているが，東京金融先物取引所は，主としてこれら以外の金融デリバティブ取引を中心とした市場を開設する。一方，金融商品取引法は，金融取引業協会に対して非上場有価証券の売買を行う店頭売買有価証券市場の開設を認める（金商67条2項）。同協会である日本証券業協会は，証券会社に対して，非上場銘柄の中から一定銘柄についてグリーンシート銘柄として届出をさせ，売買の対象としている。これを取扱有価証券という（同67条の18第4号）。

一般詐欺禁止規定　何人も，有価証券の売買その他の取引もしくはデリバティブ取引等に関し，金商法157条1号から3号の行為についてこれを行ってはならない（金商157条）。上場された有価証券・デリ

95

第2部　企業法の基礎

バティブ取引に限らず，金融商品取引法上のすべての有価証券・デリバティブ取引が対象となる。禁止行為が抽象的な文言で定義され，また広く有価証券・デリバティブ取引全体を対象とするため，一般詐欺禁止規定といわれる。

故意に違反した場合，10年以下の懲役もしくは1000万円以下の罰金を科され，または併科される（金商197条1項5号）。なお，同条は，憲法31条に関して，罪刑法定主義に違反せず合憲であるとの裁判例がある（最決昭和40・5・25）。

わが国では，もっぱら刑事法規として運用されている。もっとも，金商法157条に基づく摘発例はきわめて少ない。構成要件が抽象的なため，より具体的な適用条文があればこれによって摘発されること，故意の立証の困難を理由とする。なお，学説は，同条を金融商品取引法違反行為に対する民事規制の根拠規定とする。すなわち，同条違反と解釈することで違法性要件が充足され，民法709条に基づく損害賠償請求が可能となる。

風説の流布・偽計取引等　何人も，有価証券の募集，売出しもしくは売買その他の取引もしくはデリバティブ取引等のため，または有価証券等の相場の変動を図る目的をもって，①風説を流布し，②偽計を用い，または③暴行もしくは脅迫をしてはならない（金商158条）。

故意に違反した場合，10年以下の懲役もしくは1000万円以下の罰金を科され，または併科される（同197条1項5号）。

内閣総理大臣（金融庁）は，金融商品取引法158条の違反（ただし，暴行・脅迫行為を除く）に対して課徴金を課すことができる（同173条1項）。近時，金融商品取引法違反が疑われる事例において，同法158条違反を利用した刑事摘発（たとえば，最決平成23・4・26）または課徴金賦課が増加傾向にある。これは，同条が金商法157条と同じ抽象的な構成要件を定めていても「相場の変動を図る目的」（変動目的要件）によって，適法行為と違法行為の区別が容易なことによる。

相場操縦　証券相場は，本来，市場原理に従い正常な需要と供給の関係に基づいて形成される。相場操縦は，このような証券市場に対し人為的に操作を加え，証券価格を変動させる行為である。

相場操縦において，対象となる取引は，①有価証券の売買（金融商品取引所が

96

上場する有価証券，店頭売買有価証券または取扱有価証券に限る），②市場デリバティブ取引または③店頭デリバティブ取引（金融商品取引所が上場する金融商品，店頭売買有価証券，取扱有価証券〔これらの価格または利率等に基づき算出される金融指標を含む〕または金融商品取引所が上場する金融指標に係るものに限る）である。

　対象となる相場操縦行為には，4つの類型がある。

　第1に，仮装取引である（金商159条1項1号～3号）。これは，権利の移転を目的としない売買である。たとえば，同一人が，複数の証券会社を通じて，同一証券について売りと買いの注文を同時に出す場合である。

　第2に，馴合取引である（金商159条1項4号～9号）。これは他人と通謀の上，証券売買を成立させる行為である。仮装取引および馴合取引ともに，取引が繁盛に行われていると他人に誤解を生じさせる目的（繁盛目的）をもって，売買等を行うことが相場操縦の成立要件となる。なお，繁盛目的があれば足りるのであって，これと別に，価格操作の目的を要しない（最決平成19・7・12）。

　第3に，相場操縦を目的とする現実取引である（金商159条2項1号）。これは，取引を誘引する目的（誘引目的）をもって，①有価証券売買等が繁盛であると誤解させ，または②相場を変動させるべき一連の売買等またはその申込み，委託等もしくは受託等をすることである。たとえば，大量の買い注文を集中的に出して，証券価格を吊り上げる場合である。もっとも，大量の買いが入れば価格が上がるのが当然であって，合法的な売買等のと区別が難しい。区別するポイントは，誘引目的の有無である（最決平成6・7・20）。

　第4に，表示による相場操縦である（金商159条2項2号・3号）。取引を誘引する目的をもって①有価証券売買等の相場が自己または他人の操作によって変動するべき旨を流布する場合と，②有価証券売買等を行うにつき重要な事項について虚偽でありまたは誤解を生じさせるべき表示を，故意にする場合である。

　相場操縦を故意に行った場合，10年以下の懲役もしくは1000万円以下の罰金またはその併科である（金商197条1項5号）。両罰規定として，法人も7億円以下の罰金を科せられる（同207条1項1号）。また，追徴の対象となる（同198条の2第1項1号・2項）。財産上の利益を得る目的で相場操縦を行った場合，10年以下の懲役および3000万円以下の罰金に処せられる（同197条2項）。

第2部 企業法の基礎

　相場操縦者は，違反行為の結果形成された相場によって損害を被った投資者に対して，その損害を賠償しなければならない（金商160条１項）。なお，請求権の消滅時効期間は，当該行為を知ったときから１年または当該行為から３年であり（同条２項），一般不法行為の時効期間より短い（民724条）。このため，金融商品取引法157条違反を経由して民709条等の不法行為請求権と競合すると解釈する者が多い。実際には，刑事的な摘発がないと，民事責任の追及は，違法行為の証拠・立証の観点で，また相当因果関係の立証において困難がある。

　金融商品取引法159条違反行為（ただし，同条２項２号・３号の場合を除く）は，行政罰としての課徴金賦課の対象となる（同174条・174条の２）。

内部者取引　　内部者取引は，典型的には，取締役等の会社関係者（内部者）が，証券価格を判断する上で重要な未公表の会社情報を利用して，その会社が発行する証券の売買を行うことである。内部者取引は証券市場の公正性と健全性を損ない，ひいては市場に対する投資者の信頼を損なう行為であり，法により規制されるべきである。

　第１に，上場会社等を対象とする内部者取引規制がある。①内部者（会社関係者）は，②上場会社に関係する情報を知って，③重要事実の公表前に当該上場会社等の有価証券売買等またはデリバティブ取引（以下，売買等という）を行ってはならない（金商166条１項）。また会社関係者は，重要事実の公表前に，他人に対し売買等をさせることによって利益を得させ，または損失を回避させる目的をもって重要事実を伝達し，または売買等を勧めてはならない（同167条の２第１項）。①内部者（公開買付者等関係者）も，②公開買付けに関する情報を知って，③当該公開買付け等に関する重要な情報が公表される前に売買等を行ってはならない（同167条１項）。同様に，公開買付者等関係者も，買付け・売付けによって他人に対して利益を得させ，または重要事実の伝達をし，または買付け・売付けを勧めてはならない（同167条の２第２項）。

　違反した場合，懲役５年もしくは500万円以下の罰金に処し，または併科される（金商197条の２第13号〜15号）。法人の場合，両罰規定により５億円以下の罰金が科せられる（同207条１項２号）。追徴の対象である（同198条の２第１項１号・２項）。これら規定は，実質犯ではなく，交通法規と同様に形式犯である。

第12章　証券取引

　これら条文の違反行為が生じた場合，たとえば，証券市場での同時取引者は，内部者に対して損害賠償請求ができるだろうか。通説は，不法行為（民709条）による救済が可能であるという。しかし，判例は，因果関係がないことを理由に，投資者による請求を棄却した（東京地判平成3・10・29）。

　金融商品取引法166条乃至167条の2に該当する行為があった場合，行政罰として課徴金賦課の対象となる（金商175条・175条の2）。

　第2に，上場会社等の役員・主要株主は，特定有価証券（金商2条1項5号・7号・9号・11号のうち上場されているもの）等の売買について，内閣総理大臣（金融庁）に対して売買報告書の提出が義務付けられる（同163条）。①同役員・主要株主が，②同会社の特定有価証券等の6ヵ月以内の買付けまたは売付けにより利益を得た場合，同発行会社は，その利益の返還を請求し得る（同164条1項）。短期売買利益提供制度である（最判平成14・2・13は金商法164条を憲法29条に違反しないとする）。なお，売買報告書提出制度（同163条）は，金融商品取引法164条の実効性を担保するためにある。内部者取引の意図を問題にせず，また会社の損害の有無に関わりなく，上記要件を満たすことで，自動的に提供義務が生じる（東京高判平成4・5・27）。

　第3に，通説は，一般詐欺禁止規定に基づき，内部者取引が禁止されていると解釈する（金商157条1号）。この場合，禁止は，上場された有価証券・デリバティブ取引に限定されない。

Ⅳ　投資勧誘規制

証券会社とは　　証券会社は，商法上の問屋である。問屋とは，自己の名をもって他人のために物品の販売または買入れを業としてする者である（商551条）（問屋につき，第2部第9章各種の営業参照）。すなわち，証券会社は，その顧客である投資者のために，自己の名をもって証券の売買を行う。取引所金融商品市場において取引する資格は，原則として会員等または取引参加者である（金商111条・112条・113条）。したがって，投資者は，これらの資格がある証券会社（金融商品取引業者）に対して，売買を委託する。

99

第2部　企業法の基礎

　金融商品取引法は，金融商品取引業を定義する（金商2条8項）。金融商品取引業を業として行う場合，その商品・業務内容によって①第一種金融商品取引業，②第二種金融商品取引業，③投資運用業および④投資助言・代理業の4つに分け（同28条1項～4項），内閣総理大臣（金融庁）への登録を義務付ける（同29条）。この登録を受けた者を金融商品取引業者という（同2条9号）。なお，無登録業者による未公開有価証券の売買契約は，原則として無効である（同171条の2第1項）。第一種金融商品取引業者として登録するためには，財務要件や会社組織要件等をクリアしなければならない（同29条の4第1項4号・5号等）。証券市場と顧客をつなぎ証券売買の取次ぎを行う，いわゆる証券会社とは，第一種金融商品取引業者である。また，銀行等の金融機関も，一定の有価証券・デリバティブ取引を行う場合，内閣総理大臣（金融庁）への登録が義務付けられる（同33条の2）。金融商品取引業者とこのような登録金融機関をあわせて，金融商品取引業者等という（同34条）。金融商品取引法は，金融商品取引業者等に対し，以下で述べるような投資勧誘規制を課す。

投資勧誘に対する業法上の規制　　(1)　**行政処分**　　金融商品取引法38条は，金融商品取引業者等またはその役員もしくは使用人に対し，投資勧誘に関し，次のような行為を禁止する（金商38条）。虚偽による勧誘の禁止（同条1号），断定的な判断提供の禁止（同条2号），不招請勧誘の禁止（同条4号），勧誘受諾確認義務・再勧誘の禁止（同条5号・6号），その他内閣府令で定める行為（同条8号）である。8号に基づく内閣府令では，とおり一遍でなく，顧客に応じた説明を行う義務，等々が定められる（金商業117条1項）。

　金融商品取引業者等が，このような禁止行為に違反した場合，内閣総理大臣（金融庁）は，業務改善命令を発することができる（金商51条）。また，登録取消しから6ヵ月以内の業務の全部または一部の停止までの行政処分を命ずることができる（同52条1項6号）。

　(2)　**損失保証・補てんの禁止**　　金融商品取引業者等は，有価証券売買取引等につき，顧客に対する損失保証・損失補てんをしてはならない（金商39条1項）。故意に違反した場合，金融商品取引業者等の代表者，代理人，使用人その他の従業員は，3年以下の懲役もしくは300万円以下の罰金に処せられ，ま

100

たは併科される（同198条の３）。市場の価格形成機能を歪め，投資者の市場に対する信頼を損なう行為だからである。金融商品取引法39条に違反する行為は，私法上，公序良俗に反し無効である。判例も同様に解する（最判平成９・９・４）。なお，利益が提供されていた場合，不法原因給付として，利益提供者は，利益の返還を請求することができない（民708条）。

**投資勧誘に対する
民事上の規制**

(1) 適合性原則　適合性原則には，２つの意味がある。第１に，顧客の情報を収集する義務である（顧客を知る義務）。第２に，投資目的やリスクの観点から，顧客にふさわしくない金融商品の投資勧誘自体を禁止するルールである（狭義の適合性原則）。狭義の適合性原則違反により投資者が損害を被った場合，投資者は，民法709条・715条を根拠として金融商品取引業者等に対し損害賠償請求が可能である（最判平成17・７・14）。

(2) 説明義務　金融商品の仕組み・特徴・リスク等に関してとおり一遍の形式的説明でなく，顧客が理解できるように，顧客に合わせた説明を行うことが，金融商品取引業者等の説明義務である。わかり易くいえば，説明とは，説明を重ねることで顧客を安心させることを目的としてはならない。むしろ顧客が持つ「金融商品取引が安全である」という，まったく根拠のない自信を打ち砕くようなものでなければならない。説明義務に違反する投資勧誘が行われ，有価証券・デリバティブ取引等によって投資者が損失を被った場合，投資者は，民法709条・715条等を根拠として金融商品取引業者等に対する損害賠償請求が可能である（大阪高判平成20・11・20）。また，金融商品の販売等に関する法律（平成12年法律101号）は，金融商品の販売（金販２条１項）を定義し，金融商品販売業者等に対しやはり説明義務を課し，かつ断定的な判断の提供を禁じる（同３条・４条）。重要な事項に関して説明義務違反があるかまたは断定的な判断の提供があった場合，金融商品販売業者等の故意・過失に関わりなく，損害賠償請求が可能である（同５条）。さらに，損害額の推定をうける（同６条）。社債取引について，損害賠償請求が認められた事例がある（東京地判平成15・４・９）。

第13章
保 険 取 引

I 総 説

保険というシステム 「保険」という制度や仕組みは，さまざまな国や社会に存在し，日常生活でもしばしば使用されるが，それが何かということは意外に知られていない。保険とは，一般に，火災や自動車事故，死亡など，同種の経済的な危険にさらされた多数の経済主体が，それらの危険によって生じる資金需要に備えるため，少額の金銭（保険料・掛金）を拠出して共通の準備財産を形成し，その中のリスクが現実化した者に対して，この準備財産の中から必要な給付（保険給付）を行うというシステムである。各経済主体（保険加入者）が拠出すべき金額，すなわち保険料や共済掛金は，統計学における大数の法則を応用して算出される。

　大数の法則とは，個々に観察すれば不測の事象も，これを多数のサンプルにより観察すれば，その事象の一定期間内の発生確率は平均的にほぼ一定しているという法則である。保険はこれを応用したものであり，同種の危険にさらされた多数の経済主体の全体について，将来の危険発生率（リスク）を予測し，それによって生じる資金需要の総額とその総額を確保するために保険加入者が拠出すべき金額を算出する。保険制度を運営するためには，収受する保険料（掛金）の総額と支払われる保険給付の総額が等しくなるように，保険料額を決定する必要がある（収支相等の原則）。また，保険加入者が拠出すべき金額は，リスクと支払われる保険給付の大きさに比例し（給付反対給付均等の原則），リスクの高い者ほど，また保険給付が高額である者ほど，高い保険料を支払うことになる。保険法2条1号は，「保険契約」を「一定の事由の発生の可能性に

応じたものとして保険料（共済掛金を含む。以下同じ）を支払う」ものと定義する。保険料と保険給付とが上述のような数理的関係にあるものだけが「保険契約」に該当する。

保険契約の種類　平成20年改正前商法（以下，改正前商法という）は，損害保険と生命保険という二分法を採用していた。これは正確には保険給付の決定方法による分類であり，保険事故によって生じた損害のてん補（塡補：実際の損害額＝保険給付額となる）を行う損害保険と，実損害の有無またはその額にかかわらず，約定の金額の給付（定額給付）を行う生命保険という分類である。この分類法では，両方の要素を併せ持つ，いわゆる第三分野の傷害保険・疾病保険の位置付けが困難であり混乱が生じるとの指摘があった。そこで，保険法は損害保険契約（保険2条6号），生命保険契約（同条8号）に加え，傷害疾病定額保険契約（同条9号）の3つに分類する方法を採用した。傷害疾病損害保険契約（同条7号）については，損害保険契約の一種として若干の特則が置かれている。

保険監督規制　保険取引は，保険業法に基づく監督を受ける。保険監督にあたって，各種認可や継続的監督における具体的な審査基準については，金融庁が「保険会社向けの総合的な監督指針」を策定・公表している。

　保険事業を営むには，資本金または基金の額が10億円以上の株式会社または相互会社であることが必要であり，行おうとする保険業に関する基礎書類（定款や事業方法書，普通保険約款，保険料・責任準備金の算出方法書）を提出して，内閣総理大臣の免許を受けなければならない。保険会社は，保険業以外の業務を行うことが禁止され（他業禁止），かつ損害保険業と生命保険業を兼営することも禁止される（生損保兼営禁止）。傷害疾病保険取引は，いずれの会社もそれぞれの免許のもとで行うことができる。また，業態別子会社方式または金融持株会社方式での相互参入は認められている。

　継続的監督は，前述の基礎書類を通じた監督と，財務の健全性に対する監督に分かれる。前述の基礎書類は，一部の企業保険の例外を除き，内閣総理大臣の事前認可を受けなければならない。また，保険会社の財務の健全性を判断す

第2部　企業法の基礎

るための指標として，いわゆるソルベンシー・マージン（支払余力）比率を採用しており，監督当局（金融庁）は，必要に応じて保険会社に経営改善計画の提出を求めたり，業務停止命令などの監督上の措置をとるものとしている。保険会社の経営が悪化し，自力の再建が困難となった場合には，保険業法上の手続または会社更生手続により，整理・再建を図ることになる。再建不能の場合，受皿となる保険会社や保険契約者保護機構への包括的移転により保険契約の継続がなされる。

Ⅱ　被保険利益と利得禁止原則

被保険利益という概念　損害保険契約については，被保険利益の存在が強行法的に要求される（保険3条）。被保険利益とは，保険事故が生ずることによって経済的損失を受ける可能性があることであり，同概念によって，被保険者となるべき者の範囲が限定され，支払われる保険給付の限度額が確定するという2つの機能が導かれる。たとえば，所有者や担保権者など建物の焼失によって経済的損失を被る可能性のある者のみが被保険利益を有する者として当該建物の火災保険に加入できる。また，支払われる保険給付の額は当該建物の時価額（保険価額）が上限となる。保険契約に内在するモラル・ハザードの防止のため，とりわけ損害保険契約においては加入者の利得を許さないという利得禁止原則が強行法的なルールとして存在する。

　同一の目的物につき複数人に被保険利益が帰属する場合もある。たとえば建物に譲渡担保が設定された場合，判例は譲渡担保設定者と担保権者のいずれにも被保険利益があることを認め，各保険金額の合計額が保険価額を超過している場合には，改正前商法632条の趣旨に鑑み，各保険契約の保険金額の割合によって各保険者の負担額が決定されるとする（最判平成5・2・26）。

保険価額と保険金額の関係　被保険利益を金銭的に評価したものが保険価額である（保険9条）。保険価額は通常，目的物の時価によって算定される。保険者が支払うべき保険給付額は，約定の保険金額ではなく，保険価額を上限とする実損額である。保険金額が保険価額に満たない場合を一部保

険といい，支払保険金額は保険金額の保険価額に対する割合（付保割合）によって算出される（比例てん補原則。同19条）。

　契約締結時に保険金額が保険価額を超過している場合を超過保険という。保険契約者および被保険者が超過保険であることに善意・無重過失であった場合には，超過部分を取り消して保険料の返還を請求できる（保険9条）。他方，保険価額が契約締結後に著しく減少した結果，保険金額が保険価額を超過した場合には，保険契約者は，将来に向かって保険金額と保険料の減額を請求することができる（同10条）。保険金支払いの時価主義を徹底すると，目的物の復元には資金が足りず実際のニーズに合わない状況もありうる。そこで実務では，新価すなわち再調達価額そのものを保険価額として保険金を支払う特約が付されることがある（いわゆる新価保険）。その場合，不正請求を防止するために，一定期間内の再築・再取得などを求める復旧義務が課されるのが通例である。

　複数の契約によって保障が超過した状態，すなわち同一の目的物につき被保険利益，保険事故，保険期間が重複する複数の損害保険契約が存在し，保険金の総額が保険価額を超過する場合を重複保険という。超過保険の場合と同様，利得禁止原則により保険価額を超える保険金の支払いは認められない。問題は，各保険者がどのような責任を負うかである。

　重複保険の場合，各保険者はてん補損害額の全額について保険給付義務を負うというのが原則である（独立責任額全額主義。保険20条1項）。いずれかの保険者が自己の負担部分を超えて保険給付を行い，他の保険者が共同の免責を得た場合には，給付を行った保険者は自己の負担部分を超える部分につき，他の保険者に対して各負担部分につき求償権を行使できる（同条2項）。各保険者の負担部分は，各保険者が他の保険契約がないものとして負担すべき保険給付額（独立責任額）の割合に応じててん補損害額を按分した額となる。なお，当該規定は任意規定であり，これと異なる約款規定も有効である。

保険代位制度　　損害保険における利得禁止原則に由来する制度として，保険代位制度がある。保険法上，残存物代位と請求権代位が規定されている。残存物代位とは，保険の目的物の全損，すなわち被保険利益の全部減失により保険金額の全額を支払った保険者は，被保険者が目的物に対

第2部　企業法の基礎

して有する所有権その他の物権を取得するという制度である（保険24条）。残存物代位による権利移転は，法律上当然の効果であり，権利取得の意思表示や第三者に対する対抗要件（民178条）の具備は必要でない。保険者に移転する権利は，支払った保険金額の保険価額に対する割合による。

　残存物代位の趣旨は，目的物がその経済的価値をほぼ完全に失ったような場合でも価値のある残存物があれば，全損として保険金を支払った場合には被保険者には残存物の価値分の利得が生じること，ならびに残存物の価値を評価しててん補損害額を算定することは技術的に困難であることが多く，また迅速支払いの要請にも合致しないことにある。

　つぎに，請求権代位とは，被保険者に保険金を支払った保険者は，その限度で被保険者が第三者に対して有する権利（被保険者債権）を取得するという制度である（保険25条1項）。請求権代位の趣旨は，残存物代位と同様，被保険者の利得を防止することに加え，有責第三者の免責を阻止することにある（損益相殺との関係について後述）。また，請求権代位による権利移転も，法律上当然の権利移転であり，その旨の意思表示や指名債権譲渡の対抗要件（民467条）も要しない。

　一部保険の場合に，被保険者は，保険金の支払いだけではてん補されない損害は，被保険者債権のうち請求権代位により保険者に移転した残額を有責第三者に請求することによって回復できる。しかしながら，過失相殺等により当該第三者に対する損害賠償額が減額される場合には，保険者が保険金の限度で代位取得すると，被保険者は損害額全額のてん補ができない。このようなケースで保険者の代位取得すべき権利と被保険者の権利の関係について，保険法はいわゆる差額説を採用し，被保険者債権がてん補損害額を下回る場合には，その不足額に相当する額は保険者に移転しないと規定する（保険25条1項）。保険者の資力不足により全額が支払われなかった場合にも，被保険者の債権が優先する（同条2項）。

　請求権代位の規定は片面的強行規定（保険26条）であり，保険者が被保険者の権利を代位取得しないとする特約も一応有効である。所得補償保険契約のように，約款上保険者が代位請求を行わない保険類型では，法による請求権代位

106

の効果を認めると，事実上有責第三者が免責されてしまうという問題がある（最判平成元・1・19）。

保険金と損益相殺　第三者の加害行為によって保険事故が発生した場合には，被害者たる被保険者は当該第三者に対する損害賠償請求権を取得すると同時に，保険者に対する保険金請求権を取得する。被害者が取得した保険金請求権の額は，損益相殺の対象として損害賠償額から控除されるか。

　生命保険契約の保険金は保険料の対価の性質を有し，不法行為の原因とは関係なく支払われるべきものであり，損益相殺の対象にはならない（最判昭和39・9・25）。ほぼ同様の理由付けにより，火災保険等の損害保険契約の保険金も損益相殺の対象にはならない（最判昭和50・1・31）。損害保険契約の場合，両請求権の行使をいずれも認めてしまうと，重複てん補となり，利得禁止原則に抵触する事態となるが，前述の請求権代位制度によって，被保険者の損害賠償請求権は保険金を支払った保険者に移転するため，被保険者の利得が生じるおそれはない。判例は，搭乗者傷害保険金についても，定額保険性を根拠に損益相殺を否定するが（最判平成7・1・30），搭乗者傷害保険金は加害者の自動車保険加入・保険料負担によって支払われるものであることから，慰謝料算定にあたって斟酌することを認める下級審裁判例も少なくない。

Ⅲ　保険契約の成立と保険者の危険選択

保険責任の開始と保険料の支払い　保険契約は，諾成・不要式の契約であり，保険者（または契約締結権限のある代理店等）の承諾により成立する。しかしながら，保険料の領収を確実にするために，保険料は前払いが原則である。損害保険の約款では，保険期間が開始しても保険料の支払いがあるまでは保険金を支払わないとする条項（領収前免責条項）があるのが通例である。

　生命保険の約款では，第1回保険料相当額の支払いの時点をもって責任開始日とする責任開始条項および責任遡及条項がある。また，第2回以降の保険料の不払いについては，猶予期間満了時までに支払われない場合に自動的に失効

第2部　企業法の基礎

する約款規定がある。無催告での失効を定める当該規定が消費者契約法10条により無効となるかが争われた事例において，判例は，約款上の配慮条項と実務上の督促の確保を条件に有効性を認めている（最判平成24・3・16）。

告知義務制度　保険事業を営むためには，危険に見合った保険料を設定することが必要であり，その前提として危険を測定するための情報が必要である。そこで法は，保険契約の締結時において保険契約者・被保険者が一定の情報提供を行うことを義務付けている。これが告知義務制度である。提供すべき情報は，保険者の契約締結判断に影響を与える重要事項であり，具体的には保険者の諾否の可否あるいは保険料の額の決定に影響を与えうる事実である。保険法はこれを質問応答義務とし，重要事項のうち保険者が告知を求めたもの（告知事項）を告知すべき旨規定している（保険4条・37条・66条）。

なお，生命保険の約款では，告知書による質問に対しては書面により，診査医の質問には口頭で回答することを要求している。生命保険募集人は，一般に告知受領権を有しないと解されており，生命保険募集人に対する告知は，告知義務の履行とは認められない（大判昭和9・10・30）。

告知義務違反による解除　保険契約者または被保険者が，告知事項につき故意または重大な過失により事実の告知をしない，または不実の告知をした場合，保険者は損害保険契約を解除することができる（保険28条〔同55条・84条〕1項）。この場合，保険者は保険給付義務を免れ，すでに保険給付を行っていた場合にはその返還を請求できる（同31条〔同59条・88条〕2項）。解除は将来に向かってのみその効力を生じるため，保険者は保険料の返還義務を負わない。告知義務は，保険者に危険測定および危険選択の機会を与えるための制度であるから，保険者が対象事実を知っていたか，または過失によって知らなかったような場合はもちろん，保険媒介者（営業職員や代理店等）が告知妨害や不告知教唆を行ったような場合には解除権を行使できない（同28条2項1号～3号）。また，解除の原因があることを知ったときから1ヵ月以内に解除権を行使しない，または契約締結から5年間が経過したときも解除権を行使できない（同条同項4号）。なお，保険事故が告知義務違反の対象事実とは無関係に発生したことを被保険者が証明したときは，保険者は保険給付義務を免れない（同

31条2項1号但書）。

Ⅳ 契約上の義務と契約関係の終了

保険事故発生の通知義務　損害保険契約では，保険期間中に発生した保険事故により被保険者に損害が生じた場合に，保険者は損害のてん補義務を負う。保険事故すなわち保険金支払事由は，約款に具体的に規定される。保険契約者または被保険者は，保険事故の発生により損害が生じたときは，遅滞なく保険者に通知しなければならない（保険14条）。当該義務の違反の効果は法定されていないが，保険者は義務違反のために追加的に生じた調査費用等につき，債務不履行に基づく損害賠償請求権を有し，その額を保険給付額から控除できる。約款では，正当な理由のない通知義務の違反につき，保険者の免責を定める例があるが，その効力については制限的な解釈もなされうる（自動車保険のいわゆる60日条項の解釈に関する最判昭和62・2・20等）。

契約関係の変動と保険者による解除　保険契約者は，いつでも将来に向かって損害保険契約を解除できる（保険27条）。他方で，保険者が契約締結後の事情変更によって解除できる事由は，一定の場合に制限される。危険の増加（同29条・56条・85条），重大事由の発生（同30条・57条・86条）である。

告知事項についての危険が契約当初より高くなったために徴収した保険料では不足する状態となった場合，保険者は危険増加を理由として解除することができる（保険29条1項等）。解除の要件として，約款上，告知事項の内容変更に関する通知義務が課され，保険契約者または被保険者が故意・重過失により同義務に違反したことが必要である。

また，保険契約者や被保険者が保険金取得を目的として保険事故を惹起した場合（未遂を含む）や詐欺的な保険金請求を行った場合等，保険者との信頼関係を破壊する行為を行った場合には，保険者は重大事由の発生を理由に当該保険契約を解除できる（保険30条1項等）。なお，このような重大事由が発生した場合のほか，保険契約者や被保険者の親族関係の終了等，契約成立後著しい事情変更があった場合には，生命保険契約や傷害疾病定額保険契約の被保険者

第2部　企業法の基礎

は，保険契約者に対して当該保険契約の解除を請求できる（同58条1項）。

V　生命保険契約における保険金受取人

保険金受取人の権利　生命保険契約において保険契約者以外の者が保険金受取人に指定された場合，当該保険金受取人は，当然に保険金請求権を取得する（保険42条）。保険金受取人は保険金請求権を自己固有の権利として原始取得し（相続による承継取得ではない），保険契約者の債権者は，保険金請求権から自己の債権の満足を受けることはできない（最判昭和40・2・2）。他の相続人との関係も同様であり，保険金受取人の指定は「遺贈又は贈与」にあたらず，保険金請求権は遺留分減殺（民1028条以下）あるいは特別受益の持戻し（同903条）の対象とはならないが（最判平成14・11・5），相続人間に著しい不公平が生じ民法903条の趣旨に反するような場合には，同条の類推適用がある（最決平成16・10・29）。

保険金受取人の指定・変更　保険金受取人の資格についてはとくに制限はなく，公序良俗等，一般的な制限を受けるにすぎない。他方，モラル・ハザードの観点から，保険契約者が他人の死亡を保険事故とする生命保険契約を締結する場合には，被保険者となる者の同意が要求され（保険38条），これを欠く契約は無効である。保険金受取人を変更する場合にも，被保険者の同意が必要である（同45条）。

保険金受取人を指定する方法は，特定人の氏名を表示する方法のほか，「法定相続人」等の属性を示すことも認められる（最判昭和40・2・2）。「法定相続人」という指定のみで権利取得割合についての明確な意思表示がなかった場合でも，その指定に「法定相続割合による」との意思表示が含まれるものと解してよい（最判平成6・7・18）。

保険金受取人の変更は，保険事故が発生するまでは，保険者に対する意思表示をもって行うことができる（保険43条1項・2項）。さらに，保険金受取人の変更については，意思表示の到達を条件として発信時に遡って変更の効力が生じる（同条3項本文）。変更通知の到達前に，保険金を支払った保険者は免責さ

れる（同条3項但書）。

　保険金受取人の変更は遺言によっても行うことができる（保険44条1項）。この変更方法による場合，法律上有効な遺言であることが必要であり，単なる遺書では変更の効力が生じない。保険者の二重払いのリスクを考慮して，相続人による保険者への通知が保険者への対抗要件とされる（同条2項）。

保険金受取人の先死亡　保険金受取人が，保険事故の発生すなわち被保険者の死亡より先に死亡した場合，保険金受取人の相続人全員が保険金受取人となる（保険46条）。新たに保険金受取人となる者は，保険事故発生当時の「指定受取人の法定相続人又は順次の法定相続人で生存する者」である（最判平成4・3・13）。この場合には，とくに約款に規定がない限り，各保険金受取人は平等の割合で保険金請求権を取得する（最判平成5・9・7）。なお，被保険者と保険金受取人が同時に死亡した場合についてはとくに規定がないが，判例は上記と同様に，保険金受取人の相続人のみが保険金請求権を取得すると解している（最判平成21・6・2）。

生命保険契約上の権利と介入権　生命保険契約上の財産的価値のある権利は，保険金請求権と解約返戻金請求権である。条件付（抽象的）権利であっても，保険契約者の債権者は解約返戻金請求権を，保険金受取人の債権者は保険金請求権をそれぞれ差し押えることが可能である。解約前の解約返戻金請求権を差し押さえた債権者は，取立権（民執155条1項）によりみずから解約権を行使し，解約返戻金請求権を具体化することができる（最判平成11・9・9）。生命保険は遺族の生活保障の目的を有しており，かついったん解約されてしまうと再加入が困難でないことも多い。そこで，保険法は，保険金受取人が債権者に解約返戻金相当額を支払うことで解約の効力を生じさせないようにすることを認めている。これが介入権制度である。

　まず，一定の死亡保険契約については，保険契約当事者以外の者すなわち債権者等による解約については，その旨を保険者に通知してから1ヵ月後に生じるものとし（保険60条1項），その期間に介入権を行使するか否かを決定する。介入権を行使できるのは，保険契約者の親族または被保険者である保険金受取人に限定される（同条2項）。これらの保険金受取人は，保険契約者の同意を得

第 2 部　企業法の基礎

て，差押債権者等に解約返戻金相当額を支払うことにより，解約の効力発生を
阻止することができる。上記期間内に保険事故が発生した場合には，保険者
は，支払うべき保険金額のうち解約返戻金相当額を債権者に支払った上で，そ
の残額を保険金受取人に支払うことになる（同61条 1 項）

VI　保険給付と免責事由

保険事故と立証責任　　保険事故が発生した場合，保険金請求権者は，保険
事故の発生すなわち保険金支払事由に該当すること
を証明した上で，保険金の支払いを請求する。保険金請求手続がなされると，
保険会社は，保険事故発生の有無，損害額の算定（損害保険の場合），免責事由
の有無等を調査する。そのため，調査のための猶予期間として，損害保険約款
では30日，生命保険では 5 日（もしくは 5 営業日）の履行期限が設けられるのが
通例である。この期間を経過すると，保険者は原則として履行遅滞責任を負う
（最判平成 9 ・ 3 ・25）。猶予期間の定めが相当でない場合，上記調査確認のため
に通常要する期間の経過時が履行期限となる（保険21条 1 項・52条 1 項・81条 1
項）。

　保険金請求にあたって，保険事故発生当時の状況が明らかにされないことも
少なくない。このような場合には，保険事故や免責事由の立証責任をいずれが
負うかが問題となる。たとえば，事故が偶然か故意（自殺）によるものかに関
する立証責任の帰属について，判例は傷害保険の保険金請求者が偶然性の主張
立証責任を負うとする（最判平成13・ 4 ・20）。他方，車両盗難の事案において，
判例は被保険者はその意思によらないことを立証することを要せず，「盗難」
の外形的事実を立証すれば足りるとする（最判平成19・ 4 ・17）。

　なお，保険金請求権は 3 年の時効で消滅する（保険95条）。消滅時効の起算点
については保険法に規定はなく，民法の一般原則によることになる。時効進行
の妨げとなりうるのは法律上の障害に限られるが，保険事故発生当時の客観的
状況に照らして，権利行使が現実に期待できない場合にも消滅時効の進行を否
定できる（最判平成15・12・11）。

第13章　保険取引

| 免責事由──とくに故意免責について

損害保険契約においては，保険契約者または被保険者の故意・重過失ならびに戦争その他の変乱による損害が法定免責事由である（保険17条1項。責任保険における特則については後述）。一般に，故意の事故招致であるとの立証は困難であるため，間接事実の積み重ねによる推認という手法が用られる（大阪地判平成9・6・13等）。

原因事実（たとえば傷害）に故意がある場合でも，それが予期しない重大な結果（死亡）を生じさせたような場合に，被害の重大性に質的な違いがあり，損害賠償責任の範囲に大きな差違があることを理由に，故意免責条項の適用を否定した判例がある（最判平成5・3・30）。また，いわゆる法人契約における故意免責については，約款上，法人の「理事，取締役または法人の業務を執行するその他の機関」による事故招致を免責とする旨規定されている。

生命保険契約においても故意免責が法定され，被保険者の自殺は生命保険契約における法定免責事由である（保険51条1号）。しかし約款では，一定の自殺免責期間（通常1年～3年）を定めて，当該期間内の自殺のみを免責としているのが通例である。自殺免責期間経過後の自殺につき，判例は，犯罪行為が介在する等，保険金を支払うことが公序良俗に反するおそれがある等の特段の事情がある場合を除き，保険者は，その動機の如何を問わず保険金支払義務を負うとする（最判平成16・3・25）。なお，精神障害等により自由な意思決定ができない状態でなされた自殺については，免責事由にいう「自殺」には含まれない（大判大正5・2・12）。

保険契約者および保険金受取人が被保険者を故意に殺害した場合も，保険者は免責される（保険51条2号・3号）。その趣旨は，殺害行為者が保険金を取得することは公益に反し，また信義誠実の原則に反するためであり，保険金取得を目的としない場合でも，その後保険金の取得可能性がない場合でも免責となる（最判昭和42・1・31）。法人契約のケースについては，損害保険の約款とは異なり，約款に特別の規定はない。判例は，会社を実質的に支配または事故後直ちに支配できる立場にあるか，保険金の受領による利益を直接享受できる立場にある場合には，法人の行為と同一のものと評価できるとして保険者の免責を認めている（最判平成14・10・3）。

113

第**14**章
国 際 取 引

Ⅰ 　序　　説

　国際取引は，貿易および国際投資の２本柱からなる。前者には，典型的には
物品の売買とそれに付随する運送や代金決済などのサービスが含まれるが，そ
のほか，運輸，通信，金融，情報，広告などのサービスの国際的な提供も今日
では国際取引の核をなしている。さらに，国際的な技術移転やインターネット
を介した電子商取引なども現代的取引として意義深い。他方，後者は，国際的
な貸付け，外国会社株式の取得，外国での支店や子会社の設立など，資本の移
転を伴う取引である。これには，直接投資とポートフォリオ投資とがある。前
者と後者は，外国における事業に対する経営支配・経営参加を目的とするか否
かで区分され，このような目的から株式等を取得するのが前者であり，利子や
配当の受け取りを目的として株式等を取得するのが後者である。

　本章では，法人格のある事業会社間の国際取引を念頭に置き，まず，総論と
して，外国法人に関する２つの側面からの問題，すなわち，外国法人との間で取
引を行う場合にいずれの法律が適用されるのかの問題（準拠法決定の問題）とあ
る国において外国法人にどのような監督を及ぼすべきかの問題（実質法の問題）
を取り上げ，次に，国際的な売買や資金決済に関する準拠法の問題を一瞥する。

Ⅱ 　外国法人に関する問題

準拠法の決定　　　A国で設立されたa株式会社（以下，a社）がB国で事業
　　　　　　　　　展開をした。このとき，a社が従うのは，A国法なのであ

第14章　国際取引

ろうか，あるいは，Ｂ国法なのであろうか。

　ここで留意すべきことがある。すなわち，法人は自然人と異なり，その存在について法人格の付与・剥奪という行為を要する点である。それゆえ，異なる法域にまたがる法律関係について，ある自然人が服すべき法規定のことを属人法というのに対し，法人については，今日従属法という語をもって使い分けるようになっている。

　ａ社がＡ国で設立登記を済ませ，Ａ国内のみで業務を展開している限り，ａ社の従属法はＡ国法である。しかし，ａ社が外国にも業務を展開し，次第に業務の中心地をＢ国に移転するような場合，あるいは，ａ社にＡ国内で事業をする予定はなく，Ａ国での設立登記は便宜的なものにすぎず，設立時からもっぱらＢ国で事業を行っているというような場合には，Ａ国法を従属法とするとａ社の活動の影響を最も受けやすいＢ国国民の利益が反映されにくくなるためＢ国法を従属法とすべきという価値判断も生まれよう。

　このことは従属法の決定基準に関する立場の違いを生んできた。一つは，設立準拠法主義と呼ばれ，設立登記地法を法人の従属法とする考え方である。当事者自治による従属法の選択を旨とし，企業展開が国際化しても，従属法が変わることはないので，法的安定性に資する。他方，上述の価値判断を厳密に追求するものが本拠地法主義と呼ばれる考え方である。この立場をとる国では，ａ社はＢ国に本拠地を有する限りＢ国において再設立手続を経なければＢ国において法人とは扱われない。したがって，この立場では，会社の登記地と本拠地は常に同一国内にあることになる。外国への事業移転はスムーズではなくなるものの，国際・州際の設立登記誘致競争を回避でき，会社の事業活動に最も密接した地の利益保護が図られうる。もっとも，「本拠地」は多義的であり，定款上の本店所在地，業務統括中心地，取締役会開催地，主要株主の居住地など，いくつかの可能性が考えられる。

従属法の適用範囲　　それでは，ａ社とＢ国で設立されたｂ株式会社（以下，ｂ社）との間で契約を締結したがｂ社が履行しないので，ａ社がｂ社に履行請求する場合，当該契約にはいずれの地の法が適用されるのであろうか。本契約には，Ａ国法，Ｂ国法，および契約締結地が別に存在

115

第2部　企業法の基礎

する場合にはその地の法に加え，a社とb社の業務地が設立登記国内にない場合には，それぞれの業務地法もまた関わってくるであろう。この問題は法人がその従属法の適用を受けるのはどこまでかという点に関わる。すなわち，a社が設立登記を行ったA国が設立準拠法主義を採用しているとき，a社の従属法はA国法となる。b社についても同様にB国法が従属法であるとする。このとき，a社とb社の契約については，いずれかの従属法が適用されるのであろうか。

設立登記によって法人格が付与されるのであるから，法人格を付与した法は少なくとも当該法人の法人格の得喪に関する事項，すなわち，法人格の有無や設立の有効性，および，解散・清算には適用されるはずである。とはいえ，法人の権利能力全般について従属法の適用を認めるかについては議論がある。なぜならば，わが国のように，今なお法人の権利能力が定款所定の目的により画されるとする立法（民34条参照）を従属法とするa社がかかる権利能力の制限を知らないB国法を従属法とするb社とB国において取引を行い，a社の従属法が適用される結果，目的の範囲外を理由として契約の無効が主張されるとb社が不測の損害をこうむる可能性があるからである。相互主義的観点からは，a社の従属法の適用は排除されないが，a社には，B国の内国会社と同等の範囲でのみ私権を享有させることによりこの問題に対処することが考えられる（後述の認許の手続に服せしめる意義もこの点にある）。この例では，法人の権利能力の範囲に関する従属法の相違がまさに問題になっているため，権利能力の制限に服しない内国会社と同列に扱うことによって対応することを考えたが，より一般的に，法人の対外取引には，従属法を適用せず，契約から生ずる個々の権利義務の準拠法に従って処理すればよいと考えると，この問題は，後述する契約の準拠法の決定基準によって対応されることとなる。

従属法は，法人格の得喪のみならず，一法人内で完結する事項（内部的事項）にも適用されると解するべきであろう。そのように解すると，法人の機関構成，機関間の関係，法人と社員（株主）との関係，社員（株主）間の関係などは，従属法によって捕捉されることとなる。

A国のa社の取締役が放漫経営によりa社を倒産に至らしめ，B国所在の株

主や債権者に損害を与えた場合はどうであろうか。この場合，B国所在の株主や債権者にもA国法（たとえば，A国が日本であるとすると，会社429条1項・847条や民709条・424条等）が適用されるのであろうか。株主と会社との関係は内部的事項に含まれ，債権者との関係は外部的事項である。そうすると，株主がこうむった損害にはa社の従属法が適用され，債権者がこうむった損害には，別途連結点を考慮して準拠法が決定されるのであろうか。この点，前者については，会社の倒産により株式が無価値になったことによる株主の損害は派生的損害であり，a社の従属法により処理されるべきであろう。

契約に関する準拠法として，今日多くの国が当事者自治の原則（principle of party autonomy）（主観主義）を採用している（もっとも無制限に当事者の意思自治を認めるわけではない。密接地の公序保護に出でた強行法規の特別連結論等参照）。わが国の「法の適用に関する通則法（以下，法適用通則法という）」も当事者自治の原則と例外につき同様の立場を採用している（法通則7条ないし同10条・11条・12条）。附合契約についても，当事者自治による（最判昭和53・4・20参照）。他方，不法行為の準拠法については，不法行為が必ずしも当事者の意思により生じるものではない関係上，行為地法，当事者の属人法，損害発生地法等のうちのいずれかの適用となる。法適用通則法は，不法行為地（結果発生地）法によることを原則としつつ（同17条），当事者間契約に基づく義務に違反して不法行為が行われたことその他の事情に照らして，明らかに不法行為地よりも密接な関係がある他の地があるときはその地の法が適用されるとして，その例外を定めている（同20条）。

以上を踏まえ，先の点の後者，すなわち，取締役が悪意または重過失により職務上外国の債権者に損害を加えた（あるいはそれに類する）場合の準拠法を検討する。まず，当該行為に不法行為の準拠法決定ルールが適用されるかが問題となる。通説・判例が取締役の対第三者責任の性質について取締役に対して特別に加重した特別法定責任と捉えている以上（この点については，本書第24章役員等の損害賠償責任参照），不法行為の準拠法によらず会社の機関の行為として会社の従属法により責任の成否を判断することも考えられないわけではない。もっとも，そのように解すると，とりわけ設立準拠法主義を採用する場合には，

第2部　企業法の基礎

従属法の選択が当事者自治に委ねられるため，経営者の利にして第三者保護に欠ける解決に帰結することが懸念される。このように，単位法律関係の性質について複数の見方が可能であるとき，従属法の適用範囲の画定は困難となる。

国際的親子会社と従属法　内国会社が外国に子会社や支店を有することは珍しくない。とりわけ，現地法人の形で外国に子会社を有する場合には，内国親会社と外国子会社とで別個の従属法を有することとなるため，かかる親子関係に対しいずれの法が適用されるのかが問題となる。

　国際的な親子関係について問題となると考えられるのは，たとえば，わが国の会社法の文脈でいえば，株主の権利行使に関する財産上の利益供与（会社120条），監査役の子会社調査権（同389条5項），子会社による親会社株式取得の禁止（同135条），あるいは，連結会計・監査（同444条）に加え，国際的な親子会社への法人格否認の法理の適用，不当な動機（定款の目的の範囲外の行為のため，あるいは，内国法制の適用を回避するため等）に基づく外国子会社の設立，親会社による子会社財産の不当な搾取の場合の子会社の株主・債権者の保護，子会社取締役等の任務懈怠からの親会社，ひいては親会社の株主や債権者の保護（とりわけ，組織再編の対価として内国会社株主に外国親会社株式が交付されるような場合）などである。

　原則的には，親会社の準拠法は親会社の従属法，他方，子会社の準拠法は子会社の従属法であると考えられる。もっとも，子会社株主たる親会社の法律関係については，親会社にあっても子会社の従属法が適用されるとも考えられうるし，子会社による親会社株式の取得の場合には，親会社株主たる子会社の問題として親会社従属法が適用される余地もあろう。対外的な法律関係については，従属法の適用範囲を超え，当該法律関係が契約である場合には，契約の準拠法によるのが合理的である。いずれにせよ，ここでも，準拠法の決定は画一的ではなく，規制の趣旨等から実質的に合理性のある準拠法を導出する必要がある。ちなみに，わが国における平成26年の会社法改正により導入されたいわゆる多重代表訴訟に関する規定（会社847条の3）は，内国会社を完全親会社とする外国完全子会社に対しては適用されない。

118

第14章　国際取引

**外国会社への監督
規　制──認　許**
外国会社に対する国内における監督は，もっぱら実質法の問題である。すなわち，外国において設立された会社について自動的に国内で会社としての活動を認めるかは法域によって異なりうる。わが国においては，外国法人は国内で自動的に法人として認められるわけではない。認許（recognition）という手続を要する。もっとも，外国会社（後述の定義により法人格を有しないものも含む）は，自動的に認許される（民35条1項，会社2条2号）。

この規定の意義は，わが国において外国会社の私権を制限的に認めることにある。すなわち，外国会社について従属法上認められるすべての権利をわが国において認める趣旨ではなく，内国法人と同等の範囲で認めるものである。他方，内国会社に従属法上付与される権利であって外国会社が従属法上認められない権利について，内国会社と同等に認める趣旨ではない。明治期の民法編纂過程において，梅謙次郎は次のように述べている。「同一ノ権利シカ有セヌゾト云フ制限的ノ積リデアッタ」（『民法整理会議事速記録』一ノ二九（1893年））。国際私法交通が盛んとなった現在においても，外国会社に厳格な監督規制を及ぼすべきかは議論のあるところであるが，会社法2条2号に該当する外国の営利団体について，自動的に認められる私権の範囲が内国会社のそれを超えてはならないことは，密接地の公益や利害関係者の利益の保護に照らし当然であろう。

**会社法上の外国会社
に　関　す　る　規　制**
会社法は，2条2号において外国会社の定義を定めている。当該定義によると，外国会社とは，「外国の法令に準拠して設立された法人その他の外国の団体であって，会社と同種のもの又は会社に類似するもの」である。外国会社は，会社法第6編の外国会社に関する規制および会社法の条文中かっこ書により外国会社への適用が明示されている場合の当該規定に服する。

外国会社は登記を経なければわが国において継続的な取引をなすことができず（会社818条1項。違反した場合の弁済責任につき同条2項），財務情報の開示（会社889条1項，金商24条1項等），日本における代表者の選任および維持（会社817条・820条），外国会社のわが国における清算（同821条），取引継続禁止または営

119

第2部　企業法の基礎

業所閉鎖命令（同827条）等の規定でもって，わが国における外国会社との取引の安全が図られている。もっとも，外国会社による内国会社への出資や入社は継続的な取引にあたらないので，登記を要しない（ただし，外国会社が持分会社の社員となる場合には原則的に業務執行権・代表権を有するので別途考慮が必要である）。

　形式的には外国会社であっても，事業の実体がわが国にあるとき，従属法である外国法の適用に委ねれば，密接地であるわが国の公益および利害関係者の利益は適切に保護されない。前述した本拠地法主義は密接地の利益を保護することを根拠としているが，設立準拠法主義を採用する場合にも，厳格に本拠地による（再）設立を要求しないまでも，事業に密接に関わる地の法の適用を部分的に認め，当地の利益を保護する要請は働くであろう。擬似外国会社の規制はそのような考慮に基づいている（会社821条）。法適用通則法は，法人の準拠法について特段の規定を置いていないが，実質法上，擬似外国会社規制を置いていること，しかも，当該擬似外国会社規制は継続的取引を禁じ，外国会社に違反に対する弁済責任（同821条2項）と過料（同979条2項）のリスクは負わせるものの，違反した擬似外国会社も法人格は維持できることからして，わが国における法人の従属法は，設立準拠法を前提としていると解したほうが論理的に一貫する。諸外国においても，設立準拠法主義を採用しつつ擬似外国会社規制を置く例がみられる。たとえば，EU域内では，欧州司法裁判所により，加盟国個々の擬似外国会社規制はEC条約（現在は「欧州連合運営条約〔以下，TFEU〕」と改称・改正）に違反するとされ，域外諸国との間でのみ効力を有する。

　なお，このほか，一般的な渉外取引等の規制として，「外国為替及び外国貿易法」，および，特定の事業に関する外国事業者の参入規制など（日本電信電話株式会社等に関する法律，電波法，放送法，航空法等）がある。

Ⅲ　国際的な売買および資金決済

1　国際的な売買

　売買は当事者の私的自治に委ねられ，国内実質法は，当事者の補充的意思解釈に有用なものであるが，国際売買を念頭に置いておらず，そのため，別途国

際的な統一を図るべく国際的な合意が必要となる。国際売買に関する法統一
は，条約の締結のみならず，標準契約書式および標準約款の使用による契約内容
の統一と民間機関の主導による国際的統一規則の策定によって進められてきた。

国際売買に関する条約　第二次世界大戦前からの私法統一国際協会
（UNIDROIT）の努力は，第二次世界大戦後の1964年
にハーグにおいて「国際物品売買についての統一法に関する条約」および「国
際物品売買契約の成立についての統一法に関する条約」（以下，両者を併せて「統
一売買法」）に結実した。

　統一売買法における「国際売買」とは，異なる地域に営業所を有する当事者
間の物品売買であって，①一国の地域から他国の地域へ，契約締結のときに目
的物が現に輸送中であるか，または将来輸送されることが予定されている場
合，②申込みおよび承諾を構成する行為が異なる国の地域でなされた場合，③
目的物の引渡しが，申込みおよび承諾を構成する行為のなされた国以外の地域
で行われるべき場合である。これらの国際売買にあっては，締約国は国際私法
の規則によって準拠法を決定するのではなく，統一売買法によるものと解され
る。したがって，条約を批准していない国に営業所を有する場合にも，上記の
いずれかの要件を充足する売買に関しては，統一売買法が適用される。もっと
も，統一売買法の規定は任意規定であり，当事者は明示または黙示にその全部
または一部を排除することができる。

　統一売買法は，国際取引実務をより反映させつつ，また，社会主義国や発展
途上国を含むより多くの国の参加と意向を受けて改訂されることとなった。す
なわち，1966年に国際連合国際商取引法委員会（United Nations Commission on
International Trade Law; UNCITRAL）が設置され，統一売買法の改訂作業が始
まり，1980年には，ウィーンにおいて「国際物品売買契約に関する国際連合条
約」（以下，CISG）が成立した。統一売買法からの進展として，まず，締約国
に営業所を有する場合と締約国に営業所がなくても法廷地の国際私法規定によ
り締約国法が準拠法とされる場合に絞って条約が適用されることとされた点が
あげられる。すなわち，①異なる国の地域に営業所を有する当事者間の物品売
買契約で，当事者の営業所の所在する国がいずれも締約国である場合，または，

121

第2部　企業法の基礎

②国際私法の準則により締約国の法を適用すべき場合，である。この場合，締約国の裁判所は，自国の国際私法規定によらず，条約を適用する。国際物品売買条約も任意規定であり，当事者は条約規定の全部または一部を排除し，またはその効力を変更することができる（CISG 6条）。次に，条約上規定がない場合には条約の基礎をなす一般原則により，他方，そのような原則がない場合には国際私法の準則により適用される法律により解決されるとして，いずれかの国の国内法による補充を認めている点である（同7条2項）。条約全体として，米国の統一商法典（Uniform Commercial Code; UCC）の影響を受け，より実際的・具体的なアプローチをとっている点も特筆される。

UNCITRAL は，さらに，1974年に「国際物品売買における制限期間に関する国際連合条約」を採択した。この条約は，国際物品売買条約によって生じる売買当事者間の請求権の消滅時効または出訴期間の統一を図るものである。

インコタームズ　国際売買に関して付される取引条件に関し，慣習として用いられる略語（定型取引条件；trade terms）の統一を図る目的で策定されたのがインコタームズである。1936年に国際商業会議所によって策定され，数次の改訂を経ている。たとえば，FOB（Free On Board；本船渡条件）とは，価格条件として売主が船積港での船積みまでの費用を負担し（売買代金に船積みまでの費用が含まれる），船積港において売主が指定された船舶に商品を船積みすることによって売主の引渡義務が完了し，買主に危険が移転するものであり，他方，CIF（Cost, Insurance and Freight；運賃保険料込条件）では，売主が物品を荷揚げ地の港で荷揚げするまでの費用（運賃および海上保険料等）を負担し，荷揚げ以降の費用（輸入関税および通関手数料を含む）は買主の負担となる。売主から買主への船積書類の移転により売主の引渡義務が履行され，買主は船積書類と引換えに売買代金を支払う義務を負う。危険負担については，FOB 売買の場合と同様である（したがって，保険料は売主が負担するものの，運送中の事故により商品が損壊した場合，買主は代金支払いを免れられない）。わが国の貿易統計においては，輸出は FOB 価格，輸入は CIF 価格で計上されている。

なお，インコタームズ2010は従来の貿易条件の分類方法を変更し，「いかなる単数または複数の輸送手段にも適したもの」と「海上および内陸水路輸送の

第14章 国際取引

ためのもの（もっぱら船舶を輸送手段とする）」という2つのクラスのもと，前者をさらに7種，後者をさらに4種の定型取引条件に分類した。

2 国際的な決済

貿易代金の決済方式には，銀行が仲介することが一般的である。これには，①債務者である買主が売主に対して代金を送金する送金方式と，②債権者である売主が買主から代金を取り立てる取立方式とがある。

送金方式　送金方式とは，送金人aの依頼に基づき，aの国内の取引先銀行Aが受取人bの所在する外国の銀行Bに対して受取人bへの支払いを指図し，Bがその支払指図によりbへの支払いを行うものである。具体的には，aはAに対して代金を自国通貨で払込み，AからBを支払人，bを受取人とする外国為替手形の振出しを受ける。aは，当該為替手形をbに送付し，bは送付されてきた為替手形をBに呈示し当地通貨で支払いを受ける。送金方式は，あらかじめ買主が代金の一部を前払いする場合や買主が船積書類を受領後に代金を後払いする場合などに用いられることが多いが，いずれにせよ，同時履行にならないことから実務的に利用されることは少ないとされる。

取立方式　取立方式では，受取人bが取立指図方式の外国為替を用いて代金を取り寄せる。すなわち，上記例におけるaは，bを支払人とする為替手形を振出し，これをAに委託してbからの代金の回収を図る。この際，振り出される為替手形には，担保として売買の目的物の引渡請求権を表章した運送証券（船荷証券，貨物引換証等）が添付されることが多い。このように，手形債権の担保として運送証券を含む船積書類が添付された為替手形のことを荷為替手形と呼び，今日の貿易取引上の代金決済の多くが荷為替手形を利用してなされている。荷為替手形はAからBに送付され，Bはbに当該荷為替手形を呈示して代金を取り立て，Aに支払う。

荷為替手形の効用と種類　荷為替手形を用いると売主は取引銀行に荷為替手形を買い取ってもらうことができ，貨物の船積み後ただちに代金を回収できる。他方，買主は，船積書類と引換えに手形の支払いまたは引受けをすることになるので，代金の支払いにあたって，商品の船積みを確認することができる。また，船積書類と引換えに手形の引受けを行う場合には，買主は支

第2部　企業法の基礎

払期限までに商品を処分し，その代金で決済を行うことができる。さらに，上記Aは，船積書類を担保に，bからの支払いがない場合にも，aに遡求することも，担保権を実行し商品を処分することも，可能である。

　荷為替手形には，手形の支払いと引換えに船積書類を引き渡す支払渡条件（D/P）のものと，手形の名宛人が手形の引受けを行い，手形債務が確定したことを条件に船積書類を引き渡す引渡条件（D/A）のものとがある。一般的には，D/P手形は迅速に代金が回収できるので売主に有利であり，D/A手形では，引受けから支払いまでに一定期間の猶予がある点で買主に有利である。今日の多くの取引では，手形の支払いが銀行によって保証されている信用状付きの荷為替手形が用いられている。荷為替手形を利用した代金の決済に関しては，1956年に国際商業会議所が策定した「取立統一規則（Uniform Rules for Collections）」があり，国際的な統一が図られている。

荷為替信用状　　荷為替信用状または商業信用状とは，買主の依頼に基づき，その取引銀行が一定の条件のもとに，売主が振出す荷為替手形の引受け・支払いを約した書面である。前述したように，荷為替手形を用いて外国の買主から代金の取立てがなされる場合，外国の買主の信用状態が必ずしも明確に把握できるとは限らず，手形の支払いリスクを負う売主の取引銀行は，売主が振出した為替手形の買取りを渋りがちである。そこで，外国所在の買主の取引銀行が，当該為替手形の引受け・支払いを書面でもって約するのが，荷為替信用状である。今日の貿易代金の決済においては荷為替信用状を用いるのが一般的である。

　すなわち，国際的な売買契約の当事者が荷為替信用状を用いて取引することに合意する場合，b（買主）はB（発行銀行）に対し，a（売主）を受益者とする荷為替信用状の発行を依頼する。BはA'（通知銀行。aの所在地の銀行）を経由してaに信用状を交付する。aは，Bまたはbを支払人とする為替手形を振出し，信用状とともに，信用状条件に合致した船積書類を添えてA（買取銀行）に手形の買取りを依頼する。AはBまたはbに対して荷為替手形の引受け・支払いを求め，手形代金を回収する。Bが支払った場合には，Bはbに，代金の支払いと引換えに船積書類を引き渡す。国際商業会議所は，1933年以降「信

124

用状に関する統一規則及び慣例（Uniform Customs and Practice for Documentary Credits）」（信用状統一規則）を策定して，信用状に関する取引慣行の明文化と国際的な統一を図っている。

信用状の準拠法　統一規則によって解決が図られる事項については，準拠法が問題となることはないが，実際には統一規則は万能ではない。そこで，売主・買主間の信用状開設の約定や買主・発行銀行間の信用状開設契約に関し，準拠法決定の基準が問題となる余地がある。

　法適用通則法は，契約の当事者間に準拠法の指定がある場合には，当該指定された準拠法により，指定がない場合には，当該契約の最密接地法が適用されるとする（法通則7条〜9条）。受益者たる売主と発行銀行との関係については，その解釈は一様ではないが，これを契約に準じて解し，これらの者の間で準拠法が合意されていない場合（実際に，信用状において合意されることは少ない）には，最密接地法が適用されるとするものや発行銀行の営業所所在地法，あるいは，信用状で指定された支払地法とする見解などがある。

3　手形・小切手取引の国際的統一

　先に述べたように，為替手形は，リスクヘッジの目的で運送証券や信用状を伴って，隔地者間の代金支払手段として国際的にも重要な役割を担っている。国際取引におけるこのような手形・小切手の重要性にかんがみると，また，それらの手段的・技術的性格に照らすと，国際的な統一が望ましいとともに国際的な統一になじみやすい。手形・小切手法の統一のための条約として，これまで次のようなものが採択されてきた。

ジュネーブ条約　第一次世界大戦後，国際連盟の主導により，「為替手形及約束手形ニ関シ統一法ヲ制定スル条約」（1930年）および「小切手ニ関シ統一法ヲ制定スル条約」（1931年）がジュネーブで成立した。同条約の成立に際し，締約国はその領土内でその附属書に定める統一法を実施することを約した。わが国も同条約を批准しているが，英米や南米諸国が参加していないため，統一法としての実効性に欠けていた。

国際手形条約　そのため，さらに同条約を発展させるため，UNCITRALによって1988年に「国際為替手形及び国際約束手形に関す

第2部　企業法の基礎

る国際連合条約（以下，国際手形条約）」が成立した。国際手形条約は，当事者が条約の適用がある旨を手形面上で明らかにした（「国際為替手形または国際約束手形［アンシトラル条約］」の文言を表題および証券本文中に含む）場合に，当該手形についてのみ適用される（国際手形1条1項・2項）。小切手への適用はない（同1条3項）。本条約が適用される国際手形は，たとえば，為替手形であれば，①振出地，②振出人の署名に付記された地，③支払人の名称に付記された地，④受取人の名称に付記された地，および⑤支払地（ただし，振出地および支払地のいずれかが手形面上に表示され，かつ締約国内に所在する必要がある）の中の少なくとも2つが特定され，その特定された2つが異なる国にあることが表示された手形である（同2条）。もっとも，わが国はこの国際手形条約を批准していない。

手形・小切手に関する準拠法　　上記のような国際的な手形法・小切手法の統一への努力にもかかわらず，条約が適用されない手形や小切手の取引について，準拠法決定の基準を定める必要がある。ジュネーブ条約とともに成立した「為替手形及約束手形ニ関シ法律ノ或抵触ヲ解決スル為ノ条約」（1930年）および「小切手ニ関シ法律ノ或抵触ヲ解決スル為ノ条約」（1931年）は，手形・小切手の取引に関する準拠法を定める。わが国は，これらの条約を批准しており，手形法・小切手法の附則中に抵触法上の考慮がなされている。これによれば，手形能力・小切手能力は原則として本国法としつつ，行為地における取引の保護を図るべく，狭義の反致・転致（A国が法廷地であり，同国の国際私法によればB国法が準拠法になり，B国の国際私法によればA国法が準拠法となる場合に，A国法を準拠法とする場合が反致，同様に，A国の国際私法によればB国法が準拠法になり，B国の国際私法によれば第三国のC国法が準拠法となる場合に，C国法を準拠法とする場合が転致である）を認め，署名地法上能力がある者に責任を負わせる（手88条，小76条）。手形行為・小切手行為の方式は，署名地法を原則としつつ，小切手については支払地の方式によっても有効である（手89条，小78条）。為替手形の引受人や約束手形の振出人の義務は支払地法による旨が，また，裏書人などの義務はその署名地法による旨が画一的に定められ，当事者自治が排されている（手90条）。

第15章
企業取引の決済

I　総　説

決済　企業取引においては，一般に，売主による商品の引渡しあるいは役務（サービス）の提供と引換えに，買主がその対価（代金）を支払うことで取引が終結する。このような支払いを決済という。企業と消費者との間の取引における一般的な決済の手段は現金であるが，最近では，クレジット・カード（事後決済型）やプリペイド・カード（事前決済型）のほか，各種の電子マネーやデビット・カード（即時決済型）なども利用されている。

これに対し，企業間の商取引においては，交互計算による決済のほか，手形（約束手形や為替手形）や小切手が決済の手段として伝統的に用いられてきた。しかし，最近は，多数の売り手企業に対する決済を一括して行う「一括手形」を発行する買い手企業もあり，また，債権譲渡方式や売上債権担保金融の一種であるファクタリング（factoring）による一括決済システムも利用されている。さらに，コンピュータ・ネットワーク・システムの整備に伴って，電子資金移動（EFT）や電子記録債権（電子手形）も利用され始めている。

企業間信用　企業間の商取引においては，売主が取引上の債務を履行しても，買主がその対価を現金（または小切手）で支払わず，一定の期間，支払いを繰り延べることが通常である。このような支払いの繰延は，法律上，取引の当事者間において，支払い（代金支払債務の履行）を猶予する旨の合意があることを意味するが，経済的な側面からみると，売り手企業と買い手企業との間で短期的な信用が授受されていることを意味する。

このような金融機能を企業間信用（trade credit）という。企業間信用は，単

127

第2部　企業法の基礎

に掛売り一般を意味するものではなく，商取引上の経済合理性をふまえて授受される信用の授与であって，消費者信用や割賦信用，あるいは企業支配のための信用の授受（子会社・関連会社等に対する投融資）とは異なるものである。

　わが国では，近時，企業間信用の利用は減少の傾向にあるが，それでも欧米諸国に比して，これに依存する割合が依然として高いとされている。これは，商取引の決済に関連する短期的な金融（ことに，銀行等の短期貸出）に対する制限が多く，機動的な資金の需要に応えられないことや，企業自身の自己資本の充実（株式の発行・内部資金の留保等）の遅れがあることにも一因があるが，主因はむしろ，企業間信用の利用が比較的容易な社会経済的事情にある。すなわち，企業間信用の授受を通じて，取引先企業との人的・物的な関係を深くするとともに，取引の増大を優先させようとする取引慣行が存在するからである。

企業間信用の機能　　企業間信用の利用は，信用を受ける買い手企業からみれば，対価を支払うことなく商品の引渡しあるいは役務の提供を受けることができるため，資金なしに取引を行うことができる（他人資本性）。また，代金の決済に際しても利息の支払いを要しないほか，決済期限まで手持ち資金の活用を図りうるなどの利点がある。ただし，買い手企業にとっては，あくまで支払期限のある短期的な債務にほかならないため，受信額が増加するほど，支払資金（現金）の確保が困難となることはいうまでもない。また，会計上も，負債（支払手形・買掛金など）の増加となるため，企業の自己資本比率・流動比率等の財務比率が低く計算される欠陥もある。

　他方，売り手企業からみれば，企業間信用の供与は取引（売上）を拡大する販売促進の効果が期待できるほか，与信額は資産（受取手形・売掛金など）たる債権となるため，ファクタリングなどの売上債権担保金融や受取った手形の割引を受けることにより，早期に資金の回収をはかることもできる。ただし，売上高に占める現金売上高の割合が少ないほど，また，一般にユーザンス（usance）またはサイト（sight）と呼ばれる信用供与（支払猶予）の期間（信用期間）が長くなるほど，企業間信用の規模は増大化することになる。しかも，信用期間は，経済好況期には短く，不況期には長くなる傾向があるとともに，信用期間が長いほど貸倒れの危険（発生率）が高くなるおそれがある。

第15章　企業取引の決済

企業間信用の現状　企業間信用は，大規模な生産会社（メーカー），総合商社，卸売業者などによって供与されることが多い。ことに，大規模な生産会社による信用供与は，商品の流通経路の系列化とともに高度化される傾向がある。たとえば家電品の流通では，卸売業者は，生産会社またはその販売会社から約60日間の支払猶予が与えられるため，小売業者に対して約30日間の支払猶予を与えることができる。このことを実質的にみると，生産会社が小売段階まで融資していることを意味する。

　また，総合商社は，戦後，生産者や一般の卸売業者よりも低利で銀行から融資を受けることができた金融事情を活用して企業間信用を拡大し，生産者や卸売業者の系列化を図るとともに，新しい事業分野への進出を遂げている。たとえば雑穀などの流通では，従来，消費地問屋が金融機能（与信）を担当していたが，近時，総合商社は，産地に対しては現金で決済する一方，消費地問屋などに対しては比較的に長期の支払猶予を認めている。

　これに対し，一般の卸売業者が金融機能を担当する事例は減少する傾向にあるが，たとえば小幅呉服などの流通では，商品集散地の卸売業者（集散地卸）が商品産地の卸売業者（産地卸）から短期の支払猶予しか受けられない場合でも，小売商に対しては長期の支払猶予（150日間〜180日間）を与えることがあり，その限度では，集散地の卸売業者が金融機能を果たしている。

　企業間信用の供与は，売り手企業の単純な好意によるものではなく，取引を拡大する販売促進の効果のほか，与信額に相当する資金のコスト（金利）の商品価格等への転嫁を含めた総合的な経営判断に基づくものである。他方，買い手企業からみれば，代金支払いの条件が同一であれば，企業間信用を利用する方が有利であるが，現金による支払いに対しては，いわゆる現金割引（値引き）が売主から提供されるのが通常である。それゆえ，企業間信用の利用は，かかる現金割引という得べかりし利益の喪失を意味し，いわゆる機会原価（opportunity cost）が発生する。たとえば，仮に30日間の支払猶予と引換えに2％の現金割引の機会を放棄すれば，その機会原価は年率で約24％の金利に相当することになるからである。

129

第2部　企業法の基礎

Ⅱ　手形の利用

緒　説　企業間信用の授受は，買い手企業では買入債務（負債），売り手企業では売上債権（資産）の性質を有するが，信用期間の長短によって取扱いが異なるのが通常である。すなわち，信用期間が比較的に短期間（数日ないし数週間）の場合には，会計上，それぞれ，買掛金（負債）または売掛金（資産）として記録される。これに対し，信用供与がある程度の期間（数ヵ月）に及ぶ場合には，支払いの確保のために（または担保のために），手形（主に約束手形）が利用されることが多く，企業間信用の主要な手段となる。その場合は，会計上，それぞれ，支払手形（負債）または受取手形（資産）として記録される。

　近時，流通する手形の大部分は約束手形であるが，約束手形を振り出そうとする企業は，当座預金口座を開設した取引銀行の取引店舗から交付を受けた口座名義人専用の約束手形用紙（銀行協会の統一手形用紙）を利用し，当該取引店舗を支払場所（かつ支払担当者）として，約束手形を振り出すことになる。それ以外の約束手形用紙を使用した約束手形は，銀行で取り扱われないため，事実上，流通させることはできない。

手形の機能　手形は，債務（金銭債務）の内容が明確であり（文言証券性），かつ権利行使が容易であることから（無因証券性・手形訴訟制度等），支払いの猶予のため広く用いられている。実際には，買い手企業が振出人となって，売り手企業を受取人とする約束手形を振り出して交付する場合と，他の企業が振出した約束手形（または為替手形）を保有している場合にそれを売り手企業に対して裏書譲渡（または引渡し）する場合とがある。

　約束手形は，その発行者（振出人）が一定の金額を支払うことを約束した内容の有価証券である。これに対し，為替手形は，振出人が他人（支払人）に一定の金額の支払いを委託する内容の有価証券であり，支払人は引受署名により引受人となり，約束手形の振出人と同様に，手形の主たる債務者となる。

　手形の所持人は満期まで待って自分で振出人（約束手形）または引受人（為替手形）に対し支払いを求めるほか，それ以前に，有償で他人に譲渡（売買・交換・

130

第15章 企業取引の決済

贈与等）したり，あるいは銀行等の金融機関で割引を受け，換金することができる点に特徴がある。

他方，手形の支払いが現実に不能となる場合には，振出人・引受人は銀行等の金融機関からの信頼を失い，いわゆる銀行取引停止処分を受けるほか，銀行取引約款上の買戻特約により，かかる手形の割引を受けた者も銀行等から買戻しを求められるため，結果的には，振出人から受取人・裏書人そして最終の所持人にいたるまでの連鎖的な企業倒産につながる危険を内在している。

手形行為の性質　手形や小切手の振出，裏書，手形の保証，為替手形の引受け，参加引受け，小切手の支払保証などは，手形・小切手に特有の法律行為であり，手形行為または小切手行為という。

手形行為（以下，小切手行為も同様）は，署名（または記名捺印）を要件とする書面行為であり（手1条8号等），また，手形授受の当事者間（振出人と受取人との間など）において手形行為がなされる実質的な法律関係（売買契約などの原因関係）とは別に，手形上の法律関係（手形関係）が認識されるところが，一般の法律行為に見られない特質である。

手形行為の証券的性質として，①書面性（書面の作成を要すること），②要式性（法定の方式を具備しなければ手形行為が成立しないこと），③要式証券性（証券に記載すべき事項が法定されていること），④設権証券性（証券の作成によって，証券に表章される権利がはじめて発生すること），⑤文言証券性（証券上の権利の内容が証券上の記載によって決定されること），⑥無因証券性（証券上の法律関係は，証券作成の原因関係（売買契約等）から切り離され，原因関係の有無や消長によって影響を受けないこと），⑦手形行為の独立性（ある手形行為（たとえば，振出）が無効または取り消されても，それを前提とする他の手形行為（たとえば，裏書・引受け・保証等）の効力には影響を与えないこと）などが認められる。

なお，手形は，法律上当然の指図証券であり，裏書（または引渡し）により譲渡されるが，流通の安全と円滑化のため，特別な保護が認められている。とくに，裏書の連続する手形を善意で重大な過失なく裏書（または引渡し）によって取得した者は，譲渡人が無権利者であっても，手形上の権利を善意取得することができる（手16条2項）。また，裏書には，抗弁の切断（同17条）と裏書人

131

第2部　企業法の基礎

の担保責任（同15条1項）という特別の効力が認められる。そのため，振出人Aは，原則として，受取人Bとの間の人的関係に基づく抗弁をもって，被裏書人Cに対抗することはできないが，CがAを害することを知って手形を取得した場合に限って，例外的に，AはCに対してその事由を対抗することができる（同17条）。また，裏書人は，裏書に際して，手形上に無担保文句を記載しない限り，手形金の支払いを担保しなければならない（同15条1項）。

融通手形の効力

企業間の現実の商取引に基づいて利用される手形を商業手形といい，銀行引受手形と同様に，いわゆる割引適格手形として，銀行等の金融機関による手形割引の対象となるため，現実的な意味で，換金機能が認められている。これに対し，相手方に金融を受けさせるために，現実の商取引に基づかないで手形が授受されることがあり，このような手形を融通手形という。

融通手形は，手形の換金機能をいわば悪用するものであるが，融通手形という特別な手形があるわけではない。いわば好意的に手形を振り出したり，保証の目的で手形の裏書をしたり，あるいは引受けをした手形のことであり，好意手形とも呼ばれる。なお，資金を必要とする者同士が相互に融通手形を作成し合って交換する場合もあり，このような形で交換される融通手形を交換手形とか書合手形あるいは馴合手形という。

融通手形として約束手形が振り出された場合，手形を振り出した者（融通者）と振出しを受けた受取人（被融通者）との間では，当然のことながら，被融通者は融通者に対し手形の支払いを請求することはできないが，この手形を裏書によって取得し金融を行った第三者は，振出人たる融通者に対して手形債権を行使することができるほか，振出人が支払いを拒絶した場合には，裏書人たる被融通者に対しても原因関係上の債権のほか，手形債権（遡求権）を行使することができる。しかも，手形理論上，振出人は，所持人（第三者）の善意・悪意にかかわらず，受取人に対する融通手形振出の原因関係上の抗弁をもって所持人に対抗することができないと解されることから，融通者が被融通者のために債務保証をした場合よりも，第三者の権利は強化されることになる。

なお，融通手形の授受の当事者間には，被融通者は支払期日までに融通者に

対し当該手形の決済資金を提供するとか，あるいは割引を受けた第三者（金融機関等）から当該手形を買い戻して回収するなどの合意があるのが通常であるが，被融通者がこの合意に違反した場合には，当該手形が不渡りになる危険性はきわめて高いものといわざるをえない。なぜなら，融通手形の振出そのものが，融通者の好意というよりむしろ融通者自身の融資資金の不足に起因する場合が多く，しかも，現実の商取引に基づかないため，決済資金を捻出する実質的な担保・手段がないからである。その意味では，融通手形は不渡りになる危険性をつねに内在しているため，流通に置かれ善意の（融通手形であることを知らない）第三者の手に入ることは好ましいことではない。

　しかし，銀行等からの融資が受けにくい中小企業の資金繰りのためのいわば必要悪ともいえることから，性質上当然に違法なものと解することはできない。しかも，金融を行う第三者はそれが融通手形であることを承知のうえで割引を行うことが多く，それによって悪意の抗弁（手17条但書参照）が成立し支払いが拒絶されるとすれば，誰もこのような手形を割り引かなくなるおそれがある。そこで，このような結論を回避するため，判例（最判34・7・14）・学説は，一般に，融通手形である旨の抗弁は，生来的に人的な抗弁であって，被融通者以外の所持人には対抗しえないと解することにより，金融を行った第三者が悪意で（融通手形であることを知って）手形を取得した場合といえども，それだけでは悪意の抗弁は成立せず，振出人は支払いを拒絶しえないものとしている。

　ただし，近時の学説には，被融通者がすでにまったくの無資力となっており，もはや融通者に当該手形の決済資金を提供しえないことを知ったうえで，手形を取得した場合などについては，所持人（手形割引人）の融通者（振出人）への権利行使は信義則上認められないと解したり，あるいは，悪意の抗弁の成立を認める見解も有力に主張されている。

手形の支払　　手形は流通証券であるから，満期（支払期日）における支払いを受けるためには，正当な所持人の側から，振出人（約束手形の場合）または引受人（為替手形の場合）に手形を呈示して手形金の支払いを請求しなければならない（呈示証券性）。ただし，現在の統一手形用紙制度の下では，約束手形にはすでに支払場所として第三者（支払担当者となるべき銀行

第2部　企業法の基礎

等の店舗名）の記載が印刷されている。また，為替手形についても，引受人が同様の記載を行うのが通常である。

　これらの第三者方払手形は，第三者たる支払銀行の店頭で支払いのために呈示すべきこととなるが，大部分の手形は，所持人が自己の取引銀行に当該手形を入金し，その銀行が取立銀行となって手形交換所において当該手形を支払銀行に呈示している。なお，所持人が支払呈示期間内に手形を呈示しなかった場合には，裏書人等に対する遡求権を失うことになる。

　次に，手形の支払いに際して，振出人（支払担当者を含む）は，所持人の形式的資格の有無についてのみ調査すべき義務を負っているため，たとえ無権利者に支払った場合でも，悪意または重過失のないかぎり，支払いの責任を免れる（手40条3項参照）。また，手形上の権利は現実の支払いのほか，免除，更改，相殺ないし代物弁済がなされた場合も消滅するが，振出人は一部支払いの場合を除いて，手形を受け戻すことができる。

　これに対して，手形を受け戻さなかった場合には，権利の外観が所持人に残ることから，支払呈示期間経過前に善意の第三者によって当該手形が取得される場合などに，振出人は署名者としての責任を問われることがある（権利外観の法理）。そのため，たとえば所持人が手形債権を自働債権として相殺を行う場合にも手形を振出人に交付（返還）すべきものと解されている。

　振出人等は，満期における支払いが困難な場合に，所持人との間の合意が成立すれば，支払いを猶予してもらうことができるが，このような特約は当事者間でのみ効力を有するため，これによって手形の満期自体が変更されるわけではなく，所持人が遡求権を保全するためには満期を基準に所定の遡求権保全手続をとらなければならない。もっとも，手形関係者全員の同意が得られる場合には，手形の同一性を保ちながら，手形に記載されている満期自体を変更することもできる。

　また，実際には，支払いを延期するため，所持人の同意を得て，満期を延長した新しい手形を発行して所持人に交付することもある。これは手形の書替または切替といい，新手形は書替手形，切替手形あるいは延期手形と呼ばれる。

　新手形の発行に際して既存の旧手形が振出人の手に回収される場合には，手

形の書替は，新手形による旧手形債務の代物弁済であって，これにより旧手形債務は消滅し，代わりに新手形が成立したものと解される。ただし，新旧両手形の実質的ないし経済的同一性にかんがみ，旧手形について手形外に成立していた担保権や保証債務は新手形についても存続し，また，債務者は旧手形について対抗できた人的抗弁をもって対抗しうるものと解される。これに対し，既存の旧手形が回収されない場合には，旧手形債務は消滅せず，新旧両手形は併存することとなるが，新旧いずれの手形により支払いを求める場合にも，新旧両手形と引換えになされることを要する。

そのほか，天災地変，戦争，経済恐慌等の事変に際して，特別の法令（支払猶予令）の制定によって手形の支払いが猶予されることもある（モラトリアム）。

手形の不渡り　満期における支払いを拒絶された手形を広く不渡手形というが，銀行実務上は，手形交換に付された手形のうち，支払いに応じられないものとして手形所持人に返還された手形をいう。不渡返還された手形の振出人・引受人がその後6ヵ月以内に2回目の不渡りをだすと，手形交換所に参加するすべての銀行との間で当座勘定および貸出に関する取引を行えなくなる（銀行取引停止処分）。

他方，不渡りとなった手形の所持人は，手形授受の直接の相手方に対する原因関係上の債権（売買代金請求権，手形買戻請求権等）を行使できるほか，手形上の権利として，主たる債務者（約束手形の振出人・為替手形の引受人）に対する関係では，満期以後3年間の消滅時効が完成するまでは手形上の権利を失わず，また自己の前者たる裏書人・保証人などに対する遡求権を行使することもできる（手70条・77条1項）。しかも，手形上の権利については，通常の訴訟手続のほか，より簡易迅速に権利を実現するため，書証を中心とする手形訴訟手続を利用することができる（民訴350条以下参照）。

Ⅲ　電子手形の利用

近時，企業の資金調達の円滑化を図るため，電子債権記録法（平成19法102）が制定されている。電子記録債権は，電子記録債権を発生させる原因となった

第2部　企業法の基礎

法律関係に基づく債権とは別の金銭債権であり，当事者の意思表示に加えて，電子債権記録機関が作成する記録原簿への記録により，電子記録債権が発生し（電子債権15条），また譲渡の効力が生じるとするものである（同17条）。また，善意取得（同19条）や抗弁の切断（同20条）のほか，支払いの免責（同21条）も認められる。なお，電子記録債権の内容は，債権記録の内容により定まるが（同9条1項），発生記録には，必要的記載事項（同16条1項）のほか，さまざまな任意の約定を記録することができる（同16条2項）。

　電子記録債権は，手形債権と類似した構造をもっているが，手形と異なり，証券の作成を要せず，保管や管理の必要もなく，盗難・紛失のリスク回避を図ることができる。しかも，印紙税の負担もない。また，電子記録債権の場合は，インターネットのWeb上で電子債権記録機関にデータを提供し，電子記録債権の発生や譲渡の記録を請求することができる。さらに，電子記録債権は分割して譲渡することができる。

　なお，電子記録債権は，手形債権と同様に，弁済，相殺等により消滅するが，二重支払いの危険を回避するため，電子記録債権が消滅したことが支払等記録（電子債権24条）に記録される必要がある。支払等記録は，支払いを受けた債権者のような電子記録義務者（電子記録上，直接不利益を受ける者）だけで請求することができるが，債務者の場合は，債権者等の承諾を要する（同25条）。

電子債権記録機関　　このような法整備に伴い，同法に基づく電子債権記録機関が設立され，約束手形の代替的なモデルとして「電子手形」の取扱金融機関として活動が進められている。これにより，企業は，従来の紙ベースの手形取引に代わり，「電子手形の作成」，「電子手形の譲渡」，「電子手形の割引（都度・定期）」，「期日決済」，「分割割引」，「分割譲渡」といった多様な債権取引をインターネットのWeb上で行うことが可能となるとともに，電子データを用いることにより，電子手形残高の管理や期日管理の効率化も期待されている。

第15章　企業取引の決済

Ⅳ　企業取引の決済の遅延

緒　説　企業は，場合に応じて，売り手または買い手となるため，資産・負債の双方ともに企業間信用によって膨らむこととなるが，大企業では与信額が受信額より多いのが通常であり，その意味では，大企業による信用供与は中小企業の金融に資するものである。しかし，現実の商取引においては，買い手企業である大企業が代金支払いをより長期にわたって猶予するよう強要するような事例も生じている。そのため，代金支払条件としての企業間信用の利用については，その公正の確保が法律上要請されることとなる。

代金支払いの遅延防止　わが国では，経済的に優越した地位にある企業が自己の取引上の地位を不当に利用して取引の相手方たる弱小の企業に対し，取引条件についての譲歩を求める事例が少なくない。かつて，経済不況期において，大企業（親事業者）が下請けの中小企業（下請事業者）に対して代金の支払いを遅延し，あるいは，その目的のため支払期日の遅い長期の手形や割引困難な手形を交付するような事例が多数みられた。

そこで，このような優越的地位（経済力）の濫用を規制するため，独占禁止法では，不公正な取引方法の類型の1つとして「自己の取引上の地位を不当に利用して相手方と取引すること」（独禁2条9項5号）が規定されている。また，下請取引について，非合理な慣行を排除して取引条件を確定させるため，下請代金支払遅延等防止法（下請法）が制定されている（昭31法律120）。

137

第 3 部
株式会社法

第16章
株式会社の設立

Ⅰ 総　説

設立の意義　会社の設立は，新規事業を開始する場合や子会社を新設する場合，これまで個人企業であったものが会社組織に変更する場合（法人成り），合弁事業を開始する場合等に行われる。

　会社という実体の形成，団体の組織および活動に関する根本規則である定款の作成，出資者である社員の確定，出資の履行，および機関の具備により会社という団体が組織化される。

設立に関する立法の立場　一般法によって一定の要件を定め，該当する法律の要件を満たしていれば，設立登記を経てその団体に法人格が付与されることになる。これを準則主義という。会社法では会社の設立につきこの準則主義を採用している。

設立の審査　会社は設立登記を行うことにより成立する（会社49条）。設立登記の申請の際に，その会社設立が手続規定を遵守しているかを登記官が形式的に審査する形式審査主義と，審査事項の内容にまで登記官が立ち入って審査する実質審査主義に見解が分かれているが，実務的には形式審査主義が採られている（商登24条）。

Ⅱ 発　起　人

発起人の意義　発起人とは，会社の設立行為を行う者である。法律上は定款に発起人として署名した者が発起人と解される。発起人

141

第3部　株式会社法

は設立過程において一定の範囲で権限を行使するとともに，資本充実責任（会社52条）等の厳格な法定責任を負う。

　設立に際して発起人は少なくとも１株の株式を引き受ける必要がある（同25条２項）。発起人の員数については制限がないため１人での設立も可能と解される。

発起人組合　　発起人が１人しかいない場合を除いて，設立手続に入る前に，複数の発起人間で会社の設立という共同の事業を営むことを目的とする合意がなされる。これを発起人組合といい，民法上の組合契約（民667条）と解されている。

　組合契約では，定款の内容，設立時に引き受ける株式数，各発起人の職務内容等が定められ，その履行として，定款の作成，設立時の株式引受け，設立事務の執行等がなされる。

設立中の会社　　設立登記前の会社は法人格がないので権利義務の帰属主体となることができず，設立の過程では発起人が主体となって権利義務を負う。法人格取得前の会社のことを「設立中の会社」といい，これが成立後の会社と実質的に同一のものであると位置付けられる（同一性説）。「設立中の会社」は権利能力なき社団であり，発起人がその執行機関となる。

　設立登記により会社が成立すると，実質的に「設立中の会社」に帰属していた権利義務は成立後の会社に承継される。

発起人の権限　　会社設立のために発起人が行った行為により生じる権利義務は，形式的には発起人に帰属するが，実質的には「設立中の会社」に帰属することになり，成立後の会社に承継されるのは，発起人が「設立中の会社」の執行機関としてその権限の範囲内で行った行為による権利義務に限られる。会社の設立過程で発起人が行う行為としては，①定款の作成，株式の引受け・払込み，募集設立における株主の募集や創立総会の招集等の「会社の設立それ自体を直接の目的とする行為」，②設立事務所の賃借，設立事務職員の雇用等の「会社の設立に必要な行為」，③工場用地・会社建物の取得，工場建設，原材料の仕入，製品の販売契約，従業員の雇用，銀行からの借入，財産引受等，会社成立後の速やかな営業開始のために必要な「開業準備

第16章　株式会社の設立

行為」，④定款所定の事業内容を行う「営業行為」が挙げられる。

Ⅲ　設立手続

設立方法の種類　　設立手続は，発起設立と募集設立に分けられる。発起設立は設立時発行株式の全部を発起人のみが引き受ける方法であり（会社25条1項1号），募集設立は設立時発行株式の一部を発起人が引き受け，残りの株式の引受人を募集する方法である（同条同項2号）。

定款の作成　　会社の設立手続は，発起人による定款の作成（会社26条）に始まる。定款とは，実質的には会社の組織・活動に関する根本原則であり，形式的にはその根本原則を記した書面または電磁的記録のことをいう。会社設立時に作成される定款を原始定款という。

　発起人は定款に署名もしくは記名捺印（会社26条1項）または電磁的記録で作成した場合には電子署名をしなければならず（同条2項），定款に効力が生じるためには公証人の認証を受けなければならない（同30条）。公証人の認証は効力発生の要件とされる。

　定款の内容は，総則（事業目的・商号・本店所在地・設立時の出資財産の価額等・発起人の氏名住所等），株式，株主総会，取締役および取締役会，監査役，計算，附則（報酬・設立費用等）から成る。その詳細な内容は，会社内の規則に委ねられることになる。

　(1)　絶対的記載事項（会社27条）　　絶対的記載事項とは，必ず定款に記載または記録しなければならないものであり，その記載を欠けば定款自体が効力を欠き，設立無効の原因となる。

　(i)　目　的（会社27条1号）　　会社が目的とする事業であり，その事業については，複数であってもよい。会社がどのような事業を営むのかが理解できる程度に明瞭かつ具体的に記載しなければならない。

　(ii)　商　号（会社27条2号）　　商号とは会社が営業上自己を表示する名称であり，会社の場合には複数の営業を行う場合であっても1個の商号しか用いることができない（商号単一の原則）。商号中には会社の種類を表す文言を入れる

143

第3部　株式会社法

必要があり，株式会社であれば，必ず「株式会社」という文字を用いなければならない（同6条2項）。

(iii)　本店の所在地（会社27条3号）　　会社の本店の所在地は，裁判管轄（同835条・848条・856条），設立登記（同911条），会社の住所（同4条）等に関わるため定款に記載する必要がある。

(iv)　設立に際して出資される財産の価額またはその最低額（会社27条4号）　設立に際して払い込まれた額が定款に記載された最低額に達しない場合には，会社の設立が認められず，設立されたとしても設立無効原因となる。

(v)　発起人の氏名または名称および住所（会社27条5号）　　設立に関しての責任の所在を明確にするため，発起人の氏名または名称および住所の定款記載が必須となる。

(2)　**任意的記載事項**　　会社は，絶対的記載事項や相対的記載事項以外のものであっても，定款に記載しまたは記録することができる（会社29条）。記載・記録をしなかったとしても定款自体は無効とはならない。いったん定款に記載・記録されると，その記載事項を変更するには厳格な手続（同73条・95条以下・466条・309条2項11項）が求められる。

(3)　**相対的記載事項**　　相対的記載事項とは，記載・記録をしなかったとしても定款自体は無効とはならないが，記載・記録をしないとその効力が生じない事項をいう（会社29条）。

(4)　**変態設立事項**　　設立手続に関する相対的記載事項は変態設立事項である（会社28条）。変態設立事項とは，会社の設立の際に，発起人が，自己または第三者の利益を図って，会社の財産的基礎を危うくする危険性のある事項として，特別な手続が要求されている相対的記載事項のことをいい，「危険な約束」とも呼ばれる。変態設立事項については，その弊害を防ぐため，原則として裁判所が選任する検査役の調査を受けることとされている（同33条）。

(i)　現物出資（会社28条1号）　　出資は金銭出資を原則とするが，現物出資は金銭以外の財産をもって行う出資である。設立の際の現物出資は発起人についてのみ認められる（会社34条，63条）。

(ii)　財産引受け（会社28条2号）　　財産引受けとは，発起人が設立中の会社

144

の機関として会社成立を条件として金銭以外の財産を譲り受ける旨の契約をすることである。財産引受けは開業準備行為の一種である。現物出資が金銭以外の財産の出資であるのに対して，財産引受けは取引についての契約である。現物出資と同様，財産が過大評価されることで株主や会社債権者が害されることになるため，財産引受けについても一定の法規制が行われる。

財産引受けに関連して，会社がその成立後２年以内に成立前から存在する営業用財産を取得するために当該株式会社の純資産額として法務省令で定める方法により算定される額の５分の１（これを下回る割合を当該株式会社の定款で定めた場合は，その割合による）以上に当たる対価をもって譲り受ける旨契約する場合には，株主総会の特別決議を要する（会社467条１項５号）。このような契約を事後設立という。事後設立については，株主総会の特別決議を経なければならない（同309条２項11号）。契約時期を会社成立後に少し遅らせることによって財産引受けの規制を免れることが可能であるため，会社法467条によってその潜脱行為が規制されている。

(iii)　発起人の報酬（会社28条３号）　　発起人自身が自己の報酬額を決めることによって「お手盛り」の危険性が生じるため，規制の対象となっている。

(iv)　設立費用（会社28条４号）　　会社の設立に必要な行為（設立事務所の賃借，株主募集の広告，設立事務員の雇い入れ，創立総会会場の賃借料等）から生じる費用である。設立費用の支出に際して，発起人による濫用が生じると会社財産の基礎が損なわれることになるので，調査が求められる。

社員の確定と出資の履行　　**(1)　株式発行事項の決定**　　設立時に発行する株式に関する事項（発行数，払込金額，払込期日または期間等）については，定款に定めがある場合を除いて，発起人全員の同意により決定する（発起設立について会社32条１項，募集設立について同58条１項・２項）。会社が発行することができる株式の総数は，定款の記載事項ではあるが，原始定款に定める必要はなく，設立過程における株式引受けや失権の状況等により，設立手続が完了するまでに発起設立の場合には発起人全員の同意により，募集設立の場合には創立総会の決議により定款に定めなければならない（同37条・98条）。

(2)　社員の確定　　発起設立の場合には，発起人が設立時発行株式の全部を

第3部　株式会社法

引き受けることによって社員が確定する（会社25条1項1号・2項）。

　募集設立の場合には，発起人が設立時発行株式の一部を引き受け，残りの株式につき株式引受人が募集される（同条1項2号・57条1項）。募集設立を行うためには発起人全員の同意が必要である（同57条2項）。

　発起人は，総数引受け（会社61条）の場合を除いて，設立時募集株式の引受けの申込みをしようとする者に対して，一定の事項を通知しなければならない（同59条1項）。しかし，発起人の中に出資を履行していない者がいる場合には，その失権後でなければ通知することができない（同条2項）。この通知を受けて株式引受けの申込みをする者は，発起人に対して一定事項を記載した書面を交付または電磁的方法で提供しなければならない（同条3項・4項）。発起人が割当てを受ける者および割り当てる株式数を決定することで（割当自由の原則）（同60条1項），申込者は設立時募集株式の引受人となり（同62条），割当てを受けた株式数に応じて払込期日または払込期間中（同58条1項3号）に払込取扱機関へ対価を払い込む義務が生じる（同63条1項）。

　(3)　**出資の履行**　　発起設立の場合，発起人は設立時発行株式を引き受けた後遅滞なく払込金の全額を払い込み，または現物出資財産の全部の給付をしなければならない（会社34条1項）。払込みは発起人が定めた払込取扱機関に対して行う（同条2項）。

　募集設立の場合には，設立時募集株式の引受人は，払込期日または払込期間内に払込取扱機関へ払込金額の全額を払い込まなければならない（会社63条1項）。この場合，払込取扱機関は，発起人の請求により払込金の保管証明書を交付しなければならず（同64条1項），設立登記申請書類に添付しなければならない（商登47条2項5号）。

　(4)　**仮装払込み──預合い・見せ金**　　実際には有効な払込みといえないが，払込みの外観を作出する行為を，仮装払込みといい，これには預合い（あずけあい）と見せ金がある。

　預合いとは，発起人が払込取扱金融機関から借入れを行い，それを計算上払込金に充てるが，この借入金を返済するまでは成立した会社が払込金の返還を請求しないことを約束する行為をいう。預合いの場合には，発起人と払込取扱

金融機関との間に通謀が存在する。発起人は会社の設立登記が完了した後，払込金を引き出して借入金の返済を行う。預合いは，すべて払込取扱金融機関の帳簿上で行われ，現実の資金移動はない。預合いは資本充実を害する行為であり，発起人と払込取扱金融機関との両者に刑事罰が科せられている（会社965条）。

　見せ金とは，発起人が払込取扱機関以外の者から借り入れた金銭を株式の払込みに充て，会社の成立後にそれを引き出して借入金を返済する行為をいう。判例・多数説は，見せ金があらかじめ仮装のために計画されたものであれば，会社財産の形成を害する行為であることから，その払込みは無効であり，発起人・株式引受人は払込みの義務を免れないと解している。見せ金か有効な借入れであるか否かについては，会社成立後借入金を返済するまでの期間の長短，引き出された金銭が会社資金として運用された事実の有無などに照らして総合的に判断される。

　発起設立に際して，発起人が出資の履行を仮装した場合には，払込金額の全額の払込みを行うか，または，現物出資財産の全部の給付等を行う義務を負うことになる（会社52条の2第1項）。仮装に関与した他の発起人や設立時取締役等は，みずからの無過失を証明できなければ，当該発起人と連帯して上記の義務を負う（同条第2項・3項）。この払込義務等は，総株主の同意により免除することが可能である（同55条）。なお，これらの義務に違反すると，株主代表訴訟の対象となる（同847条1項）。発起人や設立時取締役等が払込みを行うと，株主としての権利行使が可能となり（同52条の2第4項），当該設立時発行株式等を譲り受けた者も，仮装払込みについて悪意・重過失がない限り，株主としての権利行使が認められる（同条5項）。

　募集設立の際の引受人が払込み等を仮装した場合にも，上記と同様の責任を負うが（会社102条1項），仮装に関与した他の発起人や設立時取締役等についても，発起設立の場合と同様の規律に従うことになる（同103条2項，103条3項，847条1項，102条3項，102条4項）。

機関の具備　　発起設立の場合には，発起人は出資の履行が完了した後遅滞なく設立時取締役を選任するほか，選択した機関構成に応じ

第3部　株式会社法

て設立時会計参与・設立時監査役・設立時会計監査人を選任しなければならない（会社38条）。これらの設立時役員等の選任は発起人の議決権の過半数で決定する（同40条1項・2項）。

　募集設立の場合には，設立時役員等の選任は，創立総会の決議で行われ（会社88条），創立総会で議決権行使可能な設立時株主の議決権（同72条1項）の過半数で，かつ出席した設立時株主の議決権の3分の2以上で決定する（同73条）。

変態設立事項・設立過程の調査　発起人は定款で変態設立事項を定めた場合には，その調査のために裁判所に対して検査役の選任請求をしなければならないが（会社33条1項）いくつかの例外が認められている。

　現物出資および財産引受けについては，①定款に記載・記録された現物出資財産等の価格の総額が500万円を超えない場合（少額財産の特例），②現物出資財産等が市場価格のある有価証券であり，定款に記載・記録された価額が市場価格として法務省令で定める方法によって算定されるものを超えない場合（有価証券の特例），③定款に記載・記録された現物出資財産等の価額が相当であることについて，弁護士（法人），公認会計士（監査法人），税理士（法人），目的物が不動産の場合は不動産鑑定士の鑑定評価を得た場合（専門家による証明の特例）には，検査役による調査は不要である（会社33条10項）。設立費用に関して，定款認証の手数料その他会社に損害を与えるおそれがないものとして法務省令で定めるものについても検査役の調査対象から除外される（同28条4項）。

　検査役はその調査結果を裁判所に報告しなければならない（会社33条4項）。裁判所は検査役の報告に基づき変態設立事項を不当と認めるときは，これを変更する決定を行う（同条7項）。この場合，裁判所の変更決定の確定後1週間以内に限り，発起人は設立時発行株式の引受けについての意思表示を取り消すことができる（同条8項）。また，1週間以内に限って発起人全員の同意により裁判所による決定により変更した事項に関する定めを廃止する定款変更をすることができる（同条9項）。なお，募集設立において，設立時募集株式の払込期日または払込期間の初日のうち最も早い日以後は発起人による定款変更はできず（同95条），創立総会の決議により変更することができる（同96条）。

148

第16章　株式会社の設立

　設立時取締役は，選任後遅滞なく現物出資財産等の価額の相当性，検査役調査の免除の前提条件である専門家による証明の相当性，発起人による出資の履行の完了（募集設立についてはこれに加えて設立時募集株式の引受人による出資金の払込みの完了），設立手続が法令または定款に違反していないことを調査しなければならない（会社46条1項・93条1項）。発起設立の場合，法令定款違反または不当な事項があるときには，発起人にその旨を通知しなければならず（同46条2項），募集設立の場合には，調査結果をつねに創立総会へ報告しなければならない（同93条2項）。

設立の登記　設立登記は，所定の期間内に一定の書類を添付して会社を代表すべき者（代表取締役または代表執行役）により本店の所在地の登記所においてなされなければならない（会社911条1項・2項，商登47条1項・49条）。

　設立登記により会社は成立し，形式上は発起人に帰属していた権利義務が会社に帰属するほか，株式引受人は株主となり株式引受けにつき無効の主張または取消しをすることができなくなり（会社51条2項・102条4項），権利株（株式引受人の地位）譲渡の制限（同35条・50条2項・63条2項）が解除される。

Ⅳ　会社設立に関する訴え——会社の不成立・不存在・設立無効

会社の不成立　会社の設立手続がなされても，それが途中で挫折して最終的に設立登記がなされないことを会社の不成立という。この場合には，発起人は会社の設立に関して行った行為につき連帯して責任を負い，その設立に関して支出された費用も負担しなければならない（会社56条）。

会社の不存在　設立登記はなされたが設立手続に著しい瑕疵がある場合，または設立登記をすることなく会社が活動している場合を会社の不存在といい，誰でもいつでもどのような方法によってでも不存在を主張することができる。

設立無効　法の一般原則によれば，無効はいつでも，誰でも主張できることになる。しかし，いったん設立登記がなされると会社には多

149

第3部　株式会社法

面的な法律関係が生じることになるため，原告が勝訴して設立無効の判決が確定すると，判決の効力は訴訟当事者間のみならず第三者にも及ぶ（判決の対世的効力，会社838条）。また，判決の効力は遡って会社をめぐる既存の法律関係を否定するのではなく，将来に向かってのみ効力を有する（遡及効の否定，同839条）。会社法では設立無効については訴えによらなければ主張できないことにし（同828条1項），その訴えは，株主，取締役，監査役，執行役または清算人が，会社の成立の日から2年以内に行わなければならない（同条同項1号）。

　無効原因は法定されておらず，解釈に委ねられているが，一般に設立手続の重大な瑕疵が無効原因となる。

V　設立関与者の責任

発起人・設立時役員の責任　　会社法では，会社設立の健全性を確保し利害関係者の保護を図るため，設立に関する一定の違法行為について，発起人・設立時取締役・設立時監査役・検査役・払込取扱金融機関等設立に関与するに者に刑罰を科し，または過料に処するだけではなく，以下の民事責任を課している。

　(1) 資本充実責任　　会社法では，資本充実責任として発起人および設立時取締役に対する財産価格填補責任（会社52条）が規定されている。これは，会社成立時に現物出資または財産引受けの目的物の価額が定款に記載・記録された価額（定款の変更があった場合には変更後の価額）を著しく下回っているときは，発起人および設立時取締役は会社に対し連帯して不足額を支払う責任を負うというものである（同条1項）。ただし，現物出資または財産引受けについて検査役の調査（同33条2項）を受けたとき，また発起設立ではその職務を行うにつき過失がなかったことを証明した場合には，その財産の現物出資者または譲渡人ではない発起人および設立時取締役は責任を負わない（同52条2項）。

　しかし，募集設立では，発起人以外の金銭出資のみの株式引受人の利害・公平を考慮する必要があるため，発起人・設立時取締役の財産価格填補責任は無過失責任となっている（会社103条1項）。現物出資または財産引受けの価額が

150

相当であることについて証明または鑑定評価をした者（同33条10項3号）も発起人・設立時取締役と連帯して会社に対し財産価格填補責任を負うが，自己の無過失を証明すれば免責される（同52条3項）。発起人・設立時取締役の財産価格填補責任は，総株主の同意により免除される（同55条）。

(2) 任務懈怠責任　　発起人，設立時取締役，設立時監査役が，会社の設立についてその任務を怠った場合には，会社に対して損害賠償責任を負う（会社53条1項）。また，発起人，設立時取締役，設立時監査役がその職務を行うについて悪意・重過失があったときは，第三者に生じた損害について連帯して賠償する責任を負う（同条2項・54条）。発起人・設立時取締役・設立時監査役の会社に対する責任は，総株主の同意により免除が可能となる（同55条）。

疑似発起人の責任　　法律上の発起人にはあたらないが，募集設立において株式募集に関する広告・書面等に氏名等や設立を賛助する旨を記載または記録した者を疑似発起人という。法律上の発起人としての要件を充たしていなくても，疑似発起人は実際には会社の設立事務に携わっている。そこで疑似発起人が設立に関与している外観を信頼し，設立時募集株式の引き受けを行った者を保護する趣旨から，疑似発起人は発起人と同様の責任を負うことになる（会社103条2項）。

第17章
株　　式

Ⅰ　株式の意義

　株式とは，株式会社における出資者である社員の地位のことをいう。株式を所有するものが株主となる。

　株式は，細分化された均一の割合的単位の形をとり（持分均一主義。会社109条1項・308条1項本文），定款に別段の定め（同108条・109条）がない限り，均一に取り扱われる。各株主は，株式を複数所有することができる（持分複数主義）。また，株式を株主みずから勝手に1株未満に細分化することは認められないが（株式の不可分性），1株を数人で共有することは認められる（同106条）。

Ⅱ　株主の権利・義務

株主の権利　　株主は，原則として，①剰余金配当請求権，②残余財産分配請求権（会社の解散・清算に際し，会社の債務弁済後になお残る会社財産の分配を受ける権利），③議決権，④その他会社法が認める権利を有する（会社105条1項）。会社は，定款の定めによりこれらの権利を制限することができるが（同108条・109条），①と②の両方の権利の全部を与えないことは認められない（同105条2項）。

　株主の権利は，その目的・性質から，次のように分類されることが多い。

　（1）自益権と共益権　　自益権とは，会社から経済的な利益を受けることを目的とする権利である。剰余金配当請求権（会社105条1項1号・453条）や残余財産分配請求権（同105条1項2号・504条）がその中心である。

共益権とは，会社の管理・運営に参与することを目的とする権利である。株主総会における議決権（会社105条1項3号・308条1項・325条）がその中心である。また，取締役等の行為の差止請求権（同360条），株主総会決議取消訴権（同831条），株主代表訴訟提起権（同847条）等の取締役等の行為の監督是正をする権利も共益権に含まれる。

(2) **単独株主権と少数株主権**　1株を有する株主でも行使することができる権利を単独株主権という。また，会社の発行済株式総数の一定割合以上，あるいは，総株主の議決権の一定割合以上・一定数以上を有する株主のみが行為することができる権利を少数株主権という。自益権はすべて単独株主権である一方で，共益権は単独株主権と少数株主権に分かれる。

株主の義務　　株主は，その有する株式の引受価額を限度とする出資義務を負う（株主有限責任の原則。会社104条）。もっとも，厳密には，出資義務を履行したものが株主となるから，当該出資義務は株主の義務ではなく，株主となる前の株式引受人の義務といえる。

Ⅲ　株主平等の原則

会社は，株主を，その有する株式の内容や数に応じて平等に取り扱わなければならない（会社109条1項）。これを株主平等の原則という。

株主平等の原則の内容は，次の2つからなる。第1に，会社は，株主を，その有する「株式の内容」に応じて平等に取り扱わなければならない。「株式の内容」に応じた平等なので，同一種類の株式間では平等に取り扱わなければならないが，株式の内容の違いに応じて異なる取り扱いをすることは同原則に反しない。第2に，会社は，株主を，その有する「株式の数」に応じて平等に取り扱わなければならない。これは，頭数の平等ではなく，保有株式数に応じた平等を意味している。

会社法が定める例外（会社109条2項・3項）を除き，株主平等の原則に反する定款の定め，株主総会の決議，取締役会の決議等は，無効となる（最判昭和45・11・24）。ただし，不利益な取り扱いを被る株主がみずから当該不平等な取

第3部　株式会社法

扱いに同意するときは，無効とはならないと解されている。

Ⅳ　株式の内容と種類

総説　株式の権利の内容は，原則として同一である。しかし，会社法は，一定の範囲と条件の下で多様な内容の株式を発行することを認めている。すなわち，各会社は，発行する全部の株式の内容について特別の定めをすること（会社107条），および，一定の事項について異なる定めをした内容の異なる2以上の種類の株式を発行すること（種類株式。同108条）が認められている。

発行する全部の株式の内容についての特別の定め　**(1) 内容**　会社は，発行する全部の株式の内容として次の①～③を定款に定めることができる（会社107条1項）。すなわち，①株式の譲渡について会社の承認を要すること（譲渡制限。同条同項1号），②株主が会社に対してその株式の取得を請求することができること（取得請求権。同条同項2号），③一定の事由の発生を条件として会社が株主からその株式を取得できること（取得条項。同条同項3号），である。これらは，会社が1種類の株式を発行している場合においてのみ認められる。

(2) 手続等　会社は，全部の株式の内容として上記の事項を定めるときは，会社法107条2項各号所定の事項を定款に定めなければならない。なお，既発行株式に譲渡制限を定めるときには，特殊の決議（会社309条3項1号）が求められており，また，既発行株式に取得条項を定めるときには，株主全員の同意（同110条）が求められている。

種類株式　**(1) 内容**　会社は，以下のような内容の異なる2以上の種類の株式を発行することができる（会社108条1項）。2以上の種類株式を発行する会社を種類株式発行会社という（同2条13号）。

(a) 剰余金の配当・残余財産の分配（会社108条1項1号・2号）　会社は，剰余金の配当・残余財産の分配について内容の異なる種類の株式を発行することができる。剰余金の配当・残余財産の分配について，標準となる株式が普通

154

株式，普通株式よりも優先的な権利を与えられる株式が優先株式，普通株式よりも劣後的な権利を与えられる株式が劣後株式と呼ばれている。

（b）議決権制限（会社108条1項3号）　会社は，株主総会において議決権を行使することができる事項について内容の異なる種類の株式を発行することができる。会社法は，株主総会のすべての決議事項について議決権を有しない株式（完全無議決権株式）のほか，一定の事項についてのみ議決権を有する株式を発行することも認めている。公開会社の場合には，議決権制限株式の数が発行済株式総数の2分の1を超えることができない（会社115条）。

（c）譲渡制限（会社108条1項4号）　会社は，発行する一部の株式の内容として，譲渡による当該株式の取得について当該会社の承認を要する旨の定めがある株式を発行することができる。会社は，発行する全部の株式について譲渡制限を定めることも可能であるが（会社107条1項1号），ある種類の株式の内容として定めることも可能である（この両方を「譲渡制限株式」と呼ぶ。同2条17号）。発行する全部または一部の株式の内容として定款で譲渡制限の定めを設けていない会社が公開会社である（同条5号）。

（d）取得請求権・取得条項（会社108条1項5号・6号）　会社は，発行する一部の株式の内容として，株主が当該会社に対して当該株式の取得を請求することができる旨の定めがある株式（取得請求権付株式），または，当該会社が一定の事由が生じたことを条件として当該株式を取得することができる旨の定めがある株式（取得条項付株式）を発行することができる。会社は，発行する全部の株式について取得請求権または取得条項を定めることも可能である（会社107条1項2号・3号）が，ある種類の株式の内容として定めることも可能である（同107条1項2号と同108条1項5号を，「取得請求権付株式」〔同2条18号〕，同107条1項3号と同108条6号を「取得条項付株式」〔同2条19号〕と呼ぶ）。

（e）全部取得条項（会社108条1項7号）　会社は，株主総会の決議によって，当該種類の株式すべてを取得することを定めた株式を発行することができる（全部取得条項付種類株式。会社171条1項）。これは，会社の私的整理等において株主の多数決による100％減資を可能とすることを目的として，平成17年改正会社法において新たに導入された制度である。

155

第3部　株式会社法

(f)　拒否権（会社108条1項8号）　会社は，株主総会または取締役会の決議事項の全部または一部について，その決議のほかに，当該種類株式の種類株主を構成員とする種類株主総会の決議を必要とすることを定めた株式を発行することができる。株主総会・取締役会の決議事項について，種類株主総会の決議がない限り，株主総会・取締役会の決議の効力が生じないという意味で，当該種類株主に拒否権が与えられることになる。そのため，拒否権付種類株式といわれている。

(g)　種類株主総会により取締役・監査役を選任できる株式（会社108条1項9号）　指名委員会等設置会社や公開会社以外の会社（会社108条1項但書）は，当該種類の株式の種類株主を構成員とする種類株主総会において取締役（監査等委員会設置会社においては監査等委員である取締役またはそれ以外の取締役のそれぞれを各種類株主総会において選任することが可能）または監査役を選任することを定めた株式を発行することができる。これは，ベンチャー企業においてベンチャー・キャピタル等が取締役会に取締役を派遣すること，または，合弁会社において出資割合や事業への関与の度合いに応じて各派が取締役を選任すること等を制度的に保障しようとするものである。

(2)　手続等　会社は，会社法108条2項各号所定の事項および発行可能種類株式総数を定款で定めなければならない（会社108条2項柱書）。なお，種類株式発行会社が，ある種類の既発行株式に取得条項を定めるときには，当該種類の株式を有する株主全員の同意が求められており（同111条1項），また，ある種類の株式の内容として譲渡制限または全部取得条項を定めるときには，当該種類株主総会の特別決議（その種類の株式を全部取得条項とする場合）または特殊決議（その種類の株式に譲渡制限を新設する場合）が求められている（同条2項・324条2項1号・3項1号）。

ところで，全部取得条項付種類株式の取得は，キャッシュ・アウト（会社が金銭を対価として少数株主を締め出すこと）の手段として用いられることが多いという状況を踏まえて，平成26年の会社法改正により，組織再編と同程度に株主への情報開示を充実させる観点からの改正がなされている（会社171条の2・173条の2）。また，改正法では，株主による差止請求権（同171条の3）や価格決定

の申立てがされている場合の価格決定前の支払制度（同172条5項）等の多くの
制度が新設されている（同172条1項2項3項・173条2項等）。

V 株式の譲渡と株主名簿

総　説　株主は，その有する株式を自由に譲渡することができるのが原則
である（会社127条）。株式会社においては，持分会社と異なり持
分の払戻しが原則として禁止されており，株主は，会社の存続中は会社に対し
出資の返還を求めることができない。そのため，会社法は，株主の投下資本の
回収を保障するために，株式譲渡の自由を認めている。

株式譲渡の方法　株式譲渡の方法は，次の(1)～(3)に分かれている。

(1)　株券発行会社の株式の場合　会社法は，原則とし
て，会社が株券を発行しないものとし，例外として，会社がその株式（種類株
式発行会社では全部の種類の株式）に係る株券を発行する旨を定款で定めること
ができるものとしている。定款に株券を発行する旨を定めた会社を株券発行会
社という（会社117条7項）。株券には，会社法216条各号所定の事項を記載し，
代表者が署名する。

株券発行会社の株式譲渡は，株式譲渡の当事者間では株券の交付をすればそ
の効力が生じるが（会社128条1項），株式を譲り受けた者は，後記の通り，株
主名簿の名義書換えをしなければ，会社に対し権利の移転を対抗することがで
きない（同130条2項）。

株券の発行前は，会社法128条1項の適用はなく，民法の一般原則に従い，
当事者間では意思表示によって有効に株式を譲渡することが可能である。しか
し，会社に対しては，譲渡の効力が発生せず，会社は，譲渡人に対して株券を
発行すればよい（会社128条2項）。ただし，会社が株券発行を不当に遅滞し，
信義則に照らして株式譲渡の効力を否定するのを相当としない状況に至ったと
きは，株主は，意思表示のみによって会社に対する関係でも有効に株式を譲渡
することができる（最判昭和47・11・8）。

また，株券発行会社の株式の譲渡については，善意取得の制度（会社131条）

157

第3部　株式会社法

や株券喪失登録制度（同221条～233条）が設けられている。

(2)　振替制度を利用する株式の場合　　上場会社については，「社債，株式等の振替に関する法律」（振替法）に基づく振替制度により，株券が廃止されている。この制度を利用する株式を振替株式という。振替株式の譲渡は，すべて同法の振替制度によることとされている。

振替株式の権利の帰属は，振替口座簿の記載・記録により定まる（振替128条1項）。振替株式の譲渡は，譲受人がその口座における保有欄に当該譲渡に係る数の増加の記載・記録を受けなければ，その効力を生じない（同140条）。振替口座への記載・記録がなされた者は，当該振替株式についての権利を適法に有するものと推定され（同143条），また，悪意・重大な過失がない限り，当該振替株式についての記載・記録に係る権利を善意取得する（同144条）。

(3)　株券発行会社でない会社の株式の場合（(2)の場合を除く）　　民法の一般原則が適用される。そのため，株式譲渡は，当事者間の意思表示により効力が生ずる。ただし，株式の譲渡を会社その他の第三者に対抗するためには，後記の通り，株主名簿の名義書換えをしなければならない（会社130条1項）。

株式の譲渡制限　　株式は自由に譲渡できるのが原則であるが，会社法は，会社が発行するすべての株式（会社107条1項1号）または一部の種類の株式（同108条1項4号）について，会社の承認を要する旨を定めることができることを認める（同2条17号）。

譲渡制限株式は，譲渡により株式を取得することについて，会社の承認を要する方法に限られ，株式の譲渡自体を禁止することは認められない。株主の投下資本回収の可能性を保障するためである。譲渡の承認を決定する機関は，原則として，取締役会設置会社では取締役会，それ以外では株主総会である（会社139条1項。定款による別段の定めは可能〔同条同項但書〕）。

株主は，会社が譲渡制限株式の取得を承認しない旨の決定をする場合に，会社または会社の指定する者（指定買取人）が当該株式を買い取ることを請求することができる（会社138条1号ハ。株主は事前に会社から承認を得ずに譲渡制限株式を譲渡することも可能であり，その場合には，当該株式の取得者が会社に対し譲渡の承認を請求する。同137条1項）。

158

第17章　株　式

株主名簿　（1）　**意　義**　　株主名簿は，株主の氏名・住所および保有する株式等に関する事項を記載・記録するため，株式会社が作成しなければならない帳簿である（会社121条）。随時変動しうる株主を会社が把握できるようにするためである。

　株式譲渡があった場合，取得者は，株主名簿の名義書換え（譲受人の氏名・名称等を株主名簿に記載・記録すること）をしなければ，会社に対し権利を行使することができない（会社130条）。会社は，名義書換請求がなされない限り，名簿上の株主を株主として扱えば足りる（株主名簿の確定的効力）。株券発行会社でない会社の株式の場合（上記**株式譲渡の方法**(3)の場合）には，第三者との関係においても，株主名簿の名義書換えが譲渡の対抗要件となる（同130条１項。株券発行会社については同条２項，振替株式については振替161条３項参照）。

　（2）　**名義書換未了の取扱い**　　株式譲受人は，その氏名・住所を株主名簿に記載・記録しない限り，その株式の譲渡を会社に対抗することができない（会社130条）。この場合に，会社の側から名義書換未了の株式取得者を株主と認め，その権利行使を認めることは可能であるとするのが判例である（最判昭和30・10・20）。

　また，株式の譲受人が，剰余金の配当や株主割当てによる募集株式の発行等の割当当日までに名義書換えを失念したような場合には，会社は，名義株主（株式の譲渡人）に対してこれらを交付すれば足りる。これに対し，株式譲渡の当事者間では，株式譲渡の合意によって譲渡の効力が発生し，名義書換えの有無にかかわらず，譲受人（失念株主）が株主となる。名義株主に剰余金の配当（最判昭和37・4・20）や株式分割に係る株式の交付（最判平成19・3・18）がなされた場合には，失念株主による名義株主に対する不当利得返還請求を認めるのが判例である。その一方で，株主割当てによる募集株式の発行に際し，名義株主が引受け・払込みをなしたという事案について，判例は，割当てを受ける権利は名義株主にあるとして，失念株主による不当利得返還請求を認めていない（最判昭和35・9・15）。

　なお，判例は，名義書換請求をしたにもかかわらず，会社が不当に名義書換えを遅延・拒絶した場合に，会社は株式譲受人を株主として取り扱うことを要

第3部　株式会社法

し，株主名簿上に株主として記載されている譲渡人を株主として取り扱うことはできないとする（最判昭和41・7・28）。したがって，この場合には，譲受人は，名義書換えがなくとも，株主であることを会社に主張することができることになる。

(3)　**基準日制度**　　多数の変動する株主がいる会社では，株主名簿の記載・記録は絶えず変動しているため，誰が権利を行使しうる株主であるかを把握することは容易ではない。会社法は，一定の日（基準日）を定めて，基準日において株主名簿に記載・記録されている株主（基準日株主）を権利を行使しうる者と定めることができることを認めている（会社124条）。

(4)　**株主名簿の備置と閲覧請求等**　　会社は，株主名簿をその本店に備え置かなければならない（会社125条1項。株主名簿管理人〔同123条〕がある場合はその営業所）。株主，債権者，親会社の社員は，株主名簿の閲覧・謄写を請求することができる（同条2項・4項）。

　ただし，会社は，会社法125条3項各号所定のいずれかの事由がある場合には，閲覧等の拒絶が可能である。平成26年改正前会社法の下では，閲覧等請求者が会社と競争関係にある場合（平成26年改正前会社法125条3項3号）にも拒絶が認められていたが，同年の改正により同号は削除された。

Ⅵ　自己株式

意　義　　自己株式とは，会社が有する自社の株式のことである（会社113条4項かっこ書）。平成13年商法改正前においては，自己株式の取得は種々の弊害があることから，原則として禁止されていた。しかし，とくに上場会社の財務戦略上の観点等から自己株式取得規制の緩和の要望が強まり，平成13年改正商法は，一定の手続規制と財源規制の下で自己株式の取得・保有を認めた。現在の会社法も，これを引き継いだうえで規制を合理化している。

自己株式の取得規制　　(1)　**自己株式を取得できる場合**　　自己株式の取得は，会社法155条各号に掲げる場合に限り認められる。ただし，同条3号における株主との合意による有償取得の手続（会社156条

第17章　株　　式

以下）に従えば，事由を問わず取得が可能である。以下では，株主との合意による有償取得の手続のみを取り上げる。

(2)　株主との合意による取得の手続　　会社法は，大別すると，以下の２つの方法による取得に分けて，取得の手続を定めている。このような手続に違反して自己株式が取得された場合には，その取得は無効とされるが（最判昭和43・9・5），株式取引の安全の立場から，善意の譲渡人に対してはその無効を主張できないと解されている。

(a)　株主全員に譲渡の勧誘をする方法　　会社は，株主総会の普通決議により，会社法156条１項各号が定める事項を決定しなければならない（一定の要件を満たす会社は，取締役会決議で可能。会社459条１項）。その上で，当該決議事項を株主に通知し（同158条），それを受けた株主が会社に譲渡の申込みをすれば，会社はその株式を取得する（同159条）。

(b)　特定の株主から取得する方法　　会社法156条１項各号が定める事項に加えて，特定の株主を株主総会の特別決議で定めなければならない（会社160条１項・309条２項２号。当該特定の株主は当該決議での議決権が禁止されている。同160条４項）。この場合には，特定の株主以外の株主が自身を自己株式の売主に加えるよう請求することが認められる（売主追加請求権。同160条２項３項，会社則28条・29条。例外として，会社161条〜165条参照）。その他の手続は株主全員に譲渡の勧誘をする場合と同様である（同158条１項・160条５項・159条）。

(3)　取得財源の規制　　自己株式の取得の対価として会社が株主に交付する金銭等の総額が当該行為の効力を生ずる日における分配可能額を超えてはならない（会社461条１項１号〜７号。これらに定められる以外の取得は，分配可能額を超えて行うことが認められる）。また，剰余金の配当と同様に，財源規制に違反した場合の業務執行者等の責任（同462条）や事業年度末に欠損が生じた場合の業務執行者の責任（同465条）に関する規定が設けられている。

**自己株式の
保有・処分・消却**　　**(1)　自己株式の保有**　　会社は，適法に取得した自己株式をとくに期限の制限なく保有（その保有状態を「金庫株」という）することができる。ただし，自己株式は，議決権が認められず（会社308条２項），また，剰余金の配当・募集株式の割当てを受けない（同453条かっ

161

第3部　株式会社法

こ書，202条2項かっこ書）等の制約がある。

(2)　自己株式の処分　会社が自己株式を処分する場合には，募集株式の発行と同じ規制に服する（会社199条1項）。

(3)　自己株式の消却　会社は，取締役会設置会社では取締役会の決議，それ以外の会社では株主総会の普通決議により，保有する自己株式を消却（消滅させること）することができる（会社178条）。株式の消却により発行済株式総数は減少するが，発行可能株式総数は影響を受けないと解されている。

Ⅶ　特別支配株主の株式等売渡請求

　平成26年の会社法改正により，特別支配株主（90％以上保有株主やこれに準ずるもの）は，他の株主全員に対し，株式の全部を売り渡すことを請求することができる制度が創設された（会社179条以下参照）。株式だけでなく，新株予約権や新株予約権付社債の売渡請求も可能である（同179条2項・3項）。

　特別支配株主の請求により，売渡株主等は強制的に売渡株式等を手放さなければならなくなる。売渡株主等の救済のための制度として，売渡株式等の取得の差止請求（会社179条の7），裁判所に対する売買価格の決定の申立て（同179条の8），売渡株式等の取得の無効の訴え（同846条の2以下）が用意されている。

Ⅷ　投資単位の調整

株式の併合　株式の併合とは，数個の株式を合わせてそれよりも少数の株式（たとえば10株を1株）とする会社の行為である。各株主の保有株式を案分比例的に減少させることによって株式の単位を引き上げることになり，発行済株式総数が減少することになる。ただし，会社の財産，資本金額，発行可能株式総数には変動を生じない。会社は，一定の手続により，株式の併合をすることができる（会社180条1項）。

　会社が株式の併合を行うには，株主総会の特別決議が必要である（会社180条2項・309条2項4号）。株式の併合により1株に満たない端数が生ずるときは

（たとえば 2 株を 1 株に併合すると, 3 株の株主は1.5株となる), 会社は, その端数に相当する数の株式を競売し, その競売により得られた代金を株主に交付しなければならない（同235条 1 項。競売以外の方法による売却については, 同235条 2 項・234条 2 項～ 5 項)。

　なお, 平成26年の会社法改正により, 株式併合手続の公正を確保するための規定が整備されている（会社182条の 2 ・182条の 6 ）。このほか, 改正法では, 株主の差止請求権（同182条の 3), 反対株主の株式買取請求権（同182条の 4), および, 裁判所に対する取得価格決定の申立て（同182条の 5 ）が新設されている。

株式の分割　株式の分割とは, 既存の株式を細分化して従来よりも多数の株式（たとえば 1 株を10株）とする会社の行為である。各株主の保有株式が按分比例的に増加し, 発行済株式総数が増加することになるが, 会社財産等には変動を生じない。会社は, 一定の手続により, 株式の分割をすることができる（会社183条 1 項)。

　会社が株式の分割を行うには, 取締役会設置会社では取締役会の決議, それ以外では株主総会の普通決議が必要である（会社183条 2 項。株式分割により, 発行済株式総数が発行可能株式総数を超える場合の手続については, 同184条 2 項参照)。株式の併合の場合には, 株主総会の特別決議が求められていたが, 株式の分割の場合には, 株主の利益を害するおそれが小さいため, 手続が緩和されている。株式の分割により 1 株未満の端数が生ずる場合については, 株式の併合の場合と同様の制度が用意されている（同235条 1 項)。

株式無償割当て　株式無償割当てとは, 株主に対して当該会社の株式を保有株式数に応じて無償で交付することをいう（会社185条)。株式分割と同様の経済的機能を有するが, 割当て可能な株式の種類, 自己株式の取扱い, 基準日の設定等に相違がある。株式無償割当ての手続と 1 株未満の端数の取扱いについては, 株式分割の手続と同様のものが用意されている（同186条・234条参照)。

単元株制度　単元株制度とは, 一定の株式をまとめたものを 1 単元の株式と定め, 1 単元の株式に 1 個の議決権を認める一方で, 単元未満の株式には議決権を認めない制度である（会社188条 1 項・308条 1 項但書)。

163

第3部　株式会社法

　会社が単元株制度を利用するには，定款に，一定数の株式を1単元の株式とする旨を定めなければならない（同188条1項）。この一定の数は，1000株を超えることはできない（同条2項，会社則34条）。

　単元未満株主は，会社に対し，単元株式数に満たない数の株式（単元未満株式）を買い取ることを請求でき（会社192条・155条7号・189条2項4号，振替155条8項），また，定款の定めにより，その保有株式と併せて単元株式とするのに必要な数の株式の売渡しを請求することができる（会社194条）。

第18章
株　主　総　会

Ⅰ　株主総会の意義

　株主総会とは，株主により構成される会社の最高意思決定機関である。また，株主が意思決定を行うための会議体のことでもある。株式会社には必ず設置しなければならない。

Ⅱ　権　　　限

　取締役会設置の有無により権限に差異が設けられている。

取締役会非設置会社　　　会社法に規定する事項および株式会社の組織，運営，管理その他株式会社に関する一切の事項についての決議が可能である（会社295条1項）。

取締役会設置会社　　　会社法および定款に定めた事項に限り決議することができる（会社295条2項）。そして必要に応じ定款規定により決議事項を増やすことができる。ただし，定款規定で総会決議事項とできるのは意思決定機関である取締役会の権限に限定され，業務執行，代表権，監査役などの職務に関する事項を決議事項とはできない。会社法に規定する株主総会決議事項を取締役，執行役，取締役会その他の株主総会以外の機関が決定できるとする定款の定めは無効である（同条3項）。そして，招集権者が会議の目的事項として通知した事項以外は原則として決議することはできない（同309条5項）。

165

第３部　株式会社法

決議事項　会社法に規定する決議事項として，①会社機関の選任，解任に関する事項（会社329条１項・339条１項・478条１項３項・479条１項），②株主の重要利益に関する事項（計算書類の承認〔同438条２項〕，株式併合〔同180条２項〕等），③会社の基礎的変更に関する事項（定款変更〔同466条〕，資本金減少〔同447条１項〕，合併〔同783条１項・795条１項・804条１項〕，事業譲渡〔同467条１項〕，解散〔同471条３号〕等），④取締役等の権限濫用防止に関する事項（取締役等の報酬決定〔同361条・379条１項・387条１項〕等）がある。

　定款規定による決議事項としては，取締役会設置会社で譲渡制限株式を譲渡しようとする株主や株式取得者からの承認請求に対する承認または不承認の決定（会社139条１項但書），指定買取人の指定（同140条５項但書），株式無償割当てに関する事項の決定（同186条３項但書）などがある。

Ⅲ　招集手続

招集権者　取締役会非設置会社においては，取締役（２人以上いる場合には過半数の賛成で決する〔会社348条２項〕）が株主総会の日時・場所，会議の目的事項（議題），株主総会に出席しない株主に書面または電磁的方法による議決権行使を認める旨，その他法務省令で定める事項を決定し招集する（同298条１項・296条３項）。取締役会設置会社では，これらの事項を取締役会で決定し，代表取締役が招集する（同298条４項・296条３項）。

　しかし，中小零細規模の株式会社では株主総会不開催が常態化していたり，大規模な会社においても取締役等の責任追及等の必要に応じて，取締役以外にも招集権限を認める必要がある。そこで，総株主の議決権の100分の３（これを下回る割合を定款で定めた場合はその割合）以上の議決権を６ヵ月（公開会社では定款で６ヵ月未満と定めた場合はその期間，非公開会社では保有期間は不要）前から引き続き有する少数株主は，取締役に対して総会の目的事項（当該株主が議決権を行使できる事項に限る）および招集理由を示して総会招集を請求できる（会社297条１項・２項）。この請求後遅滞なく招集手続が行われない場合または請求日から８週間（これを下回る期間を定款で定めた場合はその期間）以内の日を開催

日とする株主総会招集通知が発せられない場合，請求した株主は裁判所の許可を得て株主総会を招集することができる（同条4項）。

招集時期 株主総会には毎事業年度終了後一定時期に招集される定時株主総会と必要がある場合招集される臨時株主総会とがある（会社296条1項・2項）。定時株主総会は決算日から3ヵ月以内に開催される場合が多い。これは会社が権利を行使する株主を確定するため基準日を設定する場合が多く，基準日株主が行使できる権利は基準日から3ヵ月以内に行使するものに限定されるからである（同124条2項かっこ書）。

招集通知 招集通知は公開会社では会日の2週間前までに，非公開会社では書面または電磁的方法による議決権行使を認める場合を除き会日の1週間（取締役会非設置会社で定款でこれを下回る期間を定めた場合はその期間）前までに，株主に対して通知を発しなければならない（会社299条1項）。株主総会に出席しない株主が書面または電磁的方法により議決権を行使できる旨を決定した場合あるいは取締役会設置会社では書面での通知が原則であるが，政令の定めに従い株主の承諾を得た場合は電磁的方法により通知を発することも可能である（同条2項・3項）。

招集通知には，総会の日時・場所，会議の目的事項，書面または電磁的方法による議決権行使が可能な旨，その他法務省令で定めた事項を記載・記録しなければならない（会社299条4項）。取締役会設置会社では，定時株主総会の招集通知に際し計算書類および事業報告（監査役または会計監査人設置会社では監査報告または会計監査報告も含む）を提供しなければならない（同437条）。

招集手続の省略 株主全員が同意すれば招集手続を省略できる。ただし，株主に書面または電磁的方法による議決権行使を認める場合は，意思決定のための資料を提供する必要があるため省略することはできない（会社300条）。

Ⅳ　株主提案権

株主総会の議題，議案は原則として取締役（会）が決定し提出するが，株主

第3部　株式会社法

にも提案権が認められる。株主提案権には、①一定の事項を株主総会の目的と
するように取締役へ請求できる議題提案権（会社303条），②当該株主が議決権
を行使できる議題につき、総会会場で議案を提出できる議案提案権（同304条），
③株主が提出しようとする議案の要領を、他の株主に対して通知する（書面・
電磁的方法による通知の場合にはその通知に記載・記録する）ように取締役へ請求す
ることができる議案要領通知請求権（同305条）がある。議題とは株主総会の目
的事項のことであり（たとえば、取締役選任の件），議案は議題についての具体的
な内容（たとえば、Aを取締役に選任する件）である。

　議題提案権および議案要領通知請求権については、取締役会設置の有無によ
り株主の権利行使要件が異なる。取締役会非設置会社では単独株主権である
（会社303条1項・305条1項）。取締役会設置会社では6ヵ月（公開会社でこれを下
回る期間を定款で定めた場合はその期間、非公開会社においては保有期間は不要）前か
ら引き続き総株主の議決権の100分の1以上または300個以上（定款でこれを下回
る割合、個数を定めた場合はその割合、個数）の議決権を有することを要する（同
303条2項3項・305条1項但書・2項）。

　この請求は総会会日の8週間（これを下回る期間を定款で定めた場合はその期間）
前までに行わなければならない（会社303条2項（議題提案権ついては取締役会設置
会社のみ）・305条1項）。

　さらに、総会会場における議案提案権（取締役会設置の有無に関係なく単独株主
権）および議案要領通知請求権については、当該議案が法令もしくは定款違反
の場合または実質的に同一の議案につき株主総会において総株主の議決権の10
分の1（これを下回る割合を定款で定めた場合はその割合）以上の賛成を得られな
かった日から3年を経過していない場合は行使することができない（会社304条
但書・305条4項）。

V　議事運営

議　長　通常、定款に議長の定めがある（社長の場合が多い）が、なければ
株主総会で選任する。ただし、少数株主により招集された株主総

168

会では，定款規定とは別に議長を選任することを要する（広島高岡山支決昭和35・10・31，横浜地決昭和38・7・4）。議長の職責は株主総会の秩序維持と議事を整理することであり，命令に従わない者その他株主総会の秩序を乱す者を退場させることができる（会社315条）。

取締役等の説明義務　取締役，会計参与，監査役および執行役は，株主から特定の事項につき説明を求められた場合は，当該事項につき必要な説明をしなければならない（会社314条本文）。

　取締役等は質問事項が会議の目的事項に関しないものである場合，また説明をすることで株主の共同の利益を著しく害する場合その他正当事由がある場合として法務省令で定める場合には説明する義務がない（会社314条但書）。法務省令で規定される事項として，①説明のための調査が必要な場合。ただし，株主が総会会日より相当の期間前に質問事項を会社に通知したとき，または調査が著しく容易である場合は説明を拒めない（会社則71条1号）。②説明することで質問した株主を除く会社その他の者の権利を侵害する場合（同条2号），③株主が実質的に同一事項につき繰り返し説明を求める場合（同条3号），④株主が説明を求めた事項につき説明しないことに正当事由がある場合（同条4号）がある。

Ⅵ　議決権の行使

1株1議決権の原則　株主はその有する株式1株につき1個の議決権を行使することができる（会社105条1項3号・308条1項本文）。単元株式数を定款で定めている場合は，1単元につき1個の議決権が認められる（同308条1項但書）。株式の大きさは均一であり，かつ，複数の株式を持つことができるので議決権の大きさは持株数に比例する（資本多数決）。

1株1議決権の例外　①会社が定款で議決権行使を制限できる（完全無議決権または一定事項につき議決権行使ができない）種類株式を発行した場合（会社108条1項3号），②会社は自己株式につき議決権を有しない（同308条2項），③相互保有株式。たとえばA会社とB会社が相互に株

169

第3部　株式会社法

式を保有している場合，A会社（子会社を含む）がB会社の総株主の議決権の4分の1以上を保有する場合，B会社はその保有するA会社の株式につき議決権を有しない（同条1項かっこ書），④会社が自己株式を取得する一定の場合（譲渡制限株式の譲渡請求を承認しない場合，特定株主から合意により株式を取得する場合，相続人等に対する株式売渡請求をする場合）には，自己株式取得を承認する株主総会決議において取得の相手方は特別利害関係株主として議決権を行使できない（会社140条3項・160条4項・175条2項），⑤議決権行使に関する基準日後に発行された株式については当該株主総会で議決権行使ができない（同124条1項・2項），⑥単元株式制度採用会社では単元未満株式については議決権が認められない（同189条1項）。

議決権行使方法　株主はみずから株主総会へ出席し議決権を行使することが原則であるが，株主総会へ出席しなくてもあるいは出席できない場合でも意思表示をすることができる。

(1)　**代理行使**　株主は代理人に議決権行使をさせることができる（会社310条1項前段）。株主または代理人は会社に対して代理権を証する書面（委任状）を提出（電磁的方法による提供でも可）する必要がある（同条同項後段・3項）。代理権授与は株主総会ごとに行う（同310条2項）。会社は代理人の数を制限できる（同条5項）。多くの会社で代理人を株主に限定する定款規定を置くが，有効と解されている（最判昭和43・11・1）。

(2)　**書面による議決権行使**　議決権を有する株主が1000人以上の会社は，株主総会に出席しない株主に書面による議決権行使を認めなければならない（会社298条2項）。それ以外の会社でも総会ごとに書面による議決権行使を認めることができる（同条1項3号）。この場合，取締役は招集通知に際して株主総会参考書類および議決権行使書面の交付（電磁的方法による提供でも可）を要する（同301条1項・2項）。株主は当該書面に必要事項を記載し，法務省令（会社則69条）で定めるときまでに会社に提出する（会社311条1項）。

(3)　**電磁的方法による議決権行使**　会社は株主に電磁的方法による議決権行使を認めることができる（会社298条1項4号）。この場合，取締役は招集通知に際して株主総会参考書類の交付（電磁的方法による提供でも可）を要する（同

302条1項・2項）。招集通知を電磁的方法により受けることを承諾した株主には招集通知に際して，それ以外の株主には請求に応じて議決権行使書面に記載すべき事項を電磁的方法により提供しなければならない（同302条3項・4項）。電磁的方法による議決権行使は，会社の承諾を得て議決権行使書面に記載すべき事項を法務省令（会社則70条）で定めるときまでに会社に提出して行う（会社312条1項）。

(4) 不統一行使　株主は複数の議決権を有する場合，通常は賛成もしくは反対に統一して投票する。しかし，会社法は株主が有する議決権を不統一行使することを認める（会社313条1項）。取締役会設置会社において不統一行使を希望する株主は，総会会日の3日前までに会社に対しその理由を通知しなければならない（同条2項）。

決議の種類　**(1) 普通決議**　会社法および定款に特別の規定がない事項については，議決権を行使できる株主の議決権の過半数を有する株主が出席し（定足数），出席株主の議決権の過半数をもって決する（会社309条1項）。定足数は，定款で軽減，排除でき多くの会社では定足数を排除し，出席株主の議決権の過半数で決定する。ただし，取締役・監査役・会計参与の選任・解任決議（監査役と累積投票で選任された取締役の解任は特別決議）では，定款規定によっても定足数を議決権行使ができる株主の議決権の3分の1未満にはできず，出席株主の議決権の過半数という決議要件を定款規定で引き上げることができる（同341条）。

(2) 特別決議　定款変更，会社解散，合併等の重要事項については，議決権を行使できる株主の議決権の過半数（定款で3分の1以上の割合を定めた場合にはその割合）を有する株主が出席し（定足数），出席株主の議決権の3分の2（定款でこれを上回る割合を定めた場合にはその割合）以上にあたる多数をもって決する（会社309条2項）。

(3) 特殊決議　①議決権行使ができる株主の半数（定款でこれを上回る割合を定めた場合はその割合以上）以上であって，かつその株主の議決権の3分の2（定款でこれを上回る割合を定めた場合にはその割合以上）以上の多数による決議が必要な場合と②総株主の半数（定款でこれを上回る割合を定めた場合はその割合以

第3部　株式会社法

上）以上であって，総株主の議決権の4分の3（定款でこれを上回る割合を定めた場合は，その割合以上）以上の多数による決議が必要な場合がある（会社309条3項・4項）。

書面または電磁的方法による同意（みなし決議）　取締役または株主が総会の目的事項について提案した場合，その提案につき議決権を行使できる株主全員が書面または電磁的記録により同意の意思表示をしたときは，その提案を可決する旨の株主総会決議があったものとみなされる（会社319条1項）。

総会議事録　総会終了後，法務省令（会社則72条）の定めるところにより議事録（書面または電磁的記録）を作成し（会社318条1項），株主総会の日から本店に10年間，支店にその写しを5年間備え置き，株主，債権者の閲覧，謄写に応じなければならない（同条2項・3項・4項）。

Ⅶ　決議の瑕疵

会社法では株主総会決議に瑕疵がある場合につき，3種類の訴えを規定する。

決議取消しの訴え　株主，取締役，監査役，清算人，執行役は，株主総会の①招集手続および決議方法が法令・定款に違反し（招集通知漏れ，通知期間不足，定足数不足，説明義務違反等），または著しく不公正な場合（出席困難な場所や時刻での開催等），②決議内容が定款違反の場合（定款で定める取締役員数の上限を超えて選任した場合等），③特別利害関係人がみずからの議決権を行使したため著しく不当な決議がなされた場合（損害賠償責任の免除対象である取締役がみずから議決権行使をしたことにより可決された場合等）に，決議の日から3ヵ月以内に限り訴えをもって決議取消しを請求することができる（形成訴訟）（会社831条1項）。当該決議取消しにより株主，取締役，監査役，清算人となる者も原告となることができる（同条同項）。提訴期間を3ヵ月に限定するのは，取消事由は内部関係の瑕疵であり時間経過により取消事由の判定が困難となる場合も多く，濫訴防止のためである。また決議取消しには遡及効があるため，訴えの提起期間を制限して取引の安全を図るためである。

172

第18章　株主総会

　招集手続または決議方法の法令・定款違反の場合，それが重大でなくかつ決議の結果に影響がなかったと認められる場合には，裁判所は裁量により訴えを棄却できる（裁量棄却）（会社831条2項）。

決議無効確認の訴え　決議の内容が法令に違反する場合（株主平等原則違反の決議，違法な内容の計算書類承認決議等）は，決議無効確認の訴えを提起できる（会社830条2項）。決議内容が法令違反の場合は当然無効であり，一般原則によりいつでも誰でも主張できる。しかし，会社の法律関係は画一的に確定することが望ましいため，訴訟により決議無効を確認しておく制度が設けられた。

決議不存在確認の訴え　株主総会決議が存在しない場合（決議が物理的に存在しない場合，一部の株主だけ集まって決議した場合，招集通知漏れが著しい場合等）は，決議不存在確認の訴えを提起することができる（会社830条1項）。

訴えの手続　被告は会社である。管轄権は会社の本店所在地を管轄する地方裁判所にある。また，被告会社が原告の訴え提起が悪意によるものであると疎明して申し立てた場合には，裁判所は原告株主（取締役，監査役，清算人は除く）に相当の担保提供を命じることができる（会社834条～836条）。

判決の効力　認容判決が確定した場合，判決の効力が第三者に対しても及び，以後何人も決議の効力を争うことはできない（対世効）（会社838条）。

Ⅷ　種類株主総会

　ある事項につき通常の株主総会決議のみで効力が発生すればある種類株主に不利益が生じる場合等に，当該種類株主による種類株主総会決議がなければ通常の株主総会決議の効力が発生しないとして利害調整を図るものである。

　種類株主総会は，会社法および定款に規定する事項に限り決議することができる（会社321条）。

173

第3部　株式会社法

法定決議事項
(法定種類株主総会)
会社が定款変更（株式の種類の追加，株式の内容の変更，発行可能株式総数または発行可能種類株式総数の増加），

株式併合または分割，株式あるいは新株予約権の無償割当て，株式あるいは新株予約権を引き受ける者の募集，組織再編（合併，吸収分割，新設分割，株式交換，株式移転等）を行う場合，ある種類の株主に損害を及ぼすおそれがあるときに必要な決議である（会社322条1項1号～13号）。損害を及ぼすおそれがなくても種類株主総会決議が必要な場合が法定されている（同111条2項・199条4項・200条4項等）。ただし，種類株式発行会社は，定款変更（同322条1項1号イ～ハ）以外の事項につき種類株主総会決議を要しない旨を定款で定めることができる（同条2項・3項）。会社の重要事項に関して一部の種類株主に実質的な拒否権を与えることを防止するためである。また，種類株式発行後に当該種類株式につき種類株主総会決議を不要とする定款規定を設ける場合には，当該種類株主全員の同意を得る必要がある（同条4項）。

定款規定による決議事項
(任意種類株主総会)
会社が株主総会（取締役会設置会社では株主総会または取締役会）で決議すべき事項につき，当該決

議以外に定款でとくにある種類株主総会決議を必要とする旨を定めた場合に，その種類株主総会決議がなければ効力が生じない事項である（会社323条）。これにはいわゆる拒否権付種類株式（同108条1項8号・2項8号）の株主による種類株主総会が該当する。ただし，その種類株主総会において議決権を行使することができる種類株主がいない場合は決議は不要である（同323条但書）。

種類株主総会の決議には，株主総会の決議と同様の要件による普通決議，特別決議，特殊決議がある（会社324条）。

第**19**章
役員等の選任と解任

I 総 説

　役員（取締役・会計参与・監査役）および会計監査人は株主総会の決議によって選任され（会社329条1項），解任される（同339条1項）。ただし，役員は解任の訴えによっても解任される（同854条）。これに対し，会計監査人は株主総会の決議以外に，監査役（監査役会設置会社では監査役会，監査等委員会設置会社では監査等委員，指名委員会等設置会社では監査委員会）によっても解任される（同340条）。

II 取 締 役

資 格　法人および一定の欠格事由に該当する者は取締役となることができない（会社331条1項）。定款により取締役の資格を一定の者に限定することについては，公開会社以外の会社では，取締役の資格を株主に限定することは許されるが，公開会社では人材を広く求める余地を確保するため，定款の定めによっても取締役の資格を株主に限定することはできない（同条2項）。ただし，株主を取締役に選任することは差し支えない。なお，定款で取締役の資格を日本人に限定することは有効とされる（名古屋地判昭和46・4・30）。

　取締役の兼任については，取締役は当該会社または親会社の会計参与・監査役を兼ねることはできない（会社333条3項1号・335条2項）。取締役が使用人を兼ねることは認められるが（取締役総務部長等，実際に多い），監査等委員会設置

175

第3部　株式会社法

会社では監査等委員である取締役は，当該会社もしくは子会社の業務執行取締役・支配人その他の使用人，子会社の会計参与・執行役を兼ねることができない（同331条3項）。また，指名委員会等設置会社の取締役は，当該会社の支配人その他の使用人を兼ねることはできない（同条4項）。

員　数　　取締役会を設置しない会社では，取締役の員数は1人でよいが（会社326条1項），取締役会設置会社では3人以上必要とされる（同331条5項）。これは法律で定められた最低限の員数であるので，会社は定款でその最低数あるいは最高数などの員数に関する定めができる。監査等委員会設置会社では，監査等委員である取締役は，3人以上でかつその過半数は社外取締役でなければならない（同条6項）。指名委員会等設置会社では，3人以上の取締役で組織する各委員会（指名委員会・監査委員会・報酬委員会）の委員の過半数は，社外取締役でなければならない（同400条1項・3項）。その際，同じ取締役（社外取締役を含む）が複数の委員会の委員を兼ねることはできるが，監査委員会の委員（監査委員）は，当該会社もしくは子会社の執行役・業務執行取締役または子会社の会計参与・支配人その他の使用人を兼ねることができない（同条4項）。

　社外取締役については，平成26年改正において，親会社等の取締役・執行役・使用人でないこと等，および近親者でないことについての資格要件が追加されたことで強化が図られたが，その一方で，雇用等関係の不存在に関する過去要件については緩和されている。社外取締役とは，その会社の取締役であって，①当該会社または子会社の業務執行取締役等（業務執行取締役・執行役・支配人その他の使用人）ではなく，さらにその就任の前10年間当該会社または子会社の業務執行取締役等であったことがない者。②その就任の前10年内のいずれかの時において当該会社または子会社の取締役・会計参与（法人の場合はその職務を行うべき者）・監査役であったことがある者（業務執行取締役等であったことがあるものを除く）にあっては，当該取締役・会計参与・監査役への就任前10年間当該会社または子会社の業務執行取締役等であったことがない者。③当該会社の親会社等（会社2条4の2号。自然人に限る）または親会社等の取締役・執行役・支配人その他の使用人でない者。④当該会社の親会社等の子会社等（同

第19章　役員等の選任と解任

条3の2号。当該会社および子会社を除く）の業務執行取締役等でない者。⑤当該
会社の取締役・執行役・支配人その他の使用人，親会社等（自然人に限る）の
配偶者・二親等内の親族でない者である（同条15号）。なお，公開会社であり大
会社である監査役会設置会社で，有価証券報告書の提出が義務付けられている
会社（金商24条1項）が社外取締役を置いていない場合には，取締役は定時株
主総会において社外取締役を置くことが相当でない理由を説明しなければなら
ない（会社327条の2）。

選　任　会社設立時の取締役（設立時取締役）は，発起人または創立総会
によって選任されるが（会社38条1項・88条1項），会社設立後の
取締役は，原則として株主総会の普通決議により選任される（同329条1項・341
条）。そのため，株主総会以外の機関において取締役を選任する旨の定款の定
めは無効となる（同295条3項）。監査等委員会設置会社では，監査等委員であ
る取締役とそれ以外の取締役とを区別して選任しなければならない（同329条2
項・38条2項・88条2項）。また，取締役が監査等委員である取締役の選任に関
する議案を株主総会に提出するには，監査等委員会の同意を得なければならな
い（同344条の2第1項）。さらに監査等委員会は，取締役に対し，監査等委員
である取締役の選任を株主総会の目的とすること，または監査等委員である取締
役の選任に関する議案を株主総会に提出することを請求することができる（同
条2項）。指名委員会等設置会社でも，取締役は株主総会において選任される
が，株主総会に提出する取締役の選任に関する議案の内容を決定する権限を有
するのは指名委員会である（同404条1項）。また，選任された者が会社と任用
契約を締結することにより，取締役に就任する（多数説）。選任された取締役に
ついては，選任の登記がなされる（同911条3項13号・915条1項）。なお，社外取
締役については，特別取締役制度の導入，監査等委員会設置会社・指名委員会
等設置会社を採用する場合にだけ，社外取締役である旨の登記が義務付けられ
ている（同911条3項21号・22号・23号）。

(1)　**累積投票**　複数の取締役を同じ株主総会で選任する場合，少数派株主
の意思を反映させるため，株主は累積投票による取締役の選任の方法を採るこ
とを請求することができる。ただし，定款において累積投票制度を採用しない

177

第3部　株式会社法

旨を定めれば，同制度を排除することができるため，実際には多くの会社で同制度の適用が排除されている（会社342条，会社則97条）。

(2)　取締役の選任につき内容の異なる種類株式が発行されている場合　公開会社以外の会社（指名委員会等設置会社を除く）において，取締役の選任について内容の異なる種類株式（会社108条1項9号）が発行されている場合には，定款の定めに従って，各種類株式の種類株主を構成員とする種類株主総会において取締役が選任される。この決議は，議決権を行使することができる株主の議決権の過半数（3分の1以上の割合を定款で定めた場合には，その割合以上）を有する株主が出席し，出席株主の議決権の過半数をもってなされる（同347条1項）。この場合，累積投票制度は認められない。

(3)　定足数　株主総会の普通決議については，通常は法定の定足数を定款で排除することができるが（会社309条1項），役員を選任する場合（解任決議が普通決議の場合も同じ）の定足数は少なくとも議決権を行使することができる株主の議決権の3分の1以上の割合を必要とする（同341条）。

終　任　取締役と会社の関係は委任の規定に従うから（会社330条），委任関係終了の一般事由により終任する（民653条）。そのほか，任期満了，解任，会社の解散，資格の喪失によってもその地位を失う。また，取締役は意思表示をすれば，いつでも辞任することができる（同651条1項）。取締役がその地位を失ったときは，変更の登記が必要となる（会社911条3項13号・915条1項）。

(1)　任期満了　取締役の任期は，原則として選任後2年以内に終了する事業年度のうち最終のものに関する定時株主総会の終結のときまでである。ただし，定款または株主総会の決議によって，その任期を短縮することができる（会社332条1項）。なお，再選は妨げない。公開会社以外の会社（監査等委員会設置会社および指名委員会等設置会社を除く）においては，定款により取締役の任期を選任後10年以内に終了する事業年度のうち最終のものに関する定時株主総会の終結のときまで伸長することができる（同条2項）。監査等委員会設置会社では，監査等委員である取締役の任期も2年であるが，定款または株主総会の決議による任期の短縮は認められない（同条4項）。

第19章　役員等の選任と解任

監査等委員会設置会社における監査等委員以外の取締役（会社332条3項），指名委員会等設置会社の取締役（同条6項），または会計監査人設置会社で定款により剰余金の配当等を取締役会で決定する旨の定めを置く会社の取締役（同459条1項）の任期は，選任後1年以内に終了する事業年度のうち最終のものに関する定時株主総会の終結のときまでである。また，定款によって任期満了前に退任した監査等委員である取締役の補欠者の任期を前任者の任期満了時までとすることができる（同332条5項）。そのほか，監査等委員会または指名委員会等を置く旨の定款変更，監査等委員会または指名委員会等を置く旨の定款の定めを廃止する定款変更，および発行する株式全部の内容として株式譲渡制限の定めを廃止する旨の定款変更（監査等委員会設置会社および指名委員会等設置会社がするものを除く）を行った場合には，取締役の任期は当該定款変更の効力が生じたときに満了する（同条7項）。

(2)　解　任　取締役はいつでもかつ事由の如何を問わず，株主総会の決議によって解任することができる（会社339条1項）。取締役の解任決議は原則として普通決議である（同341条）。種類株主総会の決議により選任された場合には，その取締役を選任した種類株主総会の決議により解任できる（同347条1項）。また，累積投票によって選任された取締役・監査等委員である取締役の解任については，株主総会の特別決議が要求される（同342条6項・344条の2第3項・309条2項7号）。

取締役を解任された者は，その解任について正当な理由がある場合を除き，会社に対し解任によって生じた損害の賠償を請求することができる（会社339条2項）。この場合，残りの任期中に得られたであろう報酬等が損害賠償の対象となる。解任の正当な理由としては，職務遂行上の法令・定款違反行為のほか，心身の故障（最判昭和57・1・21）などが含まれる。

また，取締役の解任議案が株主総会で否決された場合でも，その取締役の職務執行に関し不正の行為，または法令・定款に違反する重大な事実があったときは，総株主の議決権の3％（これを下回る割合を定款で定めた場合にあっては，その割合）以上の議決権または発行済株式の3％（これを下回る割合を定款で定めた場合にあっては，その割合）以上の株式を6ヵ月（定款による短縮可能。公開会社

179

第3部　株式会社法

以外の会社では6ヵ月の要件なし）前から引き続き有する株主（対象となる取締役の株式・自己株式等は当該3％の計算から除かれる）は，当該株主総会の日から30日以内にその取締役の解任の訴えを提起することができる（会社854条）。

（3）欠員の場合の処置　　取締役が欠けることにより，法令・定款で定めた取締役の最低限の員数を欠く場合には，遅滞なく後任の取締役を選任しなければならない（会社976条22号参照）。その際，任期満了または辞任により退任した取締役は，後任者の就任まで引き続き取締役としての権利義務を有する（同346条1項）。しかし，それが不適当な場合などにおいては，利害関係人は裁判所に対し，一時取締役の職務を行うべき者（一時取締役）の選任を請求することができる（同条2項）。一時取締役の権限は，本来の取締役の権限と同一であり，その選任は登記事項となる（同937条1項2号イ）。なお，取締役が欠けた場合に，法令・定款所定の員数を欠くことになるときに備えて，補欠取締役を選任することができる（同329条3項）。

株主総会での意見陳述権等　　監査等委員である取締役は，監査等委員である取締役の選任・解任・辞任について，株主総会において意見を述べることができる（会社342条の2第1項）。また，監査等委員会が選定する監査等委員は，株主総会において，監査等委員である取締役以外の取締役の選任・解任・辞任について監査等委員会の意見を述べることができる（同条4項）。さらに，監査等委員である取締役を辞任した者は，辞任後最初に招集される株主総会に出席して，辞任した旨およびその理由を述べることができる（同条2項）。また，取締役は，監査等委員である取締役・会計参与・監査役・会計監査人を辞任した者，および会計監査人を解任された者に対し，株主総会を招集する旨，および招集事項（同298条1項1号）を通知しなければならない（同342条の2第3項・345条3項・4項・5項）。

Ⅲ　会計参与

資　格　　会計参与の職務は，取締役と共同して計算書類等を作成することにあるから（会社374条1項），その資格は会計の専門家である公

認会計士・監査法人・税理士・税理士法人に限定されている（同333条 1 項）。会計参与に選任された監査法人・税理士法人は，その社員の中から会計参与の職務を行うべき者を選定し，会社に通知しなければならない（同条 2 項）。また，一定の欠格事由に該当する者は会計参与になることができない（同条 3 項）。

員　数　会計参与の員数については，とくに規制はない。補欠会計参与および欠員を生じた場合の措置については，取締役の場合と同様である（会社329条 3 項・346条 1 項・ 2 項）。

選　任　会計参与は，取締役と同様に株主総会の普通決議によって選任されるが（会社329条 1 項・341条。なお，会社設立時の会計参与〔設立時会計参与〕は発起人または創立総会によって選任される。同38条 3 項 1 号・88条 1 項），会計参与には，種類株主総会による選任および累積投票による選任の制度はない。選任された会計参与については，選任の登記がなされる（同911条 3 項16号・915条 1 項）。

終　任　会計参与と会社の関係は委任の規定に従うから（会社330条），会計参与は委任関係終了の一般事由により終任となり（民653条），いつでも辞任することができる（同651条 1 項）。このほか，任期満了，解任，資格喪失によりその地位を失う。

(1) **任期満了**　会計参与の任期は，取締役と同様，原則として選任後 2 年以内に終了する事業年度のうち最終のものに関する定時株主総会の終結のときまでである。公開会社以外の会社においては，定款により選任後10年以内に終了する事業年度のうち最終のものに関する定時株主総会の終結のときまで伸長することができる。監査等委員会設置会社および指名委員会等設置会社における会計参与の任期については，選任後 1 年以内に終了する事業年度のうち最終のものに関する定時株主総会の終結のときまでである（会社334条 1 項・332条 1 項・ 2 項・ 3 項・ 6 項）。ただし，会計参与を置く旨の定款の定めを廃止する定款変更をした場合には，会計参与の任期は当該定款変更の効力が生じたときに満了する（同334条 2 項）。

(2) **解　任**　会計参与は，株主総会の普通決議により，いつでも解任できる（会社339条 1 項・341条）。正当な理由がなく解任された会計参与の損害賠償請

第3部　株式会社法

求権（同339条2項）および解任の訴え（同854条）については取締役と同様である。

株主総会での意見陳述権　会計参与は，会計参与の選任・解任・辞任について，株主総会において意見を述べることができる（会社345条1項）。また，会計参与を辞任した者は，辞任後最初に招集される株主総会に出席して，辞任した旨およびその理由を述べることができる（同条2項）。

Ⅳ　監　査　役

資　格　監査役の資格については，取締役の場合と同様に，法人および一定の欠格事由に該当する者は監査役になることができない（会社335条1項・331条1項）。また，監査役を株主に限る旨の定款規定についても取締役と同様に公開会社においては許されない（同331条2項）。

監査役の兼任については，当該会社もしくは子会社の取締役・支配人その他の使用人または子会社の会計参与・執行役を兼ねることはできない（会社335条2項）。監査する者と監査される者が同一になってしまうからである。

員　数　監査役の員数は1人でも数人でもよく，会社は定款で自由に員数を定めることができる。ただし，監査役会設置会社については，監査役は3人以上で，そのうち半数以上は社外監査役でなければならない（会社335条3項）。監査役会設置会社では，さらにその互選により常勤の監査役を選定しなければならない（同390条3項）。補欠監査役および欠員を生じた場合の措置については，取締役の場合と同様である（同329条3項・346条1項・2項）。

社外監査役については，平成26年改正において，社外取締役の要件に合わせて改正が行われた。社外監査役とは，その会社の監査役であって，①その就任前10年間当該会社または子会社の取締役・会計参与（法人の場合はその職務を行うべき者）・執行役・支配人その他の使用人でなかった者。②その就任前10年内のいずれかのときにおいて当該会社または子会社の監査役であったことがある者にあっては，当該監査役への就任前10年間当該会社または子会社の取締役・会計参与・執行役・支配人その他の使用人であったことがない者。③当該会社

182

の親会社等（自然人に限る）または親会社等の取締役・監査役・執行役・支配人その他の使用人でない者。④当該会社の親会社等の子会社等（当該会社および子会社を除く）の業務執行取締役等でない者。⑤当該会社の取締役・支配人その他の重要な使用人または親会社等（自然人に限る）の配偶者・二親等内の親族でない者である（同2条16号）。

選 任　監査役は，取締役と同様に株主総会の普通決議によって選任される（会社329条1項・341条。なお，会社設立時の監査役〔設立時監査役〕は発起人または創立総会によって選任される。同38条3項2号・88条1項）。選任された監査役については，選任の登記がなされる（同911条3項17号・915条1項）。

(1)　監査役の選任議案への同意権・議題および議案の提出請求権等　監査役の選任に関する議案は，取締役によって株主総会に提案されるが，議案の提出に際して，取締役は監査役（複数の場合はその過半数，監査役会設置会社では監査役会）の同意を得なければならない（会社343条1項・3項）。また，監査役（監査役会設置会社では監査役会）は，取締役に対し監査役の選任を株主総会の目的とすること，または監査役の選任に関する議案を株主総会に提出することを請求することができる（同条2項・3項）。これらの規定は監査役の独立性を確保する見地から設けられたものである。

(2)　監査役の選任につき内容の異なる種類株式が発行されている場合　公開会社以外の会社（指名委員会等設置会社を除く）において，種類株主総会における監査役の選任について，内容の異なる種類株式（会社108条1項9号）が発行されている場合には，取締役と同様に当該種類株主総会において監査役が選任される（同347条2項）。

終 任　監査役と会社の関係は委任の規定に従うから（会社330条），監査役は委任関係終了の一般事由により終任となり（民653条），いつでも辞任することができる（同651条1項）。このほか，任期満了，解任，資格喪失によってもその地位を失う。

(1)　任期満了　監査役の任期は，原則として選任後4年以内に終了する事業年度のうち最終のものに関する定時株主総会の終結のときまでである（会社336条1項）。取締役よりも長い任期が定められているのは，監査役の地位を強

第3部　株式会社法

化し独立性を確保するためであり，定款をもってしても短縮することはできない。公開会社以外の会社においては，定款により監査役の任期を選任後10年以内に終了する事業年度のうち最終のものに関する定時株主総会の終結のときまで伸長することができる（同条2項）。

　任期満了前に退任した監査役の補欠として選任された者（補欠監査役）の任期は，定款で退任者の任期満了時までとすることができる（会社336条3項）。そのほか，監査役を置く旨の定款の定めを廃止する定款変更，監査等委員会または指名委員会等を設置する旨の定款変更，監査役の監査の範囲を会計に関するものに限定する旨の定款の定めを廃止する定款変更，および発行する全部の株式の内容として株式譲渡制限の定めを廃止する旨の定款変更を行った場合には，監査役の任期は当該定款変更の効力が生じたときに満了する（同条4項）。

　(2)　解　任　　監査役も取締役と同じく，当該監査役を選任した株主総会または種類株主総会の決議により，いつでも解任できるが，取締役と異なり，独立性を維持するため株主総会・種類株主総会の特別決議によることが求められる（会社339条1項・343条4項・309条2項7号）。正当な理由がなく解任された監査役の損害賠償請求権（同339条2項），監査役の解任の訴え（同854条）についても取締役の場合と同様である。

株主総会での
意見陳述権
　監査役は，監査役の選任・解任・辞任について，株主総会において意見を述べることができる（会社345条4項・1項）。また，監査役を辞任した者は，辞任後最初に招集される株主総会に出席して，辞任した旨およびその理由を述べることができる（同条4項・2項）。

Ⅴ　会計監査人

資　格
　会計監査人は，公認会計士または監査法人でなければならない（会社337条1項）。監査法人が会計監査人に選任された場合には，その社員の中からその職務を行うべき者を選定し，会社に通知しなければならない（同条2項）。

　会計監査人には，その地位の独立性を確保し，監査の公正性を図る必要があ

るため，一定の欠格事由に該当する者は，会計監査人になることができない（会社337条3項）。

員　数　会計監査人の員数については，とくに規制はない。ただし，会計監査人が欠けた場合または定款所定の員数が欠けた場合において，遅滞なく会計監査人が選任されないときは，監査役（監査役会設置会社では監査役会，監査等委員会設置会社では監査等委員会，指名委員会等設置会社では監査委員会）は一時会計監査人の職務を行うべき者（一時会計監査人）を選任しなければならない（会社346条4項・6項・7項・8項）。

選　任　会計監査人は，取締役と同様に株主総会の普通決議により選任される（会社329条1項。なお，会社設立時の会計監査人〔設立時会計監査人〕は発起人または創立総会によって選任される。同38条3項3号・88条1項）。普通決議の定足数については役員の場合と異なり，定款の定めによって排除することができる（同309条1項）。

監査役設置会社においては，株主総会に提出する会計監査人の選任に関する議案の内容は，監査役（複数の場合はその過半数，監査役会設置会社では監査役会，監査等委員会設置会社では監査等委員会，指名委員会等設置会社では監査委員会）が決定する（会社344条・399条の2第3項2号・404条2項2号）。

終　任　会計監査人と会社の関係は委任の規定に従うから（会社330条），会計監査人は委任関係終了の一般事由により終任となり（民653条），いつでも辞任することができる（同651条1項）。そのほか，任期満了による不再任，解任，資格喪失によりその地位を失う。

(1)　**任期満了による不再任**　会計監査人の任期は，選任後1年以内に終了する事業年度のうち最終のものに関する定時株主総会の終結のときまでとされる（会社338条1項）。当該定時株主総会において別段の決議がなされなかったときは，当該定時株主総会において再任されたものとみなされる（同条2項）。

監査役設置会社では，株主総会に提出する会計監査人の不再任に関する議案の内容は，監査役（複数ある場合はその過半数，監査役会設置会社では監査役会，監査等委員会設置会社では監査等委員会，指名委員会等設置会社では監査委員会）が決定する（会社344条・399条の2第3項2号・404条2項2号）。

185

第3部　株式会社法

会計監査人を置く旨の定款の定めを廃止する定款変更がなされた場合には，会計監査人の任期は，当該定款の変更の効力が生じたときに満了する（会社338条3項）。

(2) 解 任　会計監査人は，いつでも株主総会の普通決議によって解任することができる（会社339条1項・309条1項）。正当な理由がなく解任された会計監査人は，役員と同様に会社に対し損害賠償を請求することができる（同339条2項）。

監査役設置会社では，株主総会に提出する会計監査人の解任に関する議案の内容は，監査役（複数の場合はその過半数，監査役会設置会社では監査役会，監査等委員会設置会社では監査等委員会，指名委員会等設置会社では監査委員会）が決定する（会社344条・399の2条3項2号・404条2項2号）。

会計監査人が職務上の義務に違反し，または職務を怠ったとき，会計監査人としてふさわしくない非行があったとき，心身の故障のため，職務執行に支障があり，またはこれに堪えないときは，監査役の全員の同意（監査等委員会設置会社では監査等委員の全員の同意，指名委員会等設置会社では監査委員会の委員の全員の同意）により解任することができる（会社340条1項・2項・4項・5項・6項）。以上の理由により会計監査人を解任したときは，監査役（複数の場合は監査役の互選によって定めた監査役，監査役会設置会社では監査役会が選定した監査役，監査等委員会設置会社では監査等委員会が選定した監査等委員，指名委員会等設置会社では監査委員会が選定した監査委員会の委員）は，その旨および解任の理由を解任後最初に招集される株主総会に報告しなければならない（同条3項・4項・5項・6項）。

**株主総会での
意見陳述権**　会計監査人は，会計監査人の選任・解任・不再任・辞任について，株主総会に出席して意見を述べることができる（会社345条5項・1項）。また，会計監査人を辞任した者および解任された者は，解任後または辞任後最初に招集される株主総会に出席して，辞任した旨およびその理由または解任についての意見を述べることができる（同条5項・2項）。

第20章
会社の経営機構（取締役・会計参与等）

I　取締役

緒　説　昭和25年改正商法は，所有と経営の分離の観点から，株主総会の権限を縮小し，取締役の権限を拡大した。これに伴い，取締役全員によって組織される取締役会が，原則として，会社の業務執行に関する意思決定を行うこととなった。もっとも，取締役会は，会議体の機関であるため，直接，業務を執行し，会社を代表するには適切とはいえない。そこで，取締役会でなされた意思決定の執行や日常業務の意思決定・執行を行い，会社を代表する機関について，代表取締役制度が導入された。その後，平成14年改正商法では，新たに，機関に関して，選択制として，執行と監督の分離を意図した委員会等設置会社の制度が導入された。

平成17年に成立した会社法では，有限会社制度が廃止され株式会社による規律に一本化されたことに伴い，会社が比較的柔軟に機関設計をすることができるようになり，取締役および取締役会制度も大幅に見直されることとなった。その結果，会社法では，大要，取締役設置会社とそうでない会社により，取締役の制度が異なるものとして規定され，さらに，取締役会設置会社でも，委員会設置会社と監査役設置会社（例外的に，監査役を置かずに，会計参与で代替させる会社もある）とに二分されていた。

取締役の権限としては，原則として，取締役会設置会社や定款に別段の定めがある場合を除き，業務執行がある。また，取締役は，各自会社を代表する権限を原則として有するが，代表取締役のように会社を代表する者を定めた場合には，その者以外の取締役の代表権は否定される。一方，取締役会設置会社で

187

第3部　株式会社法

は，取締役は，その地位だけで業務執行権も会社代表権も有するものではなく，取締役会の構成員として取締役の職務が与えられるのみで，業務執行については，代表取締役および業務を執行する取締役が権限を有する。取締役会は，業務執行の決定および監督の機能を営む。

平成26年改正会社法では，従来の委員会設置会社について指名委員会等設置会社に名称が変更されるとともに，取締役会の監査・監督機能を充実させるために新たに監査等委員会設置会社の制度が創設され，従来の取締役制度に大きな変更が加えられている。

ここでは，基本的に，監査等委員会設置会社や指名委員会等設置会社以外の場合について述べる。（これらの場合については，本書の**第23章委員会設置会社の経営・監査機構**を参照。）

取締役　　**(1)　選　任**　　取締役は，株主総会の決議によって選任され（会社329条1項。なお，設立時取締役については，同38条1項および同88条を参照），定款の定めによっても，これを株主総会以外の機関の決定に委ねることはできない（同295条3項）。（なお，取締役選任の株主総会決議（同341条）や累積投票による取締役の選任（同342条）等の詳細については，本書の**第19章役員等の選任と解任**を参照。）

(2)　資　格　　株式会社は，公開会社の場合，取締役が株主でなければならない旨を定款で定めることができない（会社331条2項。もっとも，株主から取締役を選任することは差し支えない。なお，公開会社でない株式会社の場合には，定款で定めることにより取締役を株主に限ることができる〔同条同項但書〕）。欠格事由としては，①法人，②成年被後見人，被保佐人，外国の法令上これらと同様に取り扱われている者，③会社法，一般社団法人および一般財団法人に関する法律の規定に違反し，または金融商品取引法，民事再生法，外国倒産処理手続の承認援助に関する法律，会社更生法，破産法に定める一定の罪を犯し，刑に処せられ，その執行を終わり，またはその執行を受けることがなくなった日から2年を経過しない者，④これら以外の法令の規定に違反し，禁固以上の刑に処せられ，その執行を終わるまでまたはその執行を受けることがなくなるまでの者（刑の執行猶予中の者を除く）であり，これらの者は，取締役となることができな

188

い（同331条１項）。また，同一株式会社および親会社の監査役は，取締役を兼ねることができない（同335条２項。なお，独禁13条参照）。

なお，公開会社でも，定款による資格制限が合理的な内容の制限として適法であると解される場合があるが，たとえば，通常の定款変更の手続により取締役の資格を日本人に限った場合に，取締役への被選任権が株主の固有権でないことを理由に，これを有効と認めた裁判例がある（名古屋地判昭和46・４・30）。

（3）員　数　平成17年改正前商法では，株式会社の取締役は３人以上とされていたが，会社法では，原則として，１人以上でよいこととなった（会社326条１項。ただし，取締役会設置会社では，３人以上でなければならない〔同331条５項〕）。これは，従来の有限会社制度が廃止され株式会社による規律に一本化されたことによる。

（4）任　期　取締役の任期は，原則として，選任後２年以内に終了する事業年度のうち最終のものに関する定時株主総会の終結のときまでである（会社332条１項）。もっとも，公開会社でない株式会社（監査等委員会設置会社および指名委員会等設置会社を除く）の場合は，定款によって，選任後10年以内に終了する事業年度のうち最終のものに関する定時株主総会の終結のときまで伸長することができる（同条２項）。

また，監査等委員会または指名委員会等を置く旨の定款変更の場合，監査等委員会または指名委員会等を置く旨の定款の定めを廃止する定款変更の場合，株式の譲渡制限を行う旨の定款の定めを廃止する定款変更（監査等委員会設置会社および指名委員会等設置会社がするものを除く）の場合には，取締役の任期は，当該定款変更の効力が生じたときに満了する（会社332条７項）。

（5）権　限　取締役会を設置しない株式会社の場合，各取締役（１人の場合を含む）は，原則として，株式会社を代表し，その業務を執行する（会社348条１項・349条１項・２項。取締役が２人以上ある場合には，株式会社の業務は，定款に別段の定めがある場合を除き，取締役の過半数をもって決定する〔同348条２項〕。決定事項については，同条３項を参照）。もっとも，取締役会を設置しない株式会社は，定款，定款の定めに基づく取締役の互選または株主総会の決議により，取締役の中から代表取締役を定めることができる（同349条３項）。代表取締役は，

第3部 株式会社法

株式会社の業務に関する一切の裁判上または裁判外の行為をする権限を有する（同条4項）。この権限に加えた制限は，善意の第三者に対抗することができない（同条5項）。なお，株式会社と取締役との間の訴えにおける会社の代表については，前記の規定（同条4項）にかかわらず，株主総会で当該訴えについて株式会社を代表する者を定めることができる（同353条。なお，監査役設置会社では，一定の場合には，監査役が会社を代表する〔同386条1項〕）。

　(6) 終 任　取締役は，①委任の法定終了事由の発生（会社330条，民653条），②定款所定の資格の喪失，③欠格事由の発生（会社331条1項），④辞任（会社330条，民651条1項），⑤任期の満了（会社332条），⑥解任（同339条1項。なお同854条1項も参照），⑦会社の解散（同471条）によって，その任務を終了する。①の中で，会社の破産手続開始の決定を受けた場合については，取締役の地位との関係で，従来より議論がみられるが，判例（最判平成21・4・17）は，取締役は，当然には地位を失わないと解している。また，④については，取締役はいつでも辞任することができるが，会社に不利な時期に辞任した場合は，やむを得ない事由があったときを除き，会社に生じた損害を賠償しなければならない（民651条2項）。また，⑥については，取締役は，いつでも，株主総会の決議によって解任することができる（会社339条1項）が，その解任について正当な理由がなく解任された取締役は，株式会社に対し，解任によって生じた損害の賠償を請求することができる（同条2項）。（なお，取締役の解任の詳細については，本書の**第19章役員等の選任と解任**を参照。）

　なお，取締役が欠けた場合または会社法もしくは定款で定めた取締役の員数が欠けた場合には，任期の満了または辞任により退任した取締役は，新たに選任された取締役が就任するまで，なお取締役としての権利義務を有する（会社346条1項）。しかし，そうすることが不適当なときには，裁判所は，利害関係人の申立てにより，一時取締役の職務を行うべき者（仮取締役）を選任することができる（同条2項）。

取締役会　**(1) 意 義**　平成17年改正前商法では，取締役全員によって組織される取締役会は，会社の業務執行に関する意思決定を行う必要かつ常設の機関であった。しかし，会社法では，従来の有限会社の機関

構成にならい，取締役会を設置しない株式会社も認められることとなった。しかし，①公開会社，②監査役会設置会社，③監査等委員会設置会社，④指名委員会等設置会社は，取締役会を設置しなければならない（会社327条1項）とされている。取締役会の職務は，取締役会設置会社の業務執行の決定，取締役の職務の執行の監督，代表取締役の選定および解職である。取締役会は，各取締役の知識・経験を集め，取締役全員の協議により適切な意思決定がなされることを期待した会議体であることから，代表取締役および業務を執行する取締役（同363条1項）は，3ヵ月に1回以上，自己の職務の執行の状況を取締役会に報告しなければならない（同条2項）。

(2) 権 限 取締役会は，すべての取締役で組織され，①取締役会設置会社の業務執行の決定，②取締役の職務の執行の監督，③代表取締役の選定および解職についての職務を行う（会社362条1項・2項）。③については，取締役会は，取締役の中から代表取締役を選定しなければならない（同条3項）。また，①については，取締役会は，ⓐ重要な財産の処分および譲受け，ⓑ多額の借財，ⓒ支配人その他の重要な使用人の選任および解任，ⓓ支店その他の重要な組織の設置，変更および廃止，ⓔ募集社債の総額（同676条1号参照）その他の社債を引き受ける者の募集に関する重要な事項として法務省令で定める事項，ⓕ取締役の職務の執行が法令および定款に適合することを確保するための体制その他株式会社の業務並びに当該株式会社及びその子会社から成る企業集団の業務の適正を確保するために必要なものとして法務省令で定める体制の整備（いわゆる内部統制システムの構築），ⓖ取締役等による免除に関する定款の定め（同426条1項）に基づく役員等の株式会社に対する損害賠償責任（同423条1項）の免除，ⓗその他重要な業務執行については，その決定を取締役に委任することができない（同362条4項）。これらのうち，ⓕの内部統制システムの構築については，近年，大会社のコーポレート・ガバナンスにおいて，内部統制システムが重視されてきたことを受けて，大会社である取締役会設置会社では，取締役会は，これを決定しなければならないとして，義務化されている（同条5項）。

また，剰余金の配当に関する事項の決定については，株式会社は，株主に対する剰余金の配当（会社453条）をしようとするときは，原則として，その都度，

第3部　株式会社法

株主総会の決議によってしなければならない（同454条1項）。もっとも，取締役会設置会社では，一事業年度の途中において1回に限り取締役会の決議によって剰余金の配当（配当財産が金銭であるものに限る。これを中間配当という）をすることができる旨を定款で定めることができる（同条5項）。

　(3)　招　集　　取締役会は，各取締役が招集するが，取締役会を招集する取締役を定款または取締役会で定めたときは，その取締役が招集する（会社366条1項）。取締役会を招集する取締役を定款または取締役会で定めた場合には，その招集権を有する取締役（招集権者）以外の取締役は，招集権者に対し，取締役会の目的である事項を示して，取締役会の招集を請求することができる（同条2項）。この請求があった日から5日以内に，その請求があった日から2週間以内の日を取締役会の日とする取締役会の招集の通知が発せられない場合には，その請求をした取締役は，取締役会を招集することができる（同条3項）。また，取締役会設置会社（監査役設置会社，監査等委員会設置会社および指名委員会等設置会社を除く）の株主は，取締役が取締役会設置会社の目的の範囲外の行為その他法令もしくは定款に違反する行為をし，またはこれらの行為をするおそれがあると認めるときは，取締役会の招集を請求することができる（同367条1項）。さらに，監査役も，取締役に対し，取締役会の招集を請求することができるときがある（同383条2項・382条）。招集手続については，取締役会を招集する者は，取締役会の日の1週間（定款による短縮可能）前までに，各取締役（監査役設置会社では，各取締役および各監査役）に対してその通知を発しなければならない（同368条1項）。もっとも，取締役会は，取締役（監査役設置会社では，取締役および監査役）の全員の同意があるときは，招集の手続を経ることなく開催することができる（同条2項）。

　(4)　決　議　　(a)　決議の方法　　取締役会の決議は，議決に加わることができる取締役の過半数（定款による引上げ可能）が出席し，その過半数（定款による引上げ可能）をもって行う（会社369条1項）。しかし，この決議について特別の利害関係を有する取締役は，議決に加わることができない（同条2項）。この点について，従来より，代表取締役の解職決議について議論がみられるが，判例（最判昭和44・3・28）は，代表取締役が私心を去って会社に対して忠実に

議決権を行使することは困難であるとして、特別利害関係を有する者にあたると解している。また、取締役会は、個人的な信頼に基づいて選任された取締役が、相互の協議や意見交換を通して意思決定を行う場であることから、代理出席は認められない。取締役会の決議に参加した取締役であっても、所定の議事録（同条3項）に異議をとどめないものは、その決議に賛成したものと推定される（同条5項）。

　平成17年改正前商法の下では、取締役会は、現実の会議を開くことを要し、いわゆる持回り方式による決議は認められないと解されてきた（最判昭和44・11・27）。しかし、会社法では、機動的な意思決定をする必要が生ずる場合等もあることから、取締役会設置会社は、取締役が取締役会の決議の目的である事項について提案をした場合において、当該提案につき取締役（当該事項について議決に加わることができるものに限る）の全員が書面または電磁的記録により同意の意思表示をしたとき（監査役設置会社では、監査役が当該提案について異議を述べたときを除く）は、当該提案を可決する旨の取締役会の決議があったものとみなす旨を定款で定めることができるようにしている（会社370条）。

　さらに、会社法は、前記の規定（会社369条1項）にかかわらず、取締役会設置会社（指名委員会等設置会社を除く）において、取締役の数が6人以上であり、かつ、取締役のうち1人以上が社外取締役である場合には、取締役会は、①重要な財産の処分および譲受け、②多額の借財についての取締役会の決議については、あらかじめ選定した3人以上の取締役（特別取締役）のうち、議決に加わることができるものの過半数（取締役会による引上げ可能）をもって行うことができる旨を定めることができる制度を設けている（同373条1項・362条4項1号・2号・399条の13第4項1号・2号）。もっとも、監査等委員会設置会社において、取締役に決定を委任している場合は、除かれる（同373条1項・399条の13第5項・6項）。この特別取締役による取締役会の決議は、平成17年改正前商法の下で認められていた大会社等における重要財産委員会制度（商特1条の3〜5）を、従来よりも利用しやすいように、会社法制定のときに手直ししたものである。

　(b)　決議の瑕疵　　取締役会決議の瑕疵については、株主総会の場合と異なり、従来、特別の訴えの制度は設けられていない。そこで、取締役会の決議の

第3部　株式会社法

内容・手続に瑕疵がある場合には，その決議は一般に当然に無効となる。もっとも，一部の取締役に対する招集通知を欠いた場合，その取締役が出席してもなお決議の結果に影響がないと認めるべき特段の事情があるときは，当該瑕疵により決議は無効にならないとする判例（最判昭和44・12・2）がある。

(5)　議事録　取締役会設置会社は，取締役会の日（前記の規定〔会社370条〕により取締役会の決議があったものとみなされた日を含む）から10年間，議事録（同369条3項）または前記の規定（同370条）の意思表示を記載し，もしくは記録した書面もしくは電磁的記録（議事録等）をその本店に備え置かなければならない（同371条1項）。株主は，その権利を行使するため必要があるときは，株式会社の営業時間内は，いつでも，①議事録等が書面をもって作成されているときは，当該書面の閲覧または謄写の請求，②議事録等が電磁的記録をもって作成されているときは，当該電磁的記録に記録された事項を法務省令で定める方法により表示したものの閲覧または謄写の請求，をすることができる（同条2項）。監査役設置会社，監査等委員会設置会社または指名委員会等設置会社における前記の規定（371条2項）の適用については，株主は，その権利を行使するため必要があるときは，裁判所の許可を得て，請求をすることができる（同371条3項）。取締役会設置会社の債権者は，役員または執行役の責任を追及するため必要があるときは，裁判所の許可を得て，当該取締役会設置会社の議事録等について前記の規定（同条2項各号）に掲げる請求をすることができる（同条4項。なお，この規定は，取締役会設置会社の親会社社員がその権利を行使するため必要があるときについて準用する〔同条5項〕）。裁判所は，裁判所の許可を得てなされる以上の請求に係る閲覧または謄写をすることにより，当該取締役会設置会社またはその親会社もしくは子会社に著しい損害を及ぼすおそれがあると認めるときは，許可をすることができない（同条6項・2項・3項・4項・5項）。

代表取締役　代表取締役とは，会社を代表し，その業務を執行する機関である。（代表取締役の詳細については，本書の**第21章会社の代表**を参照。）

監査等委員会設置会社・指名委員会等設置会社　平成14年改正商法では，委員会等設置会社制度が導入された。会社法では，基本的に，取締役会設

第20章　会社の経営機構

置会社のうちの委員会設置会社に引き継がれていた。その後，平成26年の改正により，従来の委員会設置会社は，指名委員会等設置会社に名称が変更され（会社2条12号），新たに監査等委員会設置会社（同2条11号の2）の制度が創設された。（指名委員会等設置会社や監査等委員会設置会社の詳細については，本書の**第23章委員会設置会社の経営・監査機構を参照。**）

株式会社と取締役との関係　(1)　**取締役の義務**　株式会社と取締役を含む役員および会計監査人との関係は，委任に関する規定に従う（会社330条，民643条以下）。そこで，取締役は，善良な管理者の注意をもって，その職務を遂行する義務を負う（善管注意義務。民644条）。他方，会社法では，取締役は，法令および定款ならびに株主総会の決議を遵守し，会社のために忠実にその職務を行わなければならないとしている（忠実義務。会社355条）。この忠実義務の意味について，善管注意義務とは異なり，取締役が地位を利用し会社の犠牲において自己または第三者の利益を図ってはならない義務を指すと解する見解も有力である。しかし，多くの見解は，会社との利害対立状況において私利を図らない義務も善管注意義務の一部にすぎないと同質的に解し，判例（最判昭和45・6・24）も，忠実義務は，善管注意義務を敷衍しかつ一層明確にしたにとどまり，善管注意義務とは別個の高度の義務を規定したものとは解することができないとしている。

(2)　**取締役の利益相反行為の規制**　(a)　**競業取引**　取締役が自己または第三者のために株式会社の事業の部類に属する取引をしようとするときは，取締役は，株主総会において，当該取引につき重要な事実を開示し，その承認を受けなければならない（会社356条1項1号）。取締役会設置会社では，その承認は，株主総会ではなく取締役会が行い（同365条1項），前記の規定（同356条1項1号～3号）の取引をした取締役は，当該取引後，遅滞なく，当該取引についての重要な事実を取締役会に報告しなければならない（同条2項）。また，平成17年改正前商法の下で認められていた介入権に関する規定は，会社法では削除された。なお，競業取引については，たとえば，会社が進出を企図し市場調査等を進めていた地域における同一商品の販売は，規制対象になるとした裁判例（東京地判昭和56・3・26）がある。また，退任予定の取締役による従業員の引

第3部 株式会社法

抜きについても議論がみられる（たとえば，東京高判平成元・10・26を参照）。

(b) 利益相反取引 取締役が自己または第三者のために株式会社と取引をしようとするとき（直接取引），または，株式会社が取締役の債務を保証することその他取締役以外の者との間において株式会社と当該取締役との利益が相反する取引をしようとするとき（間接取引）は，取締役は，株主総会において，当該取引につき重要な事実を開示し，その承認を受けなければならない（会社356条1項2号・3号）。取締役会設置会社では，競業取引の場合と同様，その承認は，株主総会ではなく取締役会が行う（同365条1項）。なお，手形行為についても議論がみられるが，判例（最判昭和46・10・13）は，利益相反取引規制の対象としている。

(c) 違反の効果 通説は，承認を受けない取引について，会社は，取締役または取締役が代理した直接取引の相手方に対しては，つねに取引の無効を主張できると解している。しかし，判例は，間接取引の相手方（最判昭和43・12・25），および，会社が取締役を受取人として振り出した約束手形の譲受人（前掲最判昭和46・10・13）という第三者との関係においては，取引安全の見地から，①当該取引が利益相反取引に該当すること，および，②株主総会・取締役会の承認を受けていないこと，を当該第三者が知っていることを会社が主張・立証して初めて，会社は，その者に対し，取引の無効を主張できるものと解して，相対的無効説の立場をとっている。

(3) 報酬等 取締役の報酬，賞与その他職務執行上の対価として株式会社から受ける財産上の利益（報酬等）については，定款に以下の事項を定めていないときは，株主総会の決議によって定める（会社361条1項柱書）。すなわち，報酬等のうち額が確定しているものについては，その額（同条同項1号），報酬等のうち額が確定していないものについては，その具体的な算定方法（同条同項2号），報酬等のうち金銭でないものについては，その具体的な内容（同条同項3号）である。前記の規定（会社361条1項2号または3号）に掲げる事項を定め，またはこれを改定する議案を株主総会に提出した取締役は，当該株主総会において，当該事項を相当とする理由を説明しなければならない（同361条4項）。なお，学説上，見解は分かれているが，判例は，使用人兼務取締役につ

第20章　会社の経営機構

いて，使用人として受ける給与等の体系が明確に確立されている場合には，同人が別に使用人としての職務執行の対価を受けることを予定しつつ，取締役として受ける報酬に関する事項のみを株主総会で決議しても，規制目的の脱法行為にはあたらないとしている（最判昭和60・3・26）。また，報酬等については，ほかにも，たとえば，退職慰労金の決議方法（最判昭和48・11・26），退職慰労金の不支給に対する救済（最判平成21・12・18），報酬等の減額（最判平成4・12・18，最判平成22・3・16），取締役の報酬等に関する株主総会の事後的決議（最判平成17・2・15），等の判例がみられる。

株主の代表訴訟と差止請求権　　株主の代表訴訟も差止請求権も，昭和25年の商法改正によって導入され，会社法に引き継がれた。（株主の代表訴訟と差止請求権については，本書の**第25章株主代表訴訟制度と差止請求権**を参照。）

取締役の責任　　取締役は，職務の執行上，任務を怠ったことにより会社に損害を生じさせた場合等には，それを賠償する責任を負う（会社423条1項）。また，取締役は，職務の執行上，悪意・重過失による任務懈怠があったときは，第三者に対しても責任を負う（同429条1項）。（取締役の責任の詳細については，本書の**第24章役員等の損害賠償責任**を参照。）

Ⅱ　会計参与

緒　説　　会社法では，会計参与制度を設けている。株式会社は，定款の定めによって，会計参与を置くことができる（会社326条2項）。会計参与は，特例有限会社を除くすべての株式会社が，任意に置くことができるが（会社法整備法17条1項），取締役会設置会社であって監査役を置かない会社は，会計参与を置く必要が生ずる（会社327条2項）。

会計参与　　**(1) 意　義**　　会計参与は，公認会計士（監査法人を含む）または税理士（税理士法人を含む）の資格を有する者が就く会社の機関であり，主として，会計監査人設置会社以外の会社で税理士をそれに選任する形で制度が運用され，中小企業の計算の適正化が図られることが期待されている。

197

第3部　株式会社法

(2) 選任・資格等　会計参与の選任，任期，解任等の手続は，基本的に，取締役の場合と同じである（会社329条・334条1項・339条）。会計参与の資格等については，会計参与は，公認会計士もしくは監査法人または税理士もしくは税理士法人でなければならない（同333条1項）。また，①当該株式会社またはその子会社の取締役，監査役もしくは執行役または支配人その他の使用人，②業務の停止の処分を受け，その停止の期間を経過しない者，③税理士法により所定の税理士業務を行うことができない者は，会計参与となることができない（同条3項）。会計参与設置会社であるときは，その旨ならびに会計参与の氏名または名称および会計参与による計算書類等の備置き（同378条1項）の場所を，株式会社の設立の登記において，登記しなければならない（同911条3項16号）。

(3) 職　務　会計参与は，取締役と共同して，計算書類およびその附属明細書，臨時計算書類ならびに連結計算書類を作成する。この場合において，会計参与は，法務省令で定めるところにより，会計参与報告を作成しなければならない（会社374条1項）。また，会計参与は，取締役と同様，株主総会における説明義務を負う（同314条）。

会計参与の責任　会計参与の株式会社および第三者に対する責任は，社外取締役の場合とほぼ同様である（会社423条〜427条・429条）。会計参与は，株主代表訴訟の対象となる（同847条1項・423条1項）。

Ⅲ　企業の補助者（会社の使用人・会社の代理商）

　企業の規模が拡大すると，その営業のために，他人の労力を補助的に利用せざるを得なくなる。このことは，会社においても同様であるが，会社の企業活動を補助する補助者には，会社組織の内部にあって会社に従属して補助する者と，会社組織の外部にあって独立の商人として補助する者とがある。会社内部の補助者には，会社の使用人があり，会社外部の補助者には，代理商，仲立人，問屋，運送取扱人等がある。（なお，詳細については，本書の**第5章企業の組織（使用人，代理商等）**を参照。）

198

第21章
会社の代表

I　会社の業務執行と代表

概　説　会社の事業経営に関するさまざまな事務を処理することを「業務執行」という。業務執行には法律行為（営業上の取引や従業員の雇入等）や準法律行為（履行の催告や債権譲渡の通知等）のみならず事実行為（帳簿の作成・記録等）が含まれる。また，業務執行には内部的な業務執行と対外的な業務執行とがあるが，ある役員が対外的な業務執行をなすにあたっては，代表権の存在（代表取締役・代表執行役の場合）もしくは代表権をもたない役員であれば個別の代理権授与を必要とする。

　代表権とは，会社のある機関が対外的行為をなしたとき，法律上その行為がそのまま法人たる会社自身の対外的行為であると法的に評価されるとき，その機関のもつ権限のことを指す。代表は代理と類似した概念であるが，代表機関が法人たる会社と独立した地位を有しない点で代理と異なる。包括的権限たる代表権を与えられた役員は，個別の代理権の付与を受ける必要がないため，代表権をもつ役員を置いておくことが必要不可欠となる。

非取締役会設置会社の場合　非取締役会設置会社においては，取締役が1人の場合には定款で取締役の業務執行権限を制約しない限り，各取締役が会社の業務執行をなすことができ（会社348条1項），取締役が2人以上ある場合には，定款に別段の定めがない限り，取締役の過半数をもって業務執行を決定し，各取締役がこれをなしうる（同条2項）。また，対外的な業務執行については，原則として各取締役が代表権限を有する（各自代表。同349条1項・2項）が，①定款，②定款の定めに基づく取締役の互選，③株主総会決議によっ

199

第3部　株式会社法

て，取締役の中から代表取締役を定めることもできる（同条3項）。代表取締役
その他会社を代表する者を定めた場合には，他の取締役は対外的な業務執行に
おいて会社を代表する権限を失うこととなる。

**取締役会設置
会社の場合**　　取締役会設置会社における取締役は，会社の業務執行の決
定機関たる取締役会の一構成員にすぎず，業務執行権限が
与えられていない。そこで取締役会設置会社では，業務執行をなす①代表取締
役または②その他の業務執行取締役を取締役会決議において選定し，それらの
者が業務執行をなすこととなる（会社363条1項）。

　対外的な業務執行については，代表権をもつ代表取締役が取締役会決議に
よって取締役の中から選定され，これをなすこととなる（会社362条2項3号・
349条4項）。前述②の取締役やその他の業務執行権限を与えられた取締役は業
務執行をなすこととなるが，その権限は（個別の代理権授与がなされていない限り）
あくまで対内的な業務執行の範囲にとどまると解される。なお，監査等委員会
設置会社においても代表取締役が選定される（同399条の13第1項3号）。

**指名委員会等
設置会社の場合**　　取締役会設置会社の中でも，指名委員会等設置会社につ
いては異なった法規整が加えられている。指名委員会等
設置会社では業務執行権限と監督権限の所在を制度的に分離しているため，取
締役は業務執行をなすことはできない（会社415条）。その代わり，取締役会に
おいて選任される執行役に業務執行権限が与えられている（同402条2項・418
条）。また，対外的な業務執行については，代表権をもつ代表執行役が取締役
会決議によって執行役の中から選定され，これをなすこととなる（同420条1項・
3項）。

Ⅱ　代表取締役

選定・解職・辞任　　**（1）非取締役会設置会社の場合**　　前述のように，非
取締役会設置会社では各自代表が原則であるが，①定
款，②定款の定めに基づく取締役の互選，③株主総会決議によって，取締役の
中から代表取締役を定めることができる（会社349条3項）。代表取締役を定め

200

た場合には，他の取締役は対外的な業務執行において会社を代表する権限をもたない（同条1項但書）。

　非取締役設置会社における代表取締役の解職・辞任については，会社法上に特別の規定はない。代表取締役としての地位は取締役としての地位をもつことが前提となるため，代表取締役を取締役の職から解任し，あるいは代表取締役自身が取締役としての職を辞する場合には，当然に代表取締役としての地位を失うこととなる。これに対して，代表取締役を解職し，あるいは代表取締役が辞任したとしても，取締役としての地位を維持することは可能である（前者を代表権の剥奪，後者を代表権の返上ともいう）。

　解職（代表権の剥奪）については，選定権限のある者が選定と同じ手続で行うべきものと考えるならば，①定款で定められた場合には定款変更のための株主総会の特別決議によって（会社466条・309条2項11号），②定款の定めに基づく取締役の互選によって選定された場合には定款に別段の定めのない限り取締役の過半数による決定によって（同348条2項），③株主総会決議によって選定された場合には株主総会決議によって（同341条。取締役等の解任決議規定の類推適用），いつでも解職できると考えられる。辞任（代表権の返上）については，取締役の辞任と同様（同330条・民651条）に考えてよいかどうか検討の余地がないわけではないが，代表権授与の基礎となる契約（委任）の解約告知と考えて，いつでも可能であると考えるべきであろう（民651条）。

　(2)　取締役会設置会社の場合　　取締役会設置会社では，代表取締役は取締役会決議で取締役の中から選定される（会社362条2項3号・3項）。選定された候補者による就任の承諾が必要であることから，会社と代表取締役との間に何らかの契約（代表取締役任用契約）の締結を観念するのが一般的であろうが，取締役の選任の場面とは異なり，そのような契約締結を観念する必要はないとの有力説もある。

　員数には制限がないから，1人でも数人でも差支えないが，定款に員数の定めがあればそれによることとなる。任期についても特別の規定はないが，代表取締役は取締役たる地位を前提としているから，取締役の任期は超えられない。

第3部　株式会社法

　非取締役会設置会社における代表取締役と同様に，代表取締役としての地位は取締役としての地位をもつことが前提となるため，代表取締役を取締役の職から解任し，あるいは代表取締役自身が取締役としての職を辞する場合には，当然に代表取締役としての地位を失うこととなる。これに対して，代表取締役を解職し，あるいは代表取締役が辞任したとしても，取締役としての地位を維持することは可能である。

　取締役会設置会社における代表取締役の解職（代表権の剥奪）については，会社法上に特別の規定がある。代表取締役の解職の決定は，取締役会決議によっていつでも行われうる（会社362条2項3号）。代表取締役の解職に関する取締役会決議については，解職対象の代表取締役は特別利害関係人（同369条2項）として決議に参加できない（最判昭和44・3・28）。

　解職決議により地位が剥奪されれば，当人への告知なしに解職の効力が生ずるとの裁判例（最判昭和41・12・20）や，代表取締役任用契約を観念する必要なしとの立場から解約告知を要しないと解する有力説もあるが，代表権授与の基礎となる契約（委任）が存在すると考えるのであれば解約告知が理論上必要となることや，解職決議（あるいは非取締役会設置会社における解職決定等）を知らない代表取締役がその後に代表行為をなすことを防ぐべきとの観点からも，原則として解職の告知を要すると解すべきであろう。

　辞任（代表権の返上）についても，非取締役会設置会社における場合と同様に，いつでも可能であると考えるべきであろう（民651条）。

　なお，代表取締役が欠けた場合，あるいは定款所定の員数が欠けた場合については，役員に欠員を生じた場合の措置（会社346条）と同様の規定が置かれている（同351条）。

権　限　**(1)　業務執行権限**　代表取締役は執行機関として内部的・対外的な業務執行権限を有する（会社363条1項1号）。また，重要な業務執行を除く日常的な業務執行については，その意思決定も取締役会から代表取締役に委ねることが認められており（同362条4項），それが通常である。

(2)　代表権　対外的な業務執行をなすために，代表取締役には代表権が付与されている（会社349条4項）。代表取締役の持つ代表権は，会社の業務に関

202

第21章　会社の代表

する一切の裁判上または裁判外の行為に及ぶ包括的なものである。この権限に加えた制限（たとえば，一定額以上の借入れを行う場合には取締役会決議を必要とする旨の会社内規がある場合等）は，それを善意の第三者に対抗することができない（同条5項）。

(a)　株主総会または取締役会決議を要する行為を，代表取締役が決議に基づかず行った場合の効果については，以下のようにまとめることができる。

①　取締役会決議を欠く「重要財産の処分および譲受け」「多額の借財」などの重要な業務執行（会社362条2項各号）については，これらの行為が重要なものとはいえ業務執行であり，代表取締役がほんらい業務執行権限をもつことから，原則有効と考えるべきである。ただし，決議という内部的手続を欠くことについて，相手方が知りまたは知ることができたときには，会社は相手方に対して無効主張ができる（いわゆる心裡留保説。最判昭和40・9・22）。

②　株主総会決議を欠く株主との合意による自己株式の有償取得（会社156条）については，手続規制が会社または他の株主を保護するためであることにかんがみて，原則無効と考えるべきである（最判昭和43・9・5）。ただし，違法な取得であることについて相手方が善意であれば，会社は無効を主張できないとの見解が有力である。また，相手方からの無効主張については，違法取得した会社による無効主張を期待できないことから，相手方の無効主張を許すべきであるとする見解が有力である。

③　新株の発行および自己株式の処分は，公開会社においては（有利発行を除き）取締役会決議が必要であり（会社201条1項），有利発行の場合および非公開会社においては原則として株主総会決議が必要である（同199条2項・3項）。これらの決議を欠いた場合には，公開会社においては，授権資本制度の下で新株発行が資金調達という業務執行としての面をもつことと株式譲受けによる持分比率の維持が可能であることにかんがみて，有効と解すべきである（最判昭和36・3・31・最判昭和46・7・16など。事前の差止事由になる）。しかし，非公開会社においては，持分比率の維持が既存株主にとって重大な関心事であり，株式譲受けによる持株比率の維持は困難であ

203

第3部 株式会社法

ることから，無効と解すべきである（最判平成24・4・24）。

④ 株主総会決議を欠く事業譲渡については，業務執行というよりも会社の基礎的事項についての変更に該当することから，絶対的に無効であり，譲受会社も特段の事情のない限り，無効主張できると解すべきである（最判昭和61・9・11）。株主総会決議を欠く合併等の組織再編についても，同様の理由から無効の訴えの無効事由になると解すべきである。

⑤ 株主総会決議または取締役会決議を欠く利益相反取引については，ほんらい無効と解すべきであるが，取引の安全に配慮して，相手方の悪意を主張・立証する必要がある（相対的無効説。手形行為につき最大判昭和46・10・13，間接取引につき最大判昭和43・12・25）。

⑥ 株主総会決議または取締役会決議を欠く競業取引については，これを無効にしても会社にとって救済にならないため，無効とはならない。

⑦ 取締役会の決定のないままに代表取締役が招集した株主総会の決議（会社298条4項）については，株主総会決議の取消事由（同831条1項1号の招集手続の法令違反）となり，取消しの訴えをまってその効力が決まる。当然に無効となるわけではない（東京高判昭和30・7・19）。

以上は原則として判例に依拠した考え方であるが，それぞれにつき反対する有力な学説がある。

(b) 代表取締役が自己の借金の返済に充てるために会社財産を売り渡したような，自己または第三者の利益のため表面上は会社の代表者としての法律行為をした場合（代表権の濫用）の効果についても，心裡留保説，代表権制限説，相対的無効説，権限踰越説などに分かれる。判例は心裡留保説に立っているが（最判昭和38・9・5，最判平成5・9・9等），心裡留保説は，①軽過失の者が保護されないことが実質的妥当性を欠く点，②代表取締役には会社に効果を帰属させる意思がある点，などから，多くの批判を受けている。

代表取締役の不法行為 代表取締役が不法行為をなした場合，代表取締役が個人として責任を負うほか（最判昭和49・2・28），代表取締役は会社の代表機関であるから，会社法350条によって会社は責任を負う（民715条の使用者責任によるものではない）。

204

第21章　会社の代表

表見代表取締役

(1) 概 説　表見代表取締役（社長，副社長その他会社の代表権を有すると認めるべき名称の取締役）の行為については，善意の第三者に対して会社が責任を負う（会社354条）。一般に「社長」「副社長」などは代表取締役であることがほとんどであるが，これらの名称は内部の職制上の名称であるから，社長や副社長であってもあえて代表取締役とはしないということもありうる。ただ取引界の実際では，これらの名称が付された取締役は代表取締役であることが多いところから，取引の安全のために規定を置いたものである。

この表見代表取締役規定の趣旨については，一種の禁反言の原則を採用したものであるとの説明が立法参画者からなされていたが，近時は肩書という外観を信頼した善意者を保護するという権利外観理論に基づくものだとする見解が多い。

(2) 適用要件　外観法理に基づくものであることから，その適用要件は，①外観の存在，②外観への帰責性，③外観に対する信頼，ということになる。

(a) 外観の存在　外観として例示されている「社長」「副社長」の名称のほかに「その他株式会社を代表する権限を有するものと認められる名称」にどのような名称が含まれるのかについては，取引界の通念に従って判断するほかない。一般には「頭取」「副頭取」「総裁」「副総裁」「理事長」「副理事長」などの名称はここに含まれると考えられているが，「専務取締役」「常務取締役」の名称がこれに含まれるかどうかについては，見解が分かれている（平成17年改正前商法では「専務取締役」「常務取締役」も条文上例示されていた）。判例には，「取締役会長」（東京地判昭和48・4・25)，「代表取締役職務代行者」（最判昭和44・11・27）の名称が含まれるとするものがある。

なお，取締役でない会社の使用人に「社長」「副社長」などの名称を付した場合にも，会社はその者の行為について責任を負わなくてはならないかが問題となるが，判例は，外観を信頼した第三者を保護する必要性は名称を付された者がだれであるかによって変わるものではないことを理由に会社法354条を類推適用する（最判昭和35・10・14)。

(b) 外観への帰責性　会社が責任を負うのは，会社がその名称を付した

第3部　株式会社法

か，その名称の使用を許諾した場合であり（明示的付与），行為者が勝手に名称を使用しても会社は責任を負わない。しかし，会社が勝手な使用を知りながら放置していた場合（黙示的付与）にも責任を負うものと解されている。判例は，取締役の過半数が知りながら放置していた場合に会社の黙認があったものと判断しているが（最判昭和56・4・14），代表取締役の少なくとも1人が知っていた場合をいうとの見解や，取締役が1人でも知っていて放置していれば黙認にあたると解する見解など，考え方は多岐にわたっている。

　取締役会で代表取締役に選定された取締役が，その選任決議に基づき代表取締役の職務を行ったときは，その選定決議が無効な場合であっても，会社は会社法354条の類推適用により善意の第三者に対して責任を負うとされている（最判昭和56・4・24）。

　(c)　外観への信頼　　善意の第三者とは，代表取締役でないことを知らない第三者をいう。取引の安全を確保する必要から代表権の欠缺を知らないことにつき無過失であることまでは文言上要件とされておらず，判例も無過失を要求してはいない（最判昭和41・11・10）。しかし，第三者の正当な信頼を保護しようとの趣旨であるから，代表権の欠缺を知らないことにつき相手方に重過失あるときは悪意と同等に評価され，相手方には善意・無重過失が求められる（最判昭和52・10・14）。これに対して，表見代表取締役規定を一種の禁反言の原則をとった民法109条と同じ立法趣旨によったものであるとして善意・無過失を要求すべきとの少数説もある。

Ⅲ　代表執行役

選定・解職・辞任　　指名委員会等設置会社にあっては，執行役が1人の場合には法律上当然にその者が代表執行役になるが（会社420条1項後段），執行役が2人以上いる場合には，取締役会決議により代表執行役を選定することを要する（同条同項前段）。

　指名委員会等設置会社における代表執行役の解職（代表権の剥奪）については，その決定は，いつでも取締役会決議によって行われる（会社420条2項）。

第21章　会社の代表

解約告知の必要性については，代表執行役には取締役会への出席義務が原則としてないことにかんがみると（定期的な職務執行の状況報告義務や，取締役会の要求に応じて取締役会に出席する義務はある。会社417条4項・5項），代表執行役がその解職決議を知らない場面も多く想定されることから，取締役会の構成員として取締役会への出席が求められている一般の取締役会設置会社における代表取締役に比べて，よりいっそう解職告知の必要性が大きいものと考えられる。

辞任（代表権の返上）についても，執行役の辞任（会社402条3項，民651条）と同様に考えてよいかどうか検討の余地がないわけではないが，代表権授与の基礎となる契約（委任）の解約告知と考えて，いつでも可能であると考えるべきであろう（民651条）。

権　限　　**(1)　業務執行権限**　　代表執行役は執行機関として内部的・対外的な業務執行権限を有する（会社418条）。また，取締役会専決事項（同416条4項各号）を除く業務執行については，その意思決定も取締役会から代表執行役に委ねることが認められており（同条4項），それが通常である。

(2)　代表権　　対外的な業務執行をなすために，代表執行役には代表権が付与されている。代表執行役の持つ代表権は，会社の業務に関する一切の裁判上または裁判外の行為に及ぶ包括的なものである。この権限に加えた制限は，善意の第三者に対抗することができない（会社420条3項・349条4項5項）。代表執行役の不可制限的な代表権を法定し，取引の安全を確保する趣旨である。

表見代表執行役　　表見代表執行役（社長，副社長その他会社の代表権を有すると認めるべき名称の執行役）の行為については，善意の第三者に対して会社が責任を負う（会社421条）。条文の趣旨は，指名委員会等設置会社以外の取締役設置会社における表見代表取締役の規定（同354条）と同様であり，商取引の大量・迅速性に基づく取引の安全強化の要請に応えるべく，外観を信頼した善意者を保護する規定を置いたのである。

外観法理に基づく規定である以上，その適用要件は，①外観の存在，②外観への帰責性，③外観に対する信頼，ということになる。それぞれの要件については，指名委員会等設置会社以外の取締役設置会社における代表取締役に関する議論がそのままあてはまる。

207

第3部　株式会社法

Ⅳ　その他の会社代表者

　会社・取締役間の訴訟において会社を代表する者は，株主総会で定める（取締役会設置会社では株主総会で定めたときを除いて取締役会で定めることができる）（会社353条・364条）。ただし，監査役設置会社では監査役が代表し（同386条），監査等委員会設置会社では取締役会が定める者または監査等委員が会社を代表し（同399条の7），指名委員会等設置会社では監査委員会が選定する監査委員または取締役会が定める者が代表する（同408条）。馴れ合い訴訟を防止する趣旨である。

　判例は，会社・取締役間の訴訟というときの 取締役とは，訴え提起時において取締役の地位にある者をいうのであって，退任取締役は含まれないとする（最判平成15・12・16）。また，取締役が取締役の地位にあることの確認等を求める訴えを提起した場合に，会社側がその者を取締役と認めずに争っているときは，馴れ合いのおそれがないために，会社法386条1項などのいう取締役には該当しないとされている（最判平成5・3・30）。

第22章
会社の監査・検査機構

Ⅰ　監　査　役

監査役の意義　監査役は，取締役（会計参与設置会社にあっては，取締役および会計参与。以下，同じ）の職務執行を監査する機関である（会社381条1項前段）。監査役は，任意の機関であるが（同326条2項），監査等委員会設置会社および指名委員会等設置会社を除いて，取締役会設置会社または会計監査人設置会社にあっては，必要的機関である（同327条2項・3項・4項）。ただし，公開会社でない取締役会設置会社は，会計参与を置けば，監査役を置く必要はない（同条2項但書）。

監査役は独任制の機関であり，各監査役が機関を構成し，複数の監査役がある場合でも，他の監査役とは独立した立場で独自に権限を行使して職務を行うことができる。監査役の監査は，取締役の職務執行行為全般を対象とする。

なお，公開会社ではない株式会社（監査役会設置会社または会計監査人設置会社を除く）にあっては，定款で，監査役の監査の範囲を会計に関するものに限定する旨の規定を設けることができ（会社389条1項），かかる監査役（講学上，会計限定監査役という）は，計算書類および事業報告ならびにこれらの附属明細書等を監査し（同436条・441条2項），監査報告を作成する（同389条2項）。

員数・資格　監査役の員数に制限はない。ただし，監査役会設置会社においては，監査役は，3人以上で，そのうち半数以上は，社外監査役でなければならない（会社335条3項）。社外監査役とは，法定の要件（本書の**第19章役員等の選任と解任**を参照）を満たす者をいう（同2条16号）が，必要な数の社外監査役がいない場合には監査役会の監査報告が効力を生じないほ

209

第3部　株式会社法

か，会社は過料に処せられる（同976条20号）。

監査役の資格には，特段の制限はなく，監査に関する専門的な知見や経験は必要とされない。また，取締役の場合と同様に，定款をもってしても，監査役の資格を株主に限定することはできない〔非公開会社は別〕（会社335条1項・331条2項）。なお，監査役には，取締役の法定の欠格事由に関する規定が準用され，法人，成年被後見人，被保佐人，犯罪者等は，監査役となることができない（同335条1項・331条1項）。

監査役は，会社または子会社の取締役・支配人その他の使用人・会計参与（会計参与が法人であるときは，その職務を行うべき社員），子会社の執行役を兼ねることができない（会社333条2項・3項・335条2項）。これは，いわゆる自己監査を防止することにより，公正な監査を確保する趣旨である。

なお，監査役および社外監査役の員数を欠くにいたった場合の措置については，取締役の欠員の場合と同様に，一時監査役の選任を裁判所に申し立てることができるほか，社外監査役の補欠者の予選も可能である（会社329条3項・346条1項・2項）。

任　期　監査役の任期は，取締役の場合とは異なり，監査役の安定した地位を保障するために，選任後4年以内に終了する事業年度のうち最終のものに関する定時株主総会の終結のときまでである（会社336条1項）。また，監査役の独立性を確保するために，その任期を短縮することはできない。ただし，公開会社でない株式会社の場合には，監査役の信任の可否を何度も株主に問う必要性は乏しく，定款の定めによって，任期を選任後10年以内に終了する事業年度のうち最終のものに関する定時株主総会の終結のときまで伸長できる（同条2項）。また，定款によって，任期の満了前に退任した監査役の補欠として選任された監査役（補欠監査役）の任期を退任した監査役の任期の満了するときまでとすることもできる（同条3項）。（なお，監査役の選任・終任については，本書の**第19章役員等の選任と解任**を参照）

職務・権限　**(1) 業務監査**　監査役設置会社にあっては，監査役は，取締役の職務執行を監査する機関であるため（会社381条1項前段），その職務権限は，会計の監査を含む会社の業務全般の監査に及ぶ。すな

210

わち，監査役の職務は，取締役の職務執行の誠実性を確保することに眼目を置いているため，広く取締役の行為全般を調査・検討の対象とする。

この業務監査に関連して，監査役が，取締役の職務執行が法令・定款・株主総会決議等に適合しているか否かの適法性（ないしは違法性）を監査することについて異論はないものの，その妥当性（当否）に監査が及ぶか否かについては争いがある。

この点，多数説は，取締役会設置会社においては，取締役会に代表取締役や業務執行取締役の業務執行の裁量的判断の妥当性を判断させるという制度的観点から，取締役会の議決に参加しない監査役にその妥当性につき監査することは予定されていないとする。

他方，経営政策的または能率増進を目的とする積極的な妥当性の監査は権限外ではあるものの，報告義務の内容として（会社382条・384条後段）著しく不当な事実または事項がある場合が加えられている以上は，一定の事実または事項が不当か否かという消極的かつ非行防止的な妥当性の監査は，監査役の職務に属するとする見解もある。また，監査役の業務監査につき，監査行為それ自体と監査結果の報告とを同じ基準ないし次元で考察する必要はないという見地から，監査役の監査行為に制約をつける必要はなく，しかも，監査報告の面でも，監査役は，法令・定款違反の事実のほか，会社支配の基本方針（会社則118条）に対する意見などを株主総会に報告し，または監査報告に記載すべきことからすれば（会社384条・436条1項2項，会社則129条1項6号等），その監査は経営上の判断に関わる事項に及ぶとする見解もある。

(2)　**調査権**　監査役は，その監査業務を実効的なものにするために，いつでも取締役・会計参与・支配人その他の使用人に対し，事業の報告を求め，または，会社の業務・財産の状況を調査することができる（会社381条2項）。また，その職務を行うために必要があるときは，会社の費用により補助者を使用することができる（同388条参照）。なお，取締役・会計参与が監査役から求められた報告を怠り，あるいは監査役から報告を求められた使用人の報告を妨害し，または，監査役の調査を妨害したときは，監査役は，監査報告にその旨および理由を記載しなければならない（同436条1項・2項，会社則129条1項4号等）。

第3部　株式会社法

　なお，取締役もまた，会社に著しい損害を及ぼすおそれのある事実を発見した
ときは，ただちにそれを監査役（監査役会設置会社にあっては，監査役会）に報告
しなければならない（会社357条）。（なお，監査等委員会設置会社および指名委員会
等設置会社の場合については，本書第23章委員会設置会社の経営・監査機構を参照。）

　監査役は，会社のコンプライアンスを充実させるために，取締役が不正行為を
をし，もしくはそのおそれがあると認めるとき，または法令・定款に違反する
事実もしくは著しく不当な事実があると認めるときは，遅滞なく，その旨を取
締役（取締役会設置会社にあっては，取締役会）に報告しなければならない（会社
382条）。この報告の実効性を確保するために，監査役は，必要があると認める
ときは，取締役ないし招集権者に対して，取締役会の招集を求めることができ
るが（同383条2項），請求したにもかかわらず，招集権者がこれに応じない場
合には，監査役みずから取締役会を招集することができる（同条3項）。

　なお，会計監査人は，その職務を行うに際して取締役の職務の執行に関し不
正の行為または法令もしくは定款に違反する重大な事実があることを発見した
ときは，遅滞なく，これを監査役（監査役設置会社にあっては，監査役会）に報告
しなければならず，他方，監査役は，その職務を行うため必要があるときは，
会計監査人に対し，その監査に関する報告を求めることができる（会社397条1
項・2項・3項）。

　監査役は，その職務を行うため必要があるときは，監査役設置会社の子会社
に対して事業の報告を求め，またはその子会社の業務および財産の状況の調査
をすることができる（会社381条3項）。これは，親会社・子会社間に経済的に
単一の企業体たる実体があり，親会社が子会社を利用した違法行為や会計不正
（粉飾決算）を行う可能性があるからである。もっとも，当該子会社は，親会社
の監査役による調査の権利濫用を阻止するために，正当な理由があるときは，
報告または調査を拒むことができる（同条4項）。

　監査役は，取締役会において違法・定款違反ないしは著しく不当な決議がな
されるのを未然に防止する見地から，取締役会に出席し，必要があると認める
ときは，意見を述べなければならない（会社383条1項本文）。ただし，取締役会
とは別に特別取締役のみで構成する取締役会（同373条2項参照）が開催される

第22章　会社の監査・検査機構

ときは，監査役の互選によって，監査役の中から取締役会に出席する監査役を
定めることができる（同383条1項但書）。

　また，監査役は，取締役が会社の目的の範囲外の行為その他法令もしくは定
款に違反する行為をし，またはこれらの行為をするおそれがある場合におい
て，当該行為によって会社に著しい損害が生ずるおそれがあるときは，当該取
締役に対し，当該行為をやめることを請求することができる（会社385条1項）。
これは，取締役の違法行為は，本来，他の取締役ないし取締役会が当該行為を
差し止めるべきであるが，それを期待できないこともあり得ることから，監査
役に違法行為差止請求権を認めたものである。このほか，監査役は，取締役が
株主総会に提出しようとする議案，書類その他法務省令で定めるものを調査し
なければならない。この場合，法令もしくは定款に違反し，または著しく不当
な事項があると認めるときは，その調査の結果を株主総会に報告しなければな
らない（同384条）。また，監査役は，取締役の職務執行上の不正行為または重
大な法令・定款違反を発見したときは，監査報告に記載しなければならない
（同381条1項後段，会社則105条・129条1項3号）。さらに，株主総会に出席して，
株主から監査報告に関して説明を求められた場合は，これに答えなければなら
ない（会社314条）。

報酬　　監査役の地位の独立性を報酬等の面から保障するため，その報酬
額（報酬，賞与その他の職務執行の対価として会社から受ける財産上の
利益）は，定款または株主総会の決議によって定めなければならない（会社387
条1項）。監査役が2人以上ある場合において，各監査役の報酬等について，
定款または株主総会の決議がないときは，その報酬等は，定款または株主総会
の決議の報酬等の範囲内において，監査役の協議（全員一致）によって定める
（同条2項）。また，監査役は，株主総会において，監査役の報酬等について意
見を述べることができる（同条3項）。

監査費用　　監査役と会社との関係は，委任の規定に従うことから，監査役
は，本来，職務執行に要する費用を会社に請求できる（民649条・
650条）。この場合，かかる費用の必要性を監査役が証明しなければならないと
すれば，監査役の監査活動に支障をきたす可能性がある。そこで，監査役がそ

213

第3部　株式会社法

の職務執行について，監査役設置会社に対して，費用の前払いの請求，支出した費用および支出の日以後におけるその利息の償還の請求，負担した債務の債権者に対する弁済（当該債務が弁済期にない場合にあっては，相当の担保の提供）の請求をしたときは，会社の側でかかる費用が職務執行上必要でないことを証明しなければ，その請求を拒むことができない（会社388条）。

会社との関係　監査役と会社とは，委任の関係にあるから，その職務を行うにあたって，善管注意義務（民644条）を負うが，監査役は，取締役のように業務執行権を有するわけではなく，あくまで取締役の職務執行を監査するのであるから，取締役と会社との間のような利益衝突の問題は生じない。したがって，取締役の忠実義務（会社355条）は準用されず，競業避止義務（同356条1項1号）や利益相反取引（同条同項2号・3号）は問題にならない。ただし，監査役が職務上知りえた情報を利用して会社の株式の売買をすることなどはできない（内部者取引の禁止〔金商166条等〕）。

会社と取締役との訴訟　本来，会社の裁判上の代表権は，代表取締役が有する（会社349条4項）が，監査役設置会社が，取締役（取締役であった者を含む）に対し，または，取締役が監査役設置会社に対して訴えを提起する場合には，馴れ合いによって適切な訴訟追行がなされない可能性があり，訴訟の公正性を確保する観点から，当該訴えについては，監査役が会社を代表する（同386条1項）。

　また，監査役設置会社が，取締役の責任を追及する訴えを提起する請求（会社847条1項）を受ける場合および監査役設置会社が株主代表訴訟の告知，和解に関する通知・催告（同849条3項・850条2項）を受ける場合には，監査役が会社を代表する（同386条2項）。なお，監査役が会社を代表することの意味は，会社が取締役に対して訴訟を提起するか否かの意思決定権が，代表取締役および取締役ではなく，監査役に存することにほかならない。なお，監査役が，訴訟を提起すべき必要があるにもかかわらず，それを怠った場合には，任務懈怠の責任を問われる可能性がある。

第22章　会社の監査・検査機構

Ⅱ　監査役会

意　義　　監査役会は，合理的かつ効率的な監査を企図した監査役全員で構成される合議制の機関である（会社390条1項）。監査等委員会設置会社または指名委員会等設置会社以外の大会社で公開会社である会社は，監査役会を置かなければならない（同328条1項）。また，それ以外の会社は，定款によって監査役会を置くことができる（同326条2項・327条1項2号）。

　監査役会設置会社においては，それが会議体であることから，監査役は3人以上で，そのうち半数以上（過半数ではない）は，社外監査役でなければならない（会社335条3項）。また，監査役の中から，互選により，常勤の監査役を定めなければならない（同390条3項）。

監査役会の職務　　監査役会は，監査報告の作成，常勤の監査役の選定および解職，および監査の方針・監査役会設置会社の業務および財産の状況の調査の方法その他の監査役の職務の執行に関する事項の決定を行う（会社390条2項）が，監査の実効性を確保するため，監査役の権限の行使を妨げることはできない（同条同項柱書但書）。

　監査役は，監査役会の求めがあるときは，いつでもその職務の執行の状況を監査役会に報告しなければならない（会社390条4項）。これは，監査役が職務を分担し，各監査役が調査の結果を監査役会において報告することで，監査役が情報を共有し，組織的で効率的な監査が可能になることを意味する。なお，取締役，会計参与，監査役または会計監査人が監査役の全員に対して監査役会に報告すべき事項を通知したときは，あえて監査役会の場で報告を受ける必要性に乏しいことから，その事項を監査役会へ報告することを要しない（同395条）。

監査役会の運営　　監査役会の招集権は，各監査役にある。監査役会を招集するには，原則として監査役会の日の1週間前までに各監査役に対してその通知（口頭でもよい）をしなければならないが（会社391条・392条1項），この期間は定款で短縮することが可能である（同392条1項かっこ書）。監査役会は，取締役会とは異なり（同370条参照），書面決議や持ち回り決

215

第3部　株式会社法

議は認められないが，監査役全員の同意があるときは，招集手続自体を省略できる（同392条2項）。

　決議は，原則として監査役の過半数をもって行われる（会社393条1項）。ただし，会計監査人の解任（同340条2項），取締役責任軽減議案提出の同意（同425条3項1号）および株主代表訴訟における被告取締役側への補助参加の同意（同849条2項1号）については，全員一致で決議することを要する。

Ⅲ　会計監査人

会計監査人の職務と資格　　会計監査人は，会社法の下では株式会社における機関として位置付けられ（会社326条2項），監査および会計の専門家として，被監査会社から独立した立場で計算書類等を監査（決算監査・期末監査）することを職務・権限とする。会計監査人は，その職務の専門性ゆえに公認会計士または監査法人でなければならない（同337条1項）。公認会計士とは，公認会計士法に定める公認会計士であり（公認会計士法17条），監査法人とは，公認会計士業務を組織的に行うことを目的として，同法の定めによって，公認会計士が共同して設立した法人である（同34条の2の2以下）。被監査会社より会計監査人に選任された監査法人は，その社員の中から会社の監査業務を行う者（職務担当社員）を選定し，これを株式会社に通知しなければならない（会社337条2項）。

　会計監査人は，株式会社の計算書類（会社435条2項）およびその附属明細書，臨時計算書類（同441条1項）・連結計算書類（同444条1項）等を監査し，法務省令（会社則110条，会社計算126条）で定めるところにより，その会計監査報告を作成しなければならない（会社396条1項）。大会社と監査等委員会設置会社・指名委員会等設置会社は，計算書類等の適正性を担保する必要性が高いことから，会計の専門家である会計監査人を置かなければならないが（同327条5項・328条1項・2項），それ以外の会社でも，その規模にかかわらず，定款によって会計監査人を置くことができる（同326条2項）。

　なお，欠格事由のある者は，会計監査人または職務を行うべき社員になることはできない（会社337条2項後段・3項）。また，会計監査人は，その職務を行

うにあたって，欠格事由のある者を使用することはできない（同396条5項）。

員数　会計監査人の員数については，特段の制限はなく，被監査会社の業種・規模等を考慮した上で決定する。ただし，会計監査人が欠けた場合または定款で定めた会計監査人の員数が欠けた場合において，遅滞なく会計監査人が選任されないときは，監査役は，一時会計監査人の職務を行うべき者を選任しなければならない（会社346条4項・6項）。

任期　会計監査人の任期は，選任後1年以内に終了する事業年度のうち最終のものに関する定時株主総会の終結のときまでである（会社338条1項）。会計監査人の任期は，監査役の場合と同様に，独立性を確保するために，短縮することはできない。なお，会計監査人は，この定時株主総会において別段の決議がされなかったときは，当該定時株主総会において再任されたものとみなされる（同条2項）が，不再任の場合は，株主総会で意見を述べることができる（同345条1項・5項）。

選任・終任　会計監査人は，株主総会の普通決議で選任される（会社329条1項）。もっとも，会社設立時の会計監査人（設立時会計監査人）は，発起人（発起設立の場合）または創立総会（募集設立の場合）によって選任される（同38条2項3号・88条）。

　株主総会に提出する会計監査人の選任および解任ならびに会計監査人を再任しないことに関する議案の内容は，取締役の会計監査人に対する影響力を排除し，会計監査人の取締役からの独立性を確保するために，監査役・監査役設置会社にあっては，監査役（監査役が2人以上ある場合にあっては，その過半数）または監査役会が決定し，監査等委員会設置会社にあっては，監査等委員会が決定する。また，指名委員会等設置会社にあっては，監査委員会が決定する（会社344条1項3項・399条の2第3項2号・404条2項2号）。

　他方，監査役（または監査役会・監査等委員会・監査委員会）は，会計監査人が職務上の義務に違反し，または職務を怠ったとき，会計監査人としてふさわしくない非行があったとき，心身の故障のため，職務の執行に支障があり，またはこれに堪えないときは，その会計監査人を解任することができる。ただし，監査役（または監査等委員・監査委員）の全員の同意によって行わなければなら

217

第3部　株式会社法

ない（会社340条）。

　会社と会計監査人との関係は，委任に関する規定に従う（会社330条）ため，任期が満了した場合や委任終了の事由（民651条・653条）があれば終任する。なお，会計監査人は，いつでも，株主総会の決議によって解任することができる（会社339条1項）が，解任された会計監査人は，その解任について正当な理由がある場合を除き，会社に対し，解任によって生じた損害の賠償を請求することができる（同条2項）。

権限・義務　会計監査人の職務は，会計監査であり，そのために必要な権限として，いつでも会社の会計帳簿またはこれに関する資料を閲覧・謄写し，また，取締役（指名委員会等設置会社では，取締役・執行役）・会計参与および支配人その他の使用人に対し，会計に関する報告を求めることができる（会社396条2項）。また，会計監査人は，その職務を行うため必要があるときは，会計監査人設置会社の子会社に対して会計に関する報告を求めることができ，さらに当該会社もしくはその子会社の業務および財産の状況も調査をすることができる（同条3項）。もっとも，子会社は，正当な理由があるときは，この報告または調査を拒むことができる（同条4項）。

　会計監査人は，会社の計算書類およびその附属明細書，臨時計算書類，連結計算書類等が，法令・定款に適合するか否かにつき，会計監査人が監査役（または監査役会・監査等委員・監査委員）と意見を異にする場合には，会計監査人（会計監査人が監査法人である場合にあっては，その職務を行うべき社員）は，定時株主総会に出席して意見を述べることができる（会社398条1項・3項・4項・5項）。また，定時株主総会において会計監査人の出席を求める決議がなされたときは，会計監査人は，定時株主総会に出席して意見を述べなければならない（同条2項）。

　会計監査人は，その職務を行うに際して，取締役の職務の執行に関し不正の行為または法令もしくは定款に違反する重大な事実があることを発見したときは，遅滞なく，これを監査役・監査役設置会社にあっては，監査役または監査役会に，監査等委員会設置会社にあっては，監査等委員会に，指名委員会等設置会社にあっては，監査委員会に報告しなければならない（会社397条1項・3項・4項）。

第22章　会社の監査・検査機構

報酬　取締役が，会計監査人または一時会計監査人の職務を行うべき者の報酬等を定める場合には，会計監査人の取締役からの独立性を強化するために，監査役（監査役が2人以上ある場合にあっては，その過半数）または監査役会の同意，または監査等委員会・監査委員会の同意を得なければならない（会社399条）。また，監査役・監査役会，監査等委員会または監査委員会は，会計監査人の報酬について同意した理由を事業報告に記載しなければならない（会社則126条2号）。

Ⅳ 　検 査 役

意義　検査役は，常設の機関ではなく，必要に応じて取締役や監査役とは関係のない第三者による調査を行うために設置される臨時の機関である。監査役の監査を補完することを主たる目的として設置され，会社の設立手続，株主総会招集の手続もしくは決議の方法，会社の業務および財産の状況等に関する調査等のため，会社の発起人や取締役のほか，株主等の申立てにより，裁判所によって選任される機関である。また，その権限は，計算の成否，発起人・取締役の処置および株主総会の決議の方法の適法性の調査等に限られ，業務執行の合目的性や妥当性には及ばない。なお，検査役は，取締役，監査役，執行役，会計参与，会計監査人を兼務することはできない。また，臨時の機関であるため，その登記はされない。

選任　検査役は，裁判所で選任されるほか，創立総会または株主総会・種類株主総会で特定の事項を調査する者が選任される場合がある。裁判所が検査役を選任するのは，①変態設立事項（会社28条）に関する調査（同33条1項），②少数株主の請求による株主総会の招集手続等に関する調査（同306条1項），③少数株主の請求による業務・財産の状況の調査（同358条1項），④募集株式の発行における現物出資財産に関する調査（同207条1項）等の場合である。他方，創立総会または株主総会が選任するのは，総会がその必要性を認めた場合である（同94条1項・316条1項・2項）。なお，検査役の資格要件は法定されていないが，弁護士が選任される場合が多い。

219

第23章
委員会設置会社の経営・監査機構

I 指名委員会等設置会社

総説 **(1) 意 義** 指名委員会等設置会社に相当する制度は，平成14年改正商法において導入された委員会等設置会社制度である。同制度は，米国の会社機関制度をモデルとしており，取締役会の主たる役割は，業務執行者の監督である。伝統的な取締役会設置会社では，取締役会が会社の業務執行の決定を行うのに対して，指名委員会等設置会社では，取締役会は会社の業務執行の決定を，取締役会において選任した執行役に大幅に委任することができる。このような機関設計は，業務執行の決定を機動的ならしめる。

(2) 沿 革 平成14年改正商法においては，当時の商法特例法上（株式会社の監査等に関する商法の特例に関する法律）の大会社およびみなし大会社のみが当該機関設計を導入できたが，平成17年に施行された会社法においては，会社の規模を問わず，委員会設置会社として，このような機関設計を選択できるようになった。その後平成27年改正会社法においては，後述する監査等委員会設置会社制度の導入に伴い，名称は指名委員会等設置会社に変更されたものの，制度の仕組みはそのまま引き継がれている。

(3) 概 要 指名委員会等設置会社は，定款の定めにより，指名委員会，監査委員会および報酬委員会の3つの委員会を置く株式会社をいう（会社2条12号・326条2項）。公開会社であるか否かにかかわらず，また，会社の規模にかかわらず指名委員会等設置会社となることはできるが，取締役会設置会社であり，かつ，会計監査人設置会社であることを要する（同327条1項4号・5項）。取締役からなる監査委員会が設けられる関係で，監査役および監査等委員会も

第23章　委員会設置会社の経営・監査機構

置かれない（同327条4項・6項）。

指名委員会等設置会社の取締役・取締役会

(1)　取締役　指名委員会等設置会社においても，取締役は株主総会において選任されるが，その選任議案の内容は，指名委員会がこれを決定する（会社404条1項）。また，取締役の任期は1年である（同332条6項）。指名委員会等設置会社の取締役は，会社の支配人その他の使用人を兼ねることができない（同331条4項）。指名委員会等設置会社の各委員会の構成員である取締役の過半数は，社外取締役でなければならない（同400条1項・3項）。取締役は原則として業務執行をすることができない（同415条）。

(2)　取締役会の権限　指名委員会等設置会社の取締役会は，執行役，取締役および会計参与設置会社にあっては会計参与（以下「執行役等」）の職務の執行の監督をするとともに（会社416条1項2号），会社の業務執行についても決定する権限を有する。業務執行の決定のうち，①経営の基本方針②監査委員会の職務の執行のため必要なものとして法務省令で定める事項③執行役が2人以上ある場合における執行役の職務の分掌および指揮命令の関係その他の執行役相互の関係に関する事項④執行役による取締役会の招集の請求を受ける取締役の決定⑤執行役の職務の執行が法令及び定款に適合することを確保するための体制その他株式会社の業務並びに当該株式会社及びその子会社から成る企業集団の業務の適正を確保するために必要なものとして法務省令で定める体制の整備については，各取締役に委任することができず，取締役会において決定しなければならない（同416条1項・2項・3項）。

これらのほかは，一部の事項を除いて，取締役会はその決議により，業務の執行を執行役に委任することができる（会社416条4項）。指名委員会等設置会社においては，伝統的な取締役会設置会社では各取締役に委任できない重要財産の処分・多額の借財（同362条1項1号・4号），公開会社である場合の新株等の発行（同201条・240条）や社債の発行（同362条4項5号）等についても執行役に委任することができる。

(3)　取締役会の運営　指名委員会等設置会社の取締役会の招集は，予め定めた招集権者のほかに，各委員会の委員の中から選定した委員もこれを招集す

221

第3部　企業取引法

ることができる（同417条1項）。このほか，執行役も取締役会の招集請求権および招集権を有する（同条2項）。執行役は3ヵ月に1回以上，自己の職務の執行の状況を取締役会に報告しなければならない（同条4項）。また，執行役は，取締役会の要求があったときは，取締役会に出席し，取締役会が求めた事項について説明しなければならない（同条5項）。各委員会がその中から選定する委員は，遅滞なく当該委員会の職務の執行の状況を取締役会に報告しなければならない（同条3項）。

3つの委員会　指名委員会等設置会社においては指名委員会，監査委員会，報酬委員会の3つの委員会を必ずおかなければならない。各委員会は，それぞれ3人以上の取締役以上で構成され（会社400条1項），その過半数は社外取締役でなければならない（同条3項）。各委員会の委員は，取締役会の決議により取締役の中から選任される（同条2項）。

　各委員会の招集については，当該委員会の各委員が招集する（会社410条）。各委員会の招集手続，決議の方法，議事録及び報告の省略に関しては，取締役会と類似の規定がおかれている（同411条・412条・413条）。

　各委員会の委員は，いつでも，取締役会の決議によって解職することができる（会社401条1項）。各委員会の委員の員数が欠けた場合には，任期の満了または辞任により退任した委員は，新たに選定された委員が就任するまで，なお委員としての権利義務を有する（同条2項）。また，裁判所は必要があると認めるときは，利害関係人の申立てにより，一時委員の職務を行うべきものを選任することができる（同条3項）。

　(1)　指名委員会　指名委員会は，株主総会に提出する取締役（会計参与設置会社にあっては，取締役および会計参与）の選任および解任に関する議案の内容を決定する（会社404条1項）。

　(2)　監査委員会　監査委員は，指名委員会等設置会社もしくはその子会社の執行役もしくは業務執行取締役または指名委員会等設置会社の会計参与もしくは支配人その他の使用人を兼ねることができない（会社400条4項）。

　監査委員会は，執行役等の職務の執行の監査及び監査報告の作成を行う。また，株主総会に提出する会計監査人の選・解任および不再任に関する議案を決

定する（会社404条2項）。監査委員会が選定する監査委員は，いつでも，執行役等および支配人その他の使用人に対し，その職務の執行に関する事項の報告を求め，または指名委員会等設置会社の業務および財産の状況の調査をすることができる（同405条1項）。監査委員会の職務を執行するために必要があるときは，監査委員会が選定する監査委員は，当該指名委員会等設置会社の子会社に対してもこれらの調査を行うことができる（同条2項）。監査委員会の監査委員は単独でこれらの権限を行使することができず，これらの権限を行使するために選定された監査委員は，監査委員会の決議があるときは，これに従わなければならない（同条4項）。独任制の監査役制度とはこの点において異なる（同390条2項）。

　取締役会への報告義務および執行役の違法行為に対する差止めの権限は個々の監査委員にも与えられている（会社406条・407条）。

　会社と執行役・及び監査委員でない取締役の間の訴えにおいては，監査委員会が選定する監査委員が会社を代表する（会社408条1項2号）。

(3)　**報酬委員会**　　伝統的な取締役会設置会社においては，取締役および会計参与の報酬は，株主総会決議もしくは定款の定めによるのに対して（会社361条1項・379条1項2項），指名委員会等設置会社においては，報酬委員会が執行役等の個人別の報酬等の内容を決定する。執行役が会社の支配人その他の使用人を兼ねているときは，当該支配人その他の使用人の報酬等の内容についても決定する（同404条3項）。

　報酬委員会は，執行役等個人別の報酬等の内容に係る方針を定め，その方針に従い，額が確定している場合は金額，額が確定していない場合はその具体的な算定方法，金銭でない場合はその具体的な内容をそれぞれ個人別に決定しなければならない（会社409条）。このように，指名委員会等設置会社においては，社外取締役が中心となっている報酬委員会が執行役等の個人別の報酬を定めることによって，執行役等に対する監督機能をより強化している。

執行役　(1)　**執行役の選・解任等**　　指名委員会等設置会社においては，取締役会の決議により1人以上の執行役が選任される（会社402条1項・2項）。執行役は取締役を兼ねることができ（同条6項），取締役であるこ

第3部　企業取引法

とは必要とされない。執行役の資格要件に関しては，取締役の欠格事由に関する規定が準用される（同条4項）。また，指名委員会等設置会社が公開会社である場合は，執行役が株主でなければならない旨を定款で定めることができない（同条5項）。

　執行役の任期は，選任後1年以内に終了する事業年度のうち，最終のものに関する定時株主総会の終結後最初に招集される取締役会の終結のときまでである（会社402条7項）。

　執行役は，いつでも取締役会の決議によって解任することができる（会社403条1項）。執行役の解任決議について正当な理由がある場合を除き，指名委員会等設置会社に対し，解任によって生じた損害の賠償を請求することができる（同条2項）。執行役に欠員が生じた場合の措置については，各委員会の委員の欠員措置に関する規定が準用される（同条3項・401条2項・3項・4項）。

　(2)　職務・権限　　執行役は，取締役会によって委任を受けた業務の執行の決定および業務の執行を行う（会社418条）。執行役が2人以上いる場合におけるそれぞれの職務の分掌および指揮命令の関係，その他執行役相互の関係に関する事項は，取締役会が決定する（同416条1項ハ）。

　執行役も取締役会の招集権を有し（会社417条2項），3ヵ月に1回以上，自己の職務の施行の状況を取締役会に報告しなければならない（同条4項）。取締役会の要求があったときは，取締役会に出席し，取締役会が求めた事項について説明をしなければならない（同条5項）。また，執行役は，会社に著しい損害を及ぼす事実を発見したときは，ただちに監査委員に報告しなければならない（同419条1項）。

　会社と執行役との関係は，委任に関する規定に従い（会社402条3項），執行役は会社に対して善管注意義務，忠実義務を負う。また，取締役の競業取引，利益相反取引の規制についての規定は，執行役にも適用される（同419条2項）。

　(3)　代表執行役　　取締役会は執行役の中から代表執行役を選定しなければならない。執行役が1名の場合には，当該執行役が代表執行役に選定されたものとされる（会社420条1項）。取締役はその決議によっていつでも代表執行役を解職することができる（同条2項）。

224

第23章　委員会設置会社の経営・監査機構

代表執行役は，会社の業務に関する一切の裁判上または裁判外の行為をする権限を有し，会社がこれらの権限に加えた制限は，善意の第三者に対抗することができない（会社420条3項・349条4項・5項）。会社は，代表執行役以外の執行役に社長，副社長その他会社を代表する権限を有するものと認められる名称を付した場合には，当該執行役がした行為について，善意の第三者に対してその責任を負う（同421条）。

Ⅱ　監査等委員会設置会社

総　説

（1）**意義**　監査等委員会設置会社制度は，平成27年改正会社法において新たに導入された制度である。監査等委員会制度は，それまでの委員会設置会社と監査役（会）設置会社と並んで，第三の機関設計の選択肢として新設された。これまでの委員会設置会社の形態をとるには，指名委員会，報酬委員会，監査委員会の3つの委員会の設置を強制され，各委員会の過半数は社外取締役でなければならなかった。取締役の人事権に関する強い権限を持つ指名委員会の設置を強いられるため，委員会設置会社制度はあまり利用されてこなかった。他方，平成27年改正会社法の下では，社外取締役の活用が推奨され，監査役会設置会社にとっては，社外監査役を2名以上選任した上で，さらに社外取締役を選任するのは，人材の確保という観点から困難であった。監査等委員会制度を採用すれば，監査役（会）をおかず，2名以上の社外取締役を含む監査等委員会をおくことで足りる。

監査等委員会の職務権限は，監査役（会）設置会社の監査役および指名委員会等設置会社の監査委員会のそれと類似するが，伝統的な取締役会設置会社における監査役制度との対比においては，監査等委員は取締役であるため，取締役会において決議権を持つ。また，監査等委員は独任制ではない。指名委員会等設置会社との対比においては，監査等委員会設置会社は指名委員会，報酬委員会を設置しないが，監査等委員会が取締役等の選・解任，報酬等について意見を述べることができるなど，一定程度の介入ができるようになっている。さらに，一定の要件を満たせば，重要な業務執行の決定を取締役に委任できるな

225

第3部　企業取引法

ど，指名委員会等設置会社のように取締役会の意思決定の迅速化，機動化をはかることも可能である。

　平成27年改正会社法の施行後，定款変更をした上で，監査等委員会設置会社へ移行する上場会社も見られる。

　(2)　概　要　　監査等委員会設置会社とは，定款の定めにより，監査等委員会をおく株式会社をいう（会社2条11の2・326条2項）。公開会社であるか否かにかかわらず，また，会社の規模にかかわらず監査等委員会設置会社となることができるが，取締役会設置会社であり，かつ会計監査人設置会社であることを要する（同327条1項3号・327条5項）。取締役からなる監査等委員会が設けられる関係で，監査役は置かれない（同327条4項）。

**監査等委員会設置会社の
取締役及び取締役会**

　(1)　監査等委員である取締役　　監査等委員である取締役の地位の安定性および独立性を確保するために，監査等委員である取締役とそれ以外の取締役の選・解任，報酬等についての会社法上の規律付けが異なっている。

　監査等委員会設置会社においても，取締役は株主総会において選任されるが，監査等委員である取締役は，それ以外の取締役とは区別して選任される（会社329条2項）。取締役は，監査等委員である取締役の選任議案を株主総会に提出するには，監査等委員会の同意を得なければならない（同344条の2第1項）。監査等委員会は，取締役に対し，監査等委員である取締役の選任を株主総会の目的とすることまたは監査等委員である取締役の選任に関する議案を株主総会に提出することを請求することができる（同条2項）。監査等委員である取締役の解任についても，株主総会の特別決議が必要とされる（同309条2項7号・344条の2第3項）。監査等委員である取締役は，株主総会において，監査等委員である取締役の選・解任，辞任について意見を述べることができる（同342条の2第1項）。監査等委員を辞任した取締役は，辞任後最初に招集される株主総会に出席して，辞任した旨および理由を述べることができる（同条2項）。

　また，監査等委員でない取締役の任期は1年であるのに対し（会社332条3項），監査等委員である取締役の任期は2年である（同条4項）。監査等委員である取締役は，会社もしくはその子会社の業務執行取締役もしくは支配人その

他の使用人または当該子会社の会計参与もしくは執行役を兼ねることができない（同331条3項）。監査等委員である取締役は3人以上で，その過半数は社外取締役でなければならない（同条6項）。

監査等委員である取締役の報酬等は，株主総会決議もしくは定款の定めによるが，監査等委員である取締役の報酬とそれ以外の取締役の報酬とは区別して定められる（会社361条1項・2項）。定款の定めまたは株主総会の決議がないときは，監査等委員である取締役の報酬額の範囲内において，監査等委員である取締役の協議によって各取締役の報酬等を決定する（同条3項）。監査等委員である取締役の報酬等に関する以上の事項を定め，またはこれらを改定する議案を株主総会に提出した取締役は，当該事項を相当とする理由を説明しなければならない（同条4項）。監査等委員である取締役は，株主総会において，監査等委員である取締役の報酬等について意見を述べることができる（同条5項）。

(2) 取締役会の権限　　監査等委員会設置会社の取締役会は，伝統的な取締役会設置会社の取締役会が有する権限と原則同様である（会社399条の13第1項）。ただし，業務執行の決定のうち，取締役会は，取締役の経営の基本方針，監査等委員会の職務の執行のため必要なものとして法務省令で定める事項，取締役の職務の執行が法令および定款に適合することを確保するための体制その他株式会社の業務ならびに当該会社およびその子会社からなる企業集団の業務の適正を確保するために必要なものとして法務省令で定める体制の整備について決定しなければならない（同条同項1号）。

このほか，取締役会において決定しなければならず，取締役に委任できない重要な事項の決定についても，伝統的な取締役会設置会社と同様の規定がおかれている（会社399条の13第4項）。例外として，定款にその旨の定めがある場合や，監査等委員会設置会社の取締役の過半数が社外取締役である場合には，取締役会はその決議により，一部の事項を除いては，重要な業務執行の決定を取締役に委任することができる。この場合の取締役に委任できない事項は，指名委員会等設置会社において執行役に委任できない事項と共通する（同条5項・6項）。

227

第3部　企業取引法

監査等委員会

(1)　組織・運営　監査等委員会はすべての監査等委員である取締役によって構成され，その過半数は社外取締役でなければならない（会社399条の2・331条6項）。監査役会との対比においては，常勤の者を選任する必要がない。

監査等委員会は，各監査等委員が招集する（同399条の8）。監査等委員会の招集手続，決議の方法，議事録および報告の省略に関しては，取締役会と類似の規定がおかれている（同399条の9～12）。

(2)　職務・権限　監査等委員会は，取締役（会計参与設置会社にあっては，取締役および会計参与）の職務の執行の監査および監査報告の作成を行う。また，株主総会に提出する会計監査人の選・解任および会計監査人の不再任に関する議案を決定する（会社399条の2第3項1号・2号）。

さらに，監査等委員会が選定する監査等委員は，株主総会において，監査等委員である取締役以外の取締役の選・解任，辞任および報酬等について監査等委員会の意見を述べることができ（会社342条の2第4項・361条6項），この場合の監査委員会の意見を決定する（同399条の2第3項3号）。これらの権限をも有する点については，指名委員会等設置会社の監査委員会及び伝統的な取締役会設置会社の監査役（会）とは異なる。

また，監査等委員会設置会社において，取締役会の招集権者の定めがある場合であっても，監査等委員会が選定する監査等委員は，取締役会を招集することができる（会社399条の14）。監査等委員会の要求があったときは，取締役は，監査等委員会に出席し，監査等委員会が求めた事項について説明しなければならない（同399条の9第3項）。

監査等委員会が選定する監査等委員は，いつでも，取締役（会計参与設置会社にあっては，取締役および会計参与）および支配人その他の使用人に対し，その職務の執行に関する事項の報告を求め，または監査等委員会設置会社の業務および財産の状況の調査をすることができる（会社399条の3第1項）。また，監査等委員会の職務を執行するために必要があるときは，監査等委員会が選定する監査等委員は，当該監査等委員会設置会社の子会社に対してもこれらの調査を行うことができる（同条2項）。監査等委員会の監査等委員は単独でこれらの権

限を行使することができず，これらの権限を行使するために選定された監査等委員は，監査等委員会の決議があるときは，これに従わなければならない（同条4項）。独任制の監査役制度とはこの点において異なる（同390条2項）。

取締役会への報告義務，株主総会に対する報告義務および執行役の違法行為に対する差止めの権限は個々の監査等委員にも与えられている（会社399条の4～6）。

監査等委員でない取締役との間の訴えにおいては，監査等委員会が選定する監査等委員が会社を代表する（会社399条の7第1項2号）。

以上のほか，監査等委員でない取締役と会社との利益相反取引についての任務懈怠の推定規定は，監査等委員会の承認があったときは適用されない（会社423条4項）。

第**24**章
役員等の損害賠償責任

Ⅰ　総　説

　会社の業務執行が，結果的に会社や第三者に大きな損害を及ぼす場合には，役員等（とくに取締役）は損害賠償責任を負うことがある。たとえば，自社製造の食品に法律で禁じられた添加物が混入していることを取締役が気づいていながら，在庫一掃のために売り切ったとする。違法行為が世間に知られた後の風評被害や株価の下落などによって会社に，また，その食品を食べて病気になる等した第三者に，それぞれ莫大な損害が生じる。会社法は，役員等が任務懈怠により会社（会社423条）又は第三者（同429条）に損害を及ぼした場合に損害賠償をしなければならないものとして，役員等の損害賠償責任を規定する。会社に対する損害賠償責任はさらに，一般的な責任（同423条）と，各種の特別な責任に分かれる。

Ⅱ　株式会社に対する損害賠償責任

一般的な責任　　**（1）　任務懈怠責任**　　役員等は，任務を怠ったとき，会社に対して，それによって生じた損害を賠償する責任を負う（会社423条）。「任務懈怠（“任務を怠った”）」「損害の発生（“生じた損害”）」「因果関係（“よって”）」という条文上の３つの要件に加えて，「帰責事由」（同428条反対解釈）という要件が備わった場合に，その責任が発生する。これは，役員等が負う最も原則的な損害賠償責任（任務懈怠責任）である。

　この責任の発生のためには，第１に，役員としての職務執行上の義務に違反

230

したこと，即ち「任務懈怠」が必要である。役員等と会社は委任関係にあるため，役員等が会社に対して負う義務は，善管注意義務（会社330条，民644条）となる。善管注意義務とは，取引社会において，会社役員として通常期待される程度の注意義務のことである。この義務への違反につき，民法上の債務不履行責任も観念しうる（民415条参照）が，会社法423条はその特則と位置付けられる。また，役員等のうち，取締役はさらに忠実義務（会社355条）も負う。忠実義務とは，株式会社のために忠実に職務を執行する義務で，善管注意義務を敷衍し一層明確にした義務（最判昭和45・6・24）のことである。よって，基本的には，役員等がこれらの義務に違反することが任務懈怠と評価される。もっとも，取締役の行為や意思決定が結果的に会社に損害を与えてしまったとしても，それまでのプロセスで十分な調査と熟慮をした場合とそうでない場合とを同列に扱うのは妥当ではない。企業活動はリスクとつねに隣り合わせであるため，結果的に生じたあらゆる損害についての責任を取締役に問うとすると，取締役の経営に対する裁量を萎縮させてしまう。これは会社の商機を狭め，ひいては会社が得られたはずの経済的利益を事前に減らしてしまうことにもつながる。そこで，このように経営判断の必要な場面においては，①取締役の事実認識に不注意な誤りがなく，②①に基づいた行為の選択・決定という過程・内容に著しく不合理でないことが認められれば，後から損害が生じても善管注意・忠実義務違反とはならず，取締役は任務懈怠責任を負わないとするのが判例（最判平成22・7・15など）・通説である（経営判断原則）。

　もっとも，法令を遵守することは取締役の任務（会社355条）であるため，法令に違反した場合は，経営判断原則は適用されず，ただちに任務懈怠となる（最判平成12・7・7参照）。取締役には，法令に違反する裁量までは認められないのである。なお，取締役が守るべき法令とは，商法・会社法中の①一般的義務（善管注意・忠実義務），②具体的義務（競業取引の禁止など）の規定のほか，③商法・会社法その他の法令中において会社を名宛人とし，会社が業務を行うに際して遵守すべき，すべての規定のことをいう。（前掲最判平成12・7・7）。

　(2)　監視義務と内部統制システム　　**(a)**　任務懈怠により会社に損害を与えた取締役以外の取締役は，何の責任も負わないのだろうか。取締役の職務執行

第 3 部　企業取引法

を監督する（会社362条2項2号）ことも，取締役会の任務の1つである。さらに，判例によれば，代表取締役の業務執行一般について，取締役会に上程されていない場合であっても監視し，必要があれば取締役会を招集するなどして業務執行が適正に行われるようにすることも必要である（最判昭和48・5・22）。このような取締役の義務を監視義務と呼ぶ。取締役会の構成員にとっては，この監視義務は「任務」（同423条）であり，十分な監視を行わなかったことが任務懈怠となるのである。

（**b**）　なお，大会社などにおいては，取締役の職務執行が法令および定款に適合することを確保するための体制の整備が義務付けられており（会社362条4項6号なお，指名委員会等設置会社につき，会社416条1項1号ホ，監査等委員会設置会社につき同399条の13第1項1号ロ参照。）これは取締役会で決定しなければならない（同348条3項4号）。この体制は「内部統制システム」「リスク管理体制」と呼ばれている。この体制には，コンプライアンス（法令遵守）も含まれ，また取締役のみならず従業員を監視する体制も含まれうる（最判平成21・7・9参照）。これにより，個別の業務執行を現実に監督することが難しい大企業等における監督の実効性を確保している。

　近年，親子会社によりなる企業集団（グループ企業）による経営が進展したことに伴い，親会社とその株主にとって子会社の経営の効率性・適法性の重要性が増している。そこで，平成26年改正前は会社法施行規則において規定されていた「子会社を含む企業集団における内部統制」に関する事項が，平成26年改正会社法に規定しなおされ，取締役会の専決事項とされた（会社348条3項4号・362条4項6号）。

（**3**）　**その他の要件**　第2に，「損害の発生」が要件である。これは財産的な損害が現実に発生したことを意味する。第3に，任務懈怠と損害との間の「因果関係」が要件である。この要件は，その任務懈怠からその損害が生ずることが，社会通念（社会一般に通ずる常識）に照らして通常あることかどうかという観点から判断されるのが一般的である（相当因果関係）。第4に，「帰責事由」のないことが要件である（会社428条反対解釈）。つまり，任務懈怠が役員等の責めに帰することができない事由によるものである場合は，損害賠償責任は

負わない（なお，この要件は役員等の側が主張・立証責任を負う）。

特別な責任

(1) 違法な剰余金の配当等　剰余金の配当等（会社461条1項）は分配可能額（同条2項）の範囲で行わなければならない。分配可能額を超えた配当等を行った場合には，業務執行者等一定の者が責任を負う（同462条）。分配可能額を超えた財産の流出を防ぎ，債権者を保護する趣旨である。責任の対象となる行為は，自己株式の取得など，剰余金の配当以外で会社から財産が流出する行為も複数含まれている（同461条1項各号・462条2項各号参照）が，ここでは主に剰余金の配当を念頭におく。この責任の発生のためには，第1に，「分配可能額を超えた剰余金配当行為」等が行われることが必要である。（同462条1項・461条1項2項。分配可能額の計算方法等詳細は，**第27章企業の計算・公開を参照。**）第2に，責任を負う者は「会社の業務執行者（同462条1項柱書）」「議案提案取締役等（同条同項各号参照）」である。第3に，責任を負う額は，「当該金銭等の交付を受けた者が交付を受けた金銭等の帳簿価額に相当する金銭」である。分配可能額（同461条2項）を超えて配当がなされた場合は，その帳簿価額に相当する金銭（分配可能額を超えていない部分も含めた全額）となる。もっとも，上記責任を負う者らが，「その職務を行うについて注意を怠らなかったこと」すなわち無過失を証明した場合は責任を免れる（同462条2項）。なお，この違法な剰余金の配当等を受けた株主にも責任が生ずる点に注意が必要である（同条1項）。株主等は，無過失を証明しても責任を免れない（同条2項参照）。

(2) 違法な利益供与　次に，法は株主（適格旧株主，最終完全親会社等の株主も含む）の権利行使に関して財産上の利益を供与することを禁じている（会社120条）。これは会社経営の健全を確保し，会社財産の浪費を防ぐための規定であり，主に総会屋対策を想定している。総会屋とは，会社の株式を取得した上で，総会を荒らすことを示唆して会社の財産をせびり取ったり（野党総会屋），逆に会社から財産の譲渡を受けて議事進行に協力したりする（与党総会屋）株主などを指す。この総会屋の弊害が顕著であったことから，昭和56年の商法改正において利益供与禁止の規定が創設された（もちろん，この規定の適用対象は総会屋に限られない）。違法な利益供与を行った場合は，法に規定された一定の

第3部　企業取引法

者が責任を負う。要件として，第1に，「株主の……権利行使」等に関して「財産上の利益を供与」することが必要である。「株主の権利行使」には自益権・共益権の両方が含まれ，その積極的行使・消極的不行使の両方を含む。また，相手が現に株主である必要はないから（会社120条1項；「何人に対しても」），株主となって欲しくない者に対して，株主にならないこと（いわゆる株付けをしないこと）を約束させて金銭等を渡す行為も該当する。判例においては，会社から見て好ましくないと判断される株主が議決権等の株主の権利を行使することを回避する目的で，当該株主から株式を譲り受けるための対価を何人かに供与する行為も，「株主の権利の行使に関し」利益を供与する行為に該当するとされている（最判平成18・4・10）。なお，当該財産の供与が無償でなされた場合等は，「株主の権利行使に関して」供与がなされたものと推定される（同条2項）。第2に，責任を負う者は，利益の供与に「関与した取締役」（同条4項，会社則21条）である。たとえば，取締役会で利益供与が決定された場合は，「決議に賛成した取締役」「議案を提案した取締役」等がこれにあたる（会社則21条2号）。第3に，責任を負う額は，「供与した利益の価額に相当する額」（会社120条4項）である。上記責任を負う者らが，「その職務を行うについて注意を怠らなかったこと」（無過失）を証明した場合は，責任を免れる（同条同項但書）。なお，この違法な利益供与を受けた者にも責任が生ずる点に注意が必要である（会社120条3項）。その者らは，無過失を証明しても責任を免れない（同条4項参照）。

(3)　**違法な競業取引**　　取締役が自己または第三者のために，会社の事業の部類に属する取引をすること（競業取引）も規制されている。会社法356条1項1号は，競業取引を行うに際して取締役会（取締役会設置会社の場合；会社365条参照）または株主総会（取締役会設置会社以外の場合）において重要な事実を開示し，事前に承認を経ることを要求している。取締役は会社の秘密やノウハウ，顧客情報などに通じていることが多いので，それを自己や第三者など，会社以外の者のために自由に使われてしまうと，会社の利益が害されるからである。これに違反して，取締役会や株主総会の承認を経ずに競業取引をした場合は，会社がその取締役に任務懈怠責任を追及するにあたって，その取締役や第三者

234

が得た利益の額が会社に生じた損害額と推定される（同423条1項・2項）。

（4）違法な利益相反取引　利益相反取引とは，取引の当事者の間で利益が相反する，つまり一方当事者が不利益を受ける反面，もう一方の当事者や第三者などが利益を受ける取引のことをいい，以下に説明する直接取引と間接取引の2種類が含まれる。たとえば，関東で活動する株式会社A社が事業を拡大するために，関西地方への進出を考え，事業に用いるために関西の土地を購入しようとしたとしよう。取締役の1人であるBがたまたま関西にちょうどよい土地をもっていたので，これをA社に売ることにした場合に，もしA社をBが代表すると，Bは自分自身と取引をすることになる。その場合Bが自分の利益を考え，できるだけ高くA社に土地を売りつけようとする誘惑に駆られることは，想像に難くない。また，A社が，土地を所有するC社（C社の取締役でもあるBが代表して）と取引をすると，BはC社に有利に（A社に不利に）なるように取引する可能性が高い。これらの例のように，取締役が自己（自ら当事者となり）または，第三者のために（第三者を代理・代表して）会社と取引をする行為を「直接取引」という（会社356条1項2号）。

　次に，上記の例で，取締役Bが個人的に借金をしていたとする。もしBがA社を代表して，このBの債務につきA社が保証人となる契約を債権者との間で結んでしまった場合はどうか。この場合はA社と契約をしているのは債権者であって，Bではない。しかし，保証人は主債務者が弁済できない場合に，代わって弁済の責任を負う（民446条1項）。よって，Bが債務を履行できない場合は，原則としてA社が支払わなくてはならなくなる。この取引を見ると，A社を犠牲にしてBが利益を得ていることがわかるだろう。このように，株式会社が取締役の債務を保証するなど，取締役以外の者との間において株式会社と当該取締役との利益が相反する取引を「間接取引」（会社356条1項3号）と呼ぶ。これも直接取引と同様の危険があることから，規制されている。利益相反取引をする場合には，競業取引の場合のように，会社法356条1項2号（直接取引の場合），同項3号（間接取引の場合）に基づき，取引について重要な事実を開示して，取締役会（取締役会設置会社の場合：同365条参照），株主総会（取締役会設置会社以外の場合）の承認を経なければならない。これら承認を経ずに利益相反取引が

235

第3部　企業取引法

行われた場合，会社がその取締役等に任務懈怠責任を追及するにあたって，その取引を行った取締役，その取引を決定した取締役，取締役会の承認決議に賛成した取締役などは，任務を怠ったものと推定される（同423条3項）。（承認を経るか否かは取引の効力にも影響する；**第20章会社の経営機構**参照。）

責任の全部免除　　前述の役員等の責任は全部免除することが可能であるが，その要件は厳格である。まず，一般的な任務懈怠責任（会社423条）を全部免除するためには，総株主の同意が必要である（同424条）。また，特別な責任のうち，(3) 違法な競業取引，(4) 違法な利益相反取引の責任も同様に総株主の同意がなければ全部免除できない（同424条）。残りの特別責任はどうか。まず第1に (1) 違法な剰余金の配当等の責任は，全部免除することはできないが，行為時における分配可能額を限度として総株主の同意がある場合には，その部分のみ免除することができる（同462条3項）。第2に，(2) 違法な利益供与の責任は，総株主の同意がなければ全部免除できない（同120条5項）。

責任の一部免除　　賠償額の一部を免除する場合はどうか。まず，会社法423条1項の責任（違法な競業・利益相反取引を含む。ただし，自己のために直接取引を行った取締役の責任を除く：会社428条）を負うべき役員等が職務執行につき善意・無重過失であるときは，株主総会の特別決議により，当該責任を一部免除できる（会社425条1項柱書，309条2項8号。なお，最終完全親会社等がある場合につき425条1項かっこ書参照）。この場合，その役員等は，株主総会で，①責任原因事実および賠償責任額，②免除限度額およびその算定根拠，③責任免除すべき理由およびその免除額，の3点を開示しなければならない（同425条2項。なお，最終完全親会社等がある場合につき，同条同項かっこ書参照）。また，監査役設置会社などの場合には，株主総会に取締役の責任免除に関する議案を提出するには，（各）監査役などの同意も必要である（監査等委員会設置会社，指名委員会等設置会社の場合も含め，同425条3項参照。また，最終完全親会社等がある場合につき，同条同項かっこ書参照）。次に，監査役設置会社などは，定款の定め等により責任を一部免除することができる。この場合は，①当該役員等が職務執行につき善意・無重過失であること，②諸事情を勘案して「特に必

236

要」と認められることと，③取締役（当該責任を負う取締役を除く）の過半数の同意（取締役会非設置会社）または取締役会の決議（取締役会設置会社）が必要である（会社426条1項）。この場合も，当該定款変更の議案を株主総会に提出するのに（各）監査役の同意が必要である（同条2項・425条3項準用）。上述した株主総会による場合も，定款の定め等による場合も，免除できる限度額が定められている。すなわち，賠償責任額から，①当該役員等がその在職中に株式会社から職務執行の対価として受け，または受けるべき財産上の利益の1年間あたりの額として法務省令で定める方法により算出される額に対し，代表取締役等は「6倍」，代表取締役でない業務執行取締役等は「4倍」，そのどちらでもない取締役等は「2倍」の額をそれぞれ控除した額（同425条1項1号参照），②当該役員等が当該株式会社の新株予約権を有利発行により引き受けた場合における当該新株予約権に関する財産上の利益に相当する額として法務省令で定める方法により算定される額（同条同項2号）の合計額を控除した額が免除可能な額（免除限度額）となる。

責任限定契約　　　上記のように取締役の責任を免除ないし軽減する方法はあるが，これら方法を取るか否かを，責任主体である取締役自身で決定できないため，これから取締役になろうとする候補者はつねに重い法的責任を念頭に置かねばならない。このことが，取締役の候補者にとって不安要素となり，同時に会社にとって取締役の人材を確保できない原因ともなりうる。そこで，法は予め一定の取締役が会社と「責任限定契約」を結ぶことで，責任の限度額を予め定められるようにした。平成26年改正前の会社法は，この契約締結主体性を社外か否かで区別し，社外取締役等（社外取締役，会計参与，社外監査役，会計監査人）がこの契約を結べるものとしていた。しかし，自ら業務執行を行わず，業務執行の監督を中心に行う取締役の人材確保が重要であり，そのためには，この者らに責任限定契約を結ばせることが相当である。このような考えから，平成26年改正会社法427条は，業務執行を担当するか否かを基準とし，業務執行取締役等（会社2条15号イ）以外の取締役（非業務執行取締役等；非業務執行取締役，会計参与，監査役または会計監査人）も責任限定契約を締結できるものとして，改正前よりもその範囲を拡大した。これらの者は，会

237

第3部　企業取引法

社法423条1項の任務懈怠責任について，善意でかつ重大な過失がないときは，定款で定めた額の範囲内であらかじめ株式会社が定めた額と最低責任限度額のいずれか高い方を限度とする旨の契約（この契約を結べることは定款に定める）を会社との間で結ぶことができる。

Ⅱ　第三者に対する損害賠償責任

一般的な責任　役員等は，職務執行にあたり悪意または重過失により第三者に及ぼした損害を賠償する責任を負う（会社429条）。役員等は，会社に対する善管注意・忠実義務を負うにすぎないが，その義務違反により第三者に損害をこうむらせた場合は，かかる第三者を保護する観点から，取締役等に責任を負わせるべきだと考えられた。よって，たとえば，法律に違反する物質が自社製造食品に混入していることを取締役が認識しながら，在庫一掃のために売り切ったが，後に食中毒等で消費者等に被害が出た場合は，会社法429条1項に基づき損害賠償責任を負う場合がある。この責任の性質については議論がある。まず，軽過失の場合を免責することとした不法行為責任（民709条）の特則であると理解する見解（不法行為特則説）に立つと，一般の不法行為責任と会社法429条1項の責任は一般法・特別法の関係に立つので，両立しないことになる。しかし，通説はこれを，第三者保護のため法が認めた特別の責任であると理解している（特別法定責任説）。判例も，「第三者保護の立場から，取締役において悪意または重大な過失により右義務（善管注意義務および忠実義務）に違反し，これによって第三者に損害をこうむらせたときは，取締役の任務懈怠の行為と第三者の損害との間に相当の因果関係があるかぎり，会社がこれによって損害をこうむった結果，ひいて第三者に損害を生じた場合であると，直接第三者が損害をこうむった場合であるとを問うことなく，当該取締役が直接に第三者に対し損害賠償の責に任ずべきことを規定したものである」と判示し，同じ立場に立っている（最判昭和44・11・26）。この判例・通説の立場からすると，一般の不法行為責任と会社法429条1項の責任は，別のものなので，両立しうることになる。よって，本条に基づく責任を追及する場

238

合には，「任務懈怠につき取締役の悪意または重大な過失を主張し立証しさえ
すれば，自己に対する加害につき故意または過失のあることを主張し立証する
までもなく」責任を負うこととなる（前掲最判昭和44・11・26）。この責任にお
いても，「任務懈怠」が第1の要件となる。第2に，「悪意・重過失」が存する
ことが要件である。前述の通り本条の責任は一般不法行為とは別の特別法定責
任なのであるから，悪意・重過失は会社に対する任務懈怠について存すれば足
り，第三者に対する加害についての悪意・重過失まで必要となるものではない。
第3に「損害の発生」が要件となる。これについて，直接第三者が損害をこう
むる場合（直接損害：会社の借入金が返済できず，貸主が損害を被るなど），会社が
損害をこうむった結果，債権者などの第三者に損害が生じる場合（間接損害；
取締役の放漫経営により会社が倒産するなど）の両方が含まれる（前掲最判昭和44・
11・26。通説も同様）。もっとも，株主が間接損害を受ける場合，この株主は代
表訴訟（会社847条）によって救済を受けることができるから，会社法429条1
項による損害賠償請求はできないとする考え方が有力である（東京高判平成17・
1・18参照）。第4に，損害の発生と任務懈怠との間の「因果関係」も要件とな
る。

特別な責任　　会社法429条2項所定の事項につき，虚偽の通知・記載記録・
登記・公告などを行った取締役は，注意を怠らなかったこと
を証明しない限り，第三者に対して，連帯して，これによって生じた損害の賠
償責任を負う。情報開示の重要性に鑑み，2項責任は証明責任が転換されてい
るので，役員等が無過失を証明しない限り責任が発生する。会計参与，監査役
および監査委員，会計監査人にも類似の責任が設けられている（会社429条2項
2号・3号・4号）。

　なお，複数の役員等が会社に対して（会社423条）または第三者に対して（同
429条）損害賠償責任を負う場合には，これらの者は連帯債務者となる（同430
条）。

239

第25章
株主代表訴訟制度と差止請求権

I　株主代表訴訟

意　義　会社の役員等が任務を懈怠するなどして会社に損害を与えた場合，損害をこうむった会社は当該役員等の責任を追及する。このとき，会社の監査役設置会社であれば監査役（会社386条2項1号），監査役非設置会社では代表取締役，または株主総会・取締役会が当該訴えについて会社を代表すると定める者が責任追及を遂行することになる（同353条・364条）。しかし，従来からの役員間の同僚意識などから，責任追及の訴えの提起が懈怠されたり，訴えが提起されても馴れ合い訴訟となるおそれがある。会社法は，その結果として会社ひいては株主の利益が害されることにならないように，当該会社の株主が会社に代わって訴訟を追行できる株主代表訴訟制度を規定している。

株主代表訴訟の対象　株主代表訴訟の対象となるのは，①発起人，設立時取締役，設立時監査役，役員等（取締役，会計参与，監査役，執行役，会計監査人），清算人の会社に対する責任，②出資の履行を仮装した募集株式の引受人等に対する責任（会社102条の2第1項・213条の2第1項・286条の2第1項），③不公正な払込価額により株式・新株予約権を引き受けた者に対する責任（同212条1項・285条1項），④株主の権利行使に関する利益供与を受けた者に対する責任（同120条3項）に限定されている（同847条1項）。

役員等の責任追及の対象については，役員等の地位に基づく責任に限るとする説（限定債務説）と，役員等が会社に対して負担する一切の債務を含むとする説（全債務説）等が対立していた。最高裁は，取締役の責任追及の対象につ

第25章　株主代表訴訟制度と差止請求権

いて，取締役の地位に基づく責任のほか，取締役の会社に対する取引債務も含まれると示した（最判平成21・3・10）。

役員等の在任中に発生した責任は，当該役員等が退任した後であっても株主代表訴訟の対象とすることができる。

手続　6ヵ月（これを下回る期間を定款で定めた場合にあっては，その期間。非公開会社の場合には，株式保有期間の要件は課されない。）前から引き続き株式を有する株主は，会社に対し，書面その他の法務省令で定める方法（会社則217条）により，責任追及等の訴えを提起するよう請求することができる（会社847条1項・2項）。これは単独株主権であり，議決権制限株式の株主であってもよい。単元未満株式の株主であっても，定款によりその権利を行使することができないと定められている場合を除き（同189条2項），株主代表訴訟の原告適格を有する。

会社に対して責任追及等の訴えを提起するよう請求した株主は，会社が請求の日から60日以内に提訴しないときは，会社のために責任追及等の訴えを提起することができる（会社847条3項）。代表訴訟を提起しようとする株主は，まず会社に提訴請求をしたうえで，会社が請求の日から60日以内に提訴しなかった場合に，みずから提訴することができる。もっとも，会社に回復することができない損害が生じるおそれがある場合には，ただちに責任追及等の訴えを提起することができる（同条5項）。責任追及等の訴えを提起するか判断する者は，監査役設置会社では監査役（同386条2項1号），監査等委員会設置会社では監査等委員（同399条の7第5項1号），指名委員会等設置会社では監査委員会（同408条5項1号）である。会社は，請求の日から60日以内に責任追及等の訴えを提起しない場合において，当該請求をした株主または被告となる発起人等から不提訴理由の開示の請求を受けたときは，その者に対して不提訴理由を書面その他の法務省令で定める方法（会社則218条）により通知しなければならない（会社847条4項）。

株主は，責任追及等の訴えを提起したときは，遅滞無く，会社に対して訴訟告知をしなければならない（会社849条4項）。会社は，責任追及等の訴えを提起したとき，または訴訟告知を受けたときは，遅滞無く，その旨を公告し，ま

241

第3部　企業取引法

たは株主に通知しなければならない（同条5項。非公開会社では，株主に通知するだけで足りる。同条9項）。

株主代表訴訟は，財産権上の請求でない請求に係る訴えとみなされる（会社847条の4第1項）。株主代表訴訟の訴額は，実際の損害賠償の請求額にかかわらず，一律1万3000円である（民訴費用4条2項）。

株主代表訴訟制度は利用しやすい反面，濫用されうる。会社法は，株主代表訴訟の濫訴を防ぐため，株主代表訴訟が当該株主もしくは第三者の不正な利益を図り，または当該会社に損害を加えることを目的とする場合には請求できないとする不当訴訟要件または不当目的要件を規定している（会社847条1項但書）。そのほか，担保提供命令制度を規定している（**担保提供命令制度**参照。）。

原告適格の継続　株主代表訴訟を提起した株主は，原則として，訴訟係属中は被告会社の株主でなければならない。株主でなくなった場合，原告適格を失い訴訟追行ができなくなり，訴えは却下されることになる。

平成17年会社法は，会社の株式交換等に伴い原告が株主の地位を失った場合にも係属中の訴えが却下されるのは妥当ではないとして，例外的に「株主でなくなった者」であっても原告適格が継続し，訴訟追行できる場合を規定した（株主代表訴訟の訴えが却下された事例として，東京地判平成13・3・29〔株式移転〕等）。株主代表訴訟を提起した株主が，①株式交換または株式移転により当該会社の完全親会社の株式を取得したとき（会社851条1項1号），②吸収合併により消滅する会社の株主であった者が，合併による設立会社または存続会社もしくはその完全親会社の株式を取得したとき（同条同項2号）は，訴訟を追行することができる。

平成17年会社法の下では，株主代表訴訟が未だ提起されていないときに，会社が株式交換等を行ったことによって株主としての地位を失った者は，自らの意思で株式を失ったのではないにもかかわらず株主代表訴訟を提起できないこと，当該株主は株式交換等の後であっても依然として完全親会社等の株主として役員の責任追及等に関して利害関係を有しているにもかかわらず，株主代表訴訟を提起できないこと，取締役等が責任追及等の訴えを回避するために株式

第25章　株主代表訴訟制度と差止請求権

交換等を繰り返し，悪用するかもしれないこと等の問題が指摘されていた。

　平成26年改正会社法は，株式交換等の効力発生日の6ヵ月（これを下回る期間を定款で定めた場合にあってはその期間。非公開会社の場合には，株式保有期間の要件は課されない（会社847条の2第2項）。）前から当該日まで引き続き当該会社の株主であった者（以下，「旧株主」という）は，会社が株主代表訴訟の提訴前に株式交換等をしたことにより，当該会社の株主でなくなっても，株式交換等完全子会社に対し，責任追及等の訴えの提起が請求できる場合を規定した。これにより，上記の例外①②に加えて，③会社の株式交換または株式移転があった場合に，旧株主が当該会社の株主でなくなった場合であっても，当該株式交換または株式移転により当該会社の完全親会社の株式を取得し，引き続き当該株式を有するときは，株式交換等完全子会社に対し（同条1項1号），④会社が吸収合併により消滅会社となる吸収合併があった場合に，旧株主が当該吸収合併により吸収合併後の存続会社の完全親会社の株式を取得し，引き続き当該株式を有するときは，存続会社に対し（同条1項2号），責任追及等の訴えの提起を請求することができる。ただし，株式交換，株式移転，吸収合併の効力が生じた時までに，責任追及等の訴えの原因となった事実が生じた責任または義務に係るものに限られる（同条1項本文かっこ書）。この訴訟が当該旧株主もしくは第三者の不正な利益を図り，または当該株式交換等完全子会社もしくは完全親会社に損害を加えることを目的とする場合には請求できない（同条1項但書）。平成26年改正会社法は，③または④により，株式交換等完全子会社に対して責任追及の訴えの提起を請求した旧株主は，会社が請求の日から60日以内に提訴しないときは，株式交換等完全子会社のために，みずから株主代表訴訟を提起することができると規定している（会社847条の2第6項。会社に回復することができない損害が生じるおそれがある場合につき，同条8項）。原告適格の継続について，代表訴訟と同様の規定が置かれている。

担保提供命令制度　　株主代表訴訟の被告が，原告である株主等（株主，適格旧株主（提訴請求をすることができる旧株主），最終完全親会社等（当該会社の完全親会社等であって，その完全親会社等がないものをいう））の悪意を疎明する場合，裁判所は，被告の申立てにより，相当の担保の提供を

243

第3部　企業取引法

命じることができる（会社847条の４第２項・３項）。

　被告が疎明するべき「悪意」とは，原告の請求に理由がなく，かつ原告がそのことを知って訴えを提起した場合，または原告の主張自体が失当なこと，立証可能性が低いこと，被告の抗弁成立の蓋然性が高いことを認識しつつ，訴えを提起した場合をいうと解されている（不当訴訟）。過失による不当訴訟を悪意に含むか見解が分かれていたが，含まないとする見解が支配的である（東京高決平成７・２・20，大阪高決平成９・11・18）。原告たる株主等が，株主代表訴訟が敗訴に終わることを認識しつつ被告を害する目的で訴えを提起することは，不法行為に該当する。担保提供命令は，被告が勝訴した場合の不法行為に関する損害賠償責任の担保としての意義を有している。

訴訟参加・補助参加　株主等または会社等は，共同訴訟代理人として，または当事者の一方を補助するため，責任追及等の訴えに係る訴訟に参加することができる（会社849条１項）（**手続**参照）。ただし，不当に訴訟手続を遅延させることとなる場合，または裁判所に対し過大な事務負担を及ぼすこととなる場合には，訴訟参加・補助参加はできない（同条同項但書）。訴訟に参加する機会を確保するため，株主は会社（株式交換等に伴う旧株主による株主代表訴訟にあっては，**原告適格の継続**，多重代表訴訟にあっては，**多重代表訴訟**参照。）に対して訴訟告知をしなければならない（同条４項）。会社は，責任追及等の訴えを提起したとき，または訴訟告知を受けたときは，遅滞無く，その旨を公告し，または株主に通知しなければならない（同条５項。非公開会社では，株主に通知するだけで足りる（同条９項））。通知は，株式交換等完全親会社等が訴訟告知を受けたときには適格旧株主に対して，最終完全親会社等が訴訟告知を受けたときは当該最終完全親会社の株主に対して行わなければならない（同条10項）。この訴訟告知制度は，馴れ合い訴訟等の不当な訴訟追行を防止するため，他の株主や会社が訴訟参加する機会を確保することを目的とするものである。

　会社が被告側を補助するために補助参加するには，監査役会設置会社においては監査役，監査等委員会設置会社においては監査等委員，指名委員会等設置会社においては監査委員の全員の同意を得なければならない（会社849条３項）。

244

第25章　株主代表訴訟制度と差止請求権

会社が被告側を補助すると，被告側の有利に働く可能性があるからである。しかし，いかなる場合に補助参加できるかは解釈に委ねられている（最判平成13・1・30）。

判決の効力　判決の効力は，勝訴，敗訴とも会社に及ぶ（対世効）（民訴115条1項2号）。原告である株主は，自己のためではなく会社の財産の回復のために訴えを提起するのであり，原告が勝訴した場合の被告に対する損害賠償請求権は会社に帰属する。株主は，訴訟のため支出した必要費用や弁護士報酬等について，相当と認められる額を会社に対して請求することができる（会社852条1項）。原告である株主が敗訴した場合であっても，株主に悪意があったときを除き，会社に対し訴訟によって生じた損害を賠償する義務を追わない（同条2項）。

　株主代表訴訟において原告である株主等が勝訴したとしても，被告に損害賠償支払いのための資力がなければ判決の実質的な意義が失われるおそれがある。役員が会社に対して損害賠償責任を負う時の保険として，役員賠償責任保険が普及している。これは，損害賠償金や株主代表訴訟に係る費用をカバーするものである。役員賠償責任保険の保険料を会社が支払う場合については，役員の業務に対するインセンティブや，保険料が報酬として支払われる場合との関係から議論がある。

和　解　株主代表訴訟においては，訴訟上の和解をすることが認められる（会社850条1項）。和解は，会社に確定判決と同一の効力を及ぼす（民訴267条）。役員等の責任追及に係る株主代表訴訟において和解をする場合には，責任免除に総株主の同意は不要である（会社850条4項・424条）。会社が和解の当事者とならない場合，原告と被告の和解の効力は会社および他の株主には及ばないが（同850条1項本文），その和解について会社の承認がある場合には，効力が及ぶ（同条同項但書）。会社が和解の当事者ではない場合，裁判所は，会社に対して和解の内容を通知し，かつ当該和解に異議がある場合には2週間以内に異議を述べる旨を催告しなければならない（同条2項）。会社が期間内に書面により異議を述べなかったときは，通知の内容で和解を承認したものとみなされる（同条3項）。

245

第3部　企業取引法

再審の訴え　原告と被告が共謀して，責任追及等の訴えに係る訴訟の目的である会社の権利を害する目的で判決をさせた場合には，共謀の当事者でなかった会社または株主，適格旧株主，最終完全親会社等の株主は，確定した終局判決に対し，確定判決を取り消すため，再審の訴えをもって不服を申し立てることができる（会社853条1項）。

多重代表訴訟　(1)　**意義**　従来の株主代表訴訟制度の下では，子会社の役員等が子会社に損害を発生させた場合の責任追及は，子会社の株主である親会社は行うことはできるが，子会社に直接的な関係を有しない親会社株主は行うことはできなかった。しかし，親会社と子会社の役員等の人間関係から，子会社の役員の責任追及を子会社も親会社も懈怠すると，子会社の損害がてん補されないことにより，結果として親会社の損害もてん補されないということが指摘されていた。

　平成26年改正会社法は，企業グループにおける親会社の株主保護の観点から，一定の要件を満たす完全親会社の株主は，完全子会社の役員等の責任を直接追及する訴えを提起することできるとする制度として，最終完全親会社等の株主による特定責任追及の訴えを創設した（会社847条の3）。複数の親会社による多層の支配関係がある場合，最上位の完全親会社の株主が子会社の役員等の責任を追及できると規定されていることから，多重代表訴訟制度といわれる（特定責任につき，**(3)被告適格**を参照）。

　(2)　**原告適格**　多重代表訴訟の原告となるのは，6ヵ月（これを下回る期間を定款で定めた場合にあってはその期間。非公開会社の場合には，株式保有期間の要件は課されない（会社847条の3第6項）。）前から引き続き会社の最終完全親会社等の総株主の議決権の100分の1（これを下回る割合を定款で定めた場合にあっては，その割合）以上の議決権を有する株主または当該最終完全親会社等の発行済株式の100分の1（これを下回る割合を定款で定めた場合にあっては，その割合）以上の数の株式を有する株主である（同条1項）。通常の株主代表訴訟とは異なり，多重代表訴訟の提訴権は少数株主権である。これは，子会社からすれば親会社株主は間接的に関係があるものにすぎないため，濫訴的な多重代表訴訟の提起を防止する目的で規定されている。

246

特定責任追及の訴えが，当該株主もしくは第三者の不正な利益を図りまたは
当該会社もしくは当該最終完全親会社等に損害を加えることを目的とする場
合，または当該特定責任の原因となった事実によって当該最終完全親会社等に
損害が生じていない場合は，当該訴えの提起を請求することはできない（会社
847条の3第1項但書）。

会社が請求の日から60日以内に特定責任追及の訴えを提起しないときは，当
該請求をした株主は，会社のために特定責任追及の訴えを提起することができ
る（会社847条の3第7項）。ただし，当該期間の経過により会社に回復すること
ができない損害が生じるおそれがある場合には，ただちに責任追及等の訴えを
提起することができる（同条9項）。

(3) 被告適格　　多重代表訴訟の被告となるのは，最終完全親会社等のある
株式会社の取締役等（発起人，取締役，会計参与，監査役，執行役，会計監査人，清
算人）である。特定責任とは，当該会社の発起人等の責任の原因となった事実
が生じた日において，最終完全親会社等およびその完全子会社等における当該
株式会社の株式の帳簿価格が当該最終完全親会社等の総資産額として法務省令
で定める方法により算出される額の5分の1（これを下回る割合を定款で定めた
場合にあっては，その割合）を超える場合における当該取締役等の責任のことを
いう（会社847条の3第4項）。

特定責任は，最終完全親会社等にとって重要な子会社の役員等の責任につい
てのみ，訴えの対象となることを規定している。完全子会社の発起人等に任務
懈怠があった場合に，つねに多重代表訴訟が提起されうるのではない。企業グ
ループにとって重要性が低い完全子会社の発起人等による任務懈怠について責
任追及の対象とすることは，過大な責任を負わせることになり，加えて親会社
株主に対する影響は大きくない。会社法は，多重代表訴訟の被告適格の要件と
して，重要性の基準を置いているのである。

(4) 特定責任の免除手続　　会社に最終完全親会社等がある場合において，
特定責任の免除をするためには，対象会社の総株主の同意に加えて最終完全親
会社等の総株主の同意も必要となる（会社847条の3第10項）。

本規定は，子会社の総株主の同意によって責任免除が可能であるとすれば，

第3部　企業取引法

多重代表訴訟の意義が失われるという弊害が指摘されたことから，平成26年改正会社法により設置された。

Ⅱ　差止請求権

意　義　株主代表訴訟制度は，会社の役員等が会社に損害を与えた場合に，損害を与えた役員等の責任を追及するという事後的な救済手段である。会社法は，このほかに，取締役や執行役の法令または定款に違反する行為を事前に防止する手段として，差止請求権を規定している。差止請求権は，取締役や執行役が会社の目的の範囲外の行為その他法令もしくは定款に違反する行為をし，またはこれらの行為をするおそれがある場合において，当該行為によって会社に著しい損害が生ずるおそれがあるときに，株主が取締役または執行役に対し，行為の差止めを請求することのできる権利である（会社360条1項・422条1項）。

監査役設置会社，監査等委員会設置会社，指名委員会等設置会社では，取締役や執行役の行為により会社に「著しい損害」が生じるおそれがあるときは，監査役，監査等委員，監査委員が，取締役や執行役に対して，その行為をやめるよう請求できる（会社385条・399条の6・407条）。

しかし，株主代表訴訟制度と同様に，監査役，監査等委員，監査委員が当該請求を懈怠する可能性がある。それゆえ，会社法は，会社利益の保護のために，一定の要件を満たす株主に差止請求権の行使を認めている。監査役設置会社，監査等委員会設置会社，指名委員会等設置会社では，監査役の権限との関係から，株主は，「回復することができない損害」が生じる場合においてのみ，差止請求権を行使することができる（会社360条3項・422条）。

手　続　6ヵ月（これを下回る期間を定款で定めた場合にあっては，その期間。非公開会社の場合には，6ヵ月の株式保有期間の要件は課されない。）前から引き続き株式を有する株主は，取締役が会社の目的の範囲外の行為その他法令もしくは定款に違反する行為をし，またはこれらの行為をするおそれがある場合において，当該行為によって当該会社に著しい損害が生じるおそれがあ

るときに，違法行為の差止めを請求することができる（会社360条1項・2項）。これも，単独株主権である。

　差止請求は，裁判上，裁判外で行うことができる。差止めの訴えを提起する場合，当該訴えを本案として，仮処分の申立てをすることが可能である。監査役，監査等委員，監査委員が差止請求をする場合には，仮処分に担保を付すことは不要であるが（会社385条2項・399条の6第2項・407条2項），株主がする場合には担保が必要となる。

　株主による差止めの訴えは，株主が，取締役や執行役に対してするものであり，会社は訴えの当事者ではないが，判決の効力は会社に及ぶ（民訴115条1項2号）。

第26章
資金調達

I　企業資金の調達

　株式会社の資金調達の形態は，資金の源泉を会社の外部に求めるか内部に求めるかによって，外部金融と内部金融（自己金融）に分けることができる。外部金融には，金融機関等からの借入金および有価証券の発行による資本市場を通じての資金調達，つまり株式と社債がある。内部金融としては，準備金，減価償却，引当金がある。

II　新株発行（募集株式の発行等）

意　義　　新株発行とは，株式会社が設立後，発行可能株式総数の範囲内で株式の発行を行うことをいう。会社法においては，新株発行のほか自己株式の処分も含めて「募集株式の発行等」と規制され，同じ募集の手続でなされる。新株発行には通常の新株発行と特殊の新株発行がある。前者は，会社が需要資金を外部から調達することを目的として行うものであり，後者は，内部資金を資本化するために行うものである。

　一般に新株発行とは前者をいい，その態様には，株式引受人を募集する方法を基準として，株主割当て，第三者割当て，公募がある。株主割当てとは，既存の株主に対して持株数に比例して新株を割り当てる方法をいう（会社202条）。株主が持株比率の維持に関心がある場合に有益である。第三者割当てとは，株主以外の特定の者に新株を割り当てる増資方法をいう。公募とは，株式を引き受ける者を募集し，応募した者の中から株式を割り当てる者を決定する方法に

よる新株発行をいう。なお，新株予約権が行使された場合も，原則的に払込みにより新株が発行され，資金調達がなされる。

発行事項の決定　株式会社が，発行する株式または処分する自己株式を引き受ける者を募集するときは，そのつど，募集株式について，数・種類，払込金額またはその算定方法，現物出資によるときはその旨，当該財産の内容・価額，金銭の払込等の期日または期間，株式を発行するときは，増加する資本金・資本準備金に関する事項を公開会社においては取締役会で決定する（会社199条１項・201条１項。授権資本制度（定款に発行可能株式総数を掲げ，設立の際にその４分の１を発行し（同37条１項・３項），残部については業務執行機関決議によって発行する）による）。非公開会社では株主総会で決定するが業務執行機関に委任することもできる（同199条２項・200条１項・309条２項５号，特別決議）。

　募集株式の数については，発行しようとする募集株式の数は，定款所定の発行可能株式総数のうちの未発行株式数の範囲内でなければならない。また，払込金額は，募集株式１株と引換えに払い込む金銭または給付する金銭以外の財産の額をいうが，株主割当以外の場合，既存株主の利益を害さないように払込金額は公正でなければならず，払込金額その他の発行条件は発行ごとに均等に定めなければならない（会社199条５項）。

有利発行　株式の発行が株主割当以外の方法によって行われる場合，既存株主の利益保護を考慮する必要がある。そこで会社法は，株主以外の第三者に対してとくに有利な払込金額で新株を発行するには，その理由を株主総会で開示しなければならず（会社199条３項），募集事項の決定は特別決議による（同309条２項５号）としている。当該事項の決定を業務執行機関に委ねることもできる（同200条１項）。

発行手続　**(1)　株式の申込み**　株式会社は，募集株式の引受けの申込みをしようとする者に対しては，株式会社の商号，募集事項，払込取扱場所等を通知しなくてはならない（会社203条１項）。申込みは，株式申込人が株式申込証によって行う（電磁的記録も可）（同条２項）。

　(2)　株式の割当て　申込みに対して，株式会社は，申込者の中から募集株

第3部　企業取引法

式の割当てを受ける者を定め，かつ，その者に割り当てる募集株式の数を定めなければならない（会社204条1項）。株主割当てでの未申込分の再募集はできない（同条4項）。これらの規制は，募集株式を引き受けようとする者がその総数の引受けを行う契約（総数引受契約）をする場合には適用されない（同205条）。ただ，どちらの場合も募集株式が譲渡制限株式である場合には，原則，株主総会（取締役会設置会社にあっては取締役会）の決議が必要である（同204条2項・205条2項）。割当てを受けた申込人は株式の引受人となり，割り当てられた株式数に応じて払込みをする義務を負う（同206条・208条）。引受けの無効または取消しの制限がある（同211条）。

(3)　**支配株主の異動を伴う発行**　　公開会社において，支配株主の異動を伴う募集株式の発行等が行われる場合には，株主に対する通知・公告が求められる。それに対し，総株主の議決権の10分の1以上の議決権を有する株主がその特定引受人（その子会社を含む）による当該引受けに反対する旨を会社に通知したときは，原則，株主総会の普通決議を経る必要がある（会社206条の2）。本規定は平成26年改正法に導入された。

(4)　**現物出資の検査**　　現物出資に関する事項は募集事項の決定の際に定められるが（会社199条1項2号），その出資の目的物の評価が不当なときは会社資本の充実が損なわれ会社債権者および他の株主を害するので，会社法は，設立の場合に準じて，原則として裁判所が選任する検査役の調査を必要としている（同207条）。

(5)　**発行事項の公示**　　株主に後述の株式発行差止請求権を行使する機会を与えるために，会社は払込期日の2週間前に発行事項を公告または株主に通知しなければならない（会社201条3項・4項）。

(6)　**出資の履行**　　募集事項の決定の際に定めた期日・期間において，引受人は，払込金額の全額の払込みまたは現物出資全部の給付をなすことを要する（会社208条）。仮装払込みをなした引受人は，払込金額全額の支払義務を負う（同213条の2第1項）。

(7)　**効力発生**　　募集事項の決定の際に定めた期日までに払込みまたは現物出資の給付のあった募集株式は，払込期日に発行の効力を生じ，引受人は株主

第26章　資金調達

になる（会社209条1号）。期間を定めていた場合には，出資の履行をした日に募集株式の株主となる（同条2号）。いずれも打切り発行による。

(8) 登　記　　新株発行の効力が生じると，会社の発行済株式総数に変更を生じそれとともに資本が増加するが，これらはすべて登記事項の変更になるので変更登記をしなければならない（会社911条3項，商登56条）。

不公正な新株発行に対する措置

(1) 差止め　　会社が法令・定款に違反し，または著しく不公正な方法によって株式の発行または自己株式の処分をなし，これによって株主が不利益を受けるおそれがある場合，株主は会社に対して当該株式の発行または自己株式の処分の差止めを請求できる（会社210条）。この差止請求権は，取締役の違法行為により不利益を受ける会社の利益の保護ではなく，不公正発行により不利益を受ける株主自身の保護を目的とする。法令・定款に違反して株式を発行する場合とは，株主総会の特別決議を経ないで株主以外の者に対してとくに有利な払込価額でなす株式発行，定款所定の株主の新株引受権を無視する株式発行などである。また，著しく不公正な方法によって株式を発行する場合とは，不当な目的を達する手段として株式を発行するような場合である。たとえば，株式の買占めに対抗し，取締役が株主総会における支配力を維持・強化するために，自己またはその関係者に対して多数の株式を発行することは，たとえ払込価額が公正であっても，株式発行の方法が著しく不公正といえる（東京地判平成元・7・25，東京地判平成元・9・5）。

(2) 不公正な価額で株式を引き受けた者の責任　　取締役と通じて著しく不公正な価額で株式を引き受けた者は，会社に対して公正な価額との差額に相当する金額の支払いをなす義務を負う（会社212条）。この責任の追及については，取締役の会社に対する責任の追及と同様に，株主の代表訴訟が認められている（同847条）。取締役と通謀して株式を引き受けた者の責任の追及を取締役に期待することは実際上困難だからである。

これら (1)(2)の措置は，昭和25年（1950年）改正法により授権資本制度が採用され，株式発行が原則的に取締役会の決定事項とされたため，株主が株主総会を通じて株式の発行を監督できなくなったことに対応するものである。

253

第3部　企業取引法

無　効　株式の発行は，払込期日の翌日に効力が生じるが，その場合でも種々の原因によって株式の発行が無効とならざるを得ないときがある。しかし，株式発行の無効の主張を一般原則に委ねることは妥当でないので，会社法は，株式発行無効の訴えを設け，無効の主張を可及的に制限し，かつ株式発行が無効となる場合にも，その無効を画一的に確定し，また無効の遡及効を否定する措置を講じている（会社828条1項2号）。

(1)　無効原因　株式発行の無効原因については，会社法に別段の定めがないために，いかなる瑕疵が無効原因となるかは，遵守すべき法令・定款の規定の解釈の問題となる。通説・判例は，一般的に新株の流通という取引の安全を考慮して無効原因をなるべく制限して認め，①定款所定の会社が発行する株式の総数を超える募集株式発行（超過発行），②定款に定めのない種類株式の発行，③株主の新株引受権を無視する発行については，一般に無効原因となると解されている。

④株式発行の差止請求（会社210条）を無視した場合の株式発行については，当然無効と解するのが多数説である。最判平成5・12・16も，仮処分命令に違反したことが株式発行の効力に影響がないとすれば，差止請求権を株主の権利として認め，しかも仮処分命令を得る機会を株主に与えることによって差止請求権の実効性を担保しようとした法の趣旨が没却されてしまうとして，株式発行差止仮処分違反の株式発行を無効と判示した。

⑤取締役会や株主総会の決議を経ないで行った株式発行について，通説・判例（最判昭36・3・31）は，株式発行は会社の業務執行に準ずるものであり，取締役会や株主総会の決議は会社内部の意思決定にすぎないとして，これを有効とする。一方，有力説は，株式発行は会社の人的・物的基礎を拡大する組織法上の行為であって，その慎重な手続を単なる会社の内部上の問題とみることはできないとして，これを無効とする。

⑥株式発行事項の公示（会社201条3項・4項）を欠く発行については，この公示を欠くときは株主が差止請求権を行使する機会を奪われることになるとして，無効と解するのが多数説・判例（東京高判昭和47・4・18）である。最判平成9・1・28は，株式発行事項の公示を欠く株式発行について，株式発行差止

254

第26章　資金調達

請求をしたとしても差止の事由がないためにこれが許容されないと認められる場合でないかぎり，株式発行の無効原因になるとする。

(2)　無効の訴え　　株式発行の無効は，取引の安全の要請から，訴えをもってのみ主張でき，かつ提訴期間（発行のときから6ヵ月，非公開会社については1年〔会社828条1項2号〕）や提訴権者（株主・取締役・清算人・監査役・執行役）について制限されている（同条2項）。無効判決は対世的効力を有し（同838条），また無効判決が確定したときは，当該株式は将来に向かってその効力を失う（同839条）。

(3)　株式発行の不存在　　株式会社の成立後における株式の発行が存在しないことを訴えをもって請求することができる（会社829条1号）。なお，提訴権者については，明文の規定を設けず，提訴期間の制限はない。

新株予約権　　新株予約権とは，新株予約権を有する者（新株予約権者）が会社に対して新株予約権を行使した場合に，会社が新株予約権者に対して新株を発行し，または新株発行に代えて会社の有する自己株式を移転する義務を負うものをいう。会社に対して行使することにより当該株式会社の株式の交付を受けることができる権利をいう（会社2条21号）。

株式会社が新株予約権を引き受ける者を募集するときは，当該新株予約権の行使によって交付される株式の数，行使に際し出資する財産の価額（行使価額），行使期間等の新株予約権の内容とともに，当該新株予約権の数，払込金額等を決定しなければならない（会社236条1項・238条1項）。

発行事項の決定につき，公開会社では取締役会で行う（会社240条1項）。非公開会社では株主総会で行うが，業務執行機関にその決定を委任することもできる（同238条2項・239条・309条2項6号，特別決議）。

新株予約権を既存の株主以外の第三者に対して特に有利な条件で発行するには，法の定める事項と各新株予約権の最低発行価額（無償で発行するときはその旨）について，株主総会の特別決議が必要であり，この場合，代表取締役は株主総会において，その発行の必要理由を開示しなければならない（会社238条3項）。なお，ストック・オプションは，新株予約権の無償発行として，有利発行手続によることになる。

第3部　企業取引法

　なお，平成26年改正会社法では，株主全員に対する新株予約権無償割当て（ライツ・オファリング）について，その効力発生日後遅滞なく株主に対し割当内容の通知をしなければならないと改正された（会社279条2項）。また，払込みに仮装があった場合，募集株式の引受人と同様に規制される（同286条の2）。

　新株予約権の行使は，その行使に係る新株予約権の内容・数，行使の日を明らかにしてなさなければならない（会社280条1項）。新株予約権を行使した新株予約権者は，当該新株予約権を行使した日に，当該新株予約権の目的である株式の株主となる（同282条）。

　新株予約権についても，募集株式発行の場合と同様に，無効の訴え（会社828条1項4号），不存在確認の訴え（同829条3号）が認められる。提訴権者，提訴期間，判決の効力は，募集株式発行に準じる。

Ⅲ　社　　債

意　義　　社債とは，一般公衆から資金調達ができるように，多数の部分に分割された株式会社の債務であって，会社法676条各号に掲げる事項についての定めに従い償還されるものをいう（会社2条23号）。社債は会社の行う借金の1つであるが，貸し手が多数の公衆である点に特徴がある。

　会社が新たな資金を必要とする場合，借入金の方法では，いずれは回収されるべき資金の必要にせまられるため長期かつ多額の資金調達としては適当でなく，また，募集株式発行の方法は，自己資本の増加を生じ会社組織の拡大をもたらす。これに対し，社債は，一般公衆から零細な資金を吸収して巨額の資金を構成する他人資本の調達方法であって，会社はその組織を拡大することなく，比較的容易に長期かつ巨額の資金の需要を満たすことができる。

　会社法の下では，株式会社ばかりでなく持分会社においても会社法上の社債を発行できる（会社676条）。社債券を発行しない社債の発行も認められる。

発行手続　　社債も一種の借入金であるからその発行は業務執行に属するが，多額かつ長期の借入れであり会社の財政，株主の利益に重大な関係を有するため，取締役会の決議事項とされている（会社362条4項5号）。

256

第26章　資金調達

取締役会決議の内容は，発行する社債の総額，社債金額，利率，償還方法・期限，弁済方法等の事項である（会社676条1項，会社則162条）。指名委員会等設置会社では，執行役に決定を委任できる（会社416条4項）。

　社債発行の方法には，総額引受け（会社679条）と公募発行（同677条）がある。総額引受けは，特定人が発行会社との間で引受契約により社債の総額を包括的に引き受ける方法である。起債会社との引受契約によって社債が成立するので，起債会社はただちに必要とする資金を入手できる。公募発行は，直接公衆から募集する方法で，発行会社は応募者に一定事項を通知し（同677条1項・会社則163条），応募者はその氏名・住所と引き受ける社債の金額およびその数を書面（社債申込証）に記載して申し込む（会社677条2項，電磁的方法も可。同条3項）。募集事務を起債会社が直接行うことは少なく，他の会社（銀行や信託会社）に委託することが多い。いずれの場合も打切り発行が原則である（同676条11号）。

管理　社債は，多数の公衆に対する，長期・集団的な会社の借入れである。そこで，社債権者の利益を保護し，集団的な処理を可能にするために，社債管理者と社債権者集会の制度が設けられている。

(1) 社債管理者　社債を募集する場合には，原則，社債管理者を置かなければならない（会社702条）。社債管理者になることができるのは，原則は銀行・信託会社である（同703条，なお会社則170条）。小口社債権者が多数の場合，自己の利益を守るのは容易ではないので，専門家に権利保全や債権回収の世話をさせようとするものである。必要な社債管理者を置かずに社債を発行すると，取締役には罰則の適用がある（会社976条33号）。

　社債管理者は，社債権者の利益のため社債発行後の社債の管理，すなわち，弁済（償還および利息の支払い）を受け，または債権の実現を保全するのに必要な一切の裁判上または裁判外の行為をする権限を有する（会社705条1項）。

　社債管理者は，社債権者のために公平・誠実に善良な管理者の注意をもって社債を管理する義務を負う（会社704条）。この義務は契約の当事者である発行会社に対してではなく，第三者である社債権者に対して負う。社債管理者が複数ある場合は，発行会社から弁済を受けた元利金を社債権者に連帯して支払う義務を負う（同709条2項）。

257

第3部　企業取引法

社債管理者が上述の義務または社債権者集会の決議に違反し，そのために社債権者に損害が発生すれば，社債管理者は損害賠償責任を負う（会社710条）。社債権者と社債管理者は契約の当事者ではないが，社債権者保護のためにとくに定められている。

(2)　社債権者集会　　社債権者集会は，社債権者の利害に重大な関係を有する事項について決議する機関であって，社債の種類別に構成される（会社715条）。同一種類の社債権者は共通の利害関係に立ち，したがって客観的には一種の利益共同体を構成し，共同の利益のために団体的行動をとる必要が生じることがあるから，社債権者が一体的に権利を行使できるように社債権者集会の制度が認められている。会社の外に存在するものであり，株主総会のような会社の機関ではない。社債権者集会は会社法に定める事項のほか，社債権者の利害に関する事項について決議することができる（同716条）。

招集権者は，原則は発行会社および社債管理者である（会社717条2項）。招集手続は，社債権者集会の日の2週間前までに，知れている社債権者および社債発行会社ならびに社債管理者がある場合にあっては社債管理者に対して，書面をもってその通知を発しなければならない（同720条1項）。また，その費用はすべて発行会社が負担する（同742条1項）。

社債権者は，それぞれの社債権者集会において，その有する当該種類の社債の金額の合計額（償還済みの額を除く）に応じて，議決権を有する（会社723条1項）。なお，社債発行会社自体は，自己が有する自己の社債について議決権を有しない（同条2項）。無記名社債について議決権を行使するには，会日の1週間前にその社債券を招集者に提示しなければならない（同条3項）。社債権者は，議決権を代理行使することも可能であり（同725条），書面や電磁的方法による議決権行使（同726条・727条），議決権の不統一行使も認められている（同728条）。

決議の方法は，原則として出席者の過半数による普通決議であるが（会社724条1項），重要度の高い事項については（同条2項各号），議決権者の議決権の総額の5分の1以上で，かつ，出席した議決権者の議決権の総額の3分の2以上の議決権を有する者の同意が必要である（同条2項，特別決議）。いずれによる

第26章 資金調達

場合でも，裁判所の認可により効力が生じ，認可があればその決議は欠席者・反対者を含め総社債権者を拘束する（同734条）。決議の執行は，社債管理者または代表社債権者があたる（同737条1項）。決議取消しの訴えや決議不存在・無効確認の訴えについての規定はない。

特殊な社債 （1）**担保付社債** 担保付社債とは，元利金の支払いを担保するために物上担保権が設定されている社債であり，担保付社債信託法の規制を受ける。社債の発行会社が，多数で変動しうる社債権者に対して個別に担保権を設定するのは困難であるので，信託会社と信託契約を結び，この信託会社が物上担保権を取得して，総社債権者のために担保権を保存し実行する義務を負うものとし，総社債権者がその債権額に応じて平等に担保の利益を受けるようにしたものである。

（2）**新株予約権付社債** 新株予約権付社債は，新株予約権が付けられた社債をいう（会社2条22号）。原則として自由に譲渡できるが（同254条1項），新株予約権と社債とを分離して譲渡することは，原則，禁止されている（同条2項・3項）。ただし，新株予約権・社債のいずれかが消滅すれば，存続する権利については単独での譲渡が可能である（同条2項・3項）。

新株予約権付社債の社債権者は，社債の保有者として安定的な地位を享受できるとともに，会社の業績が上がれば新株予約権を行使して株主となることができる。一方，会社にとっても，このようなオプションを付与する分，社債を低利で発行することができ，その意味で資金調達の多様化という利益を得ることができる。

株式会社が新株予約権付社債を引き受ける者を募集して同社債を発行するときは，募集新株予約権の発行手続による（会社238条以下）。同時に社債事項について定める（同条1項6号・676条）。

新株予約権付社債を，株主に対して申込みを必要とせず持株比率に応じて自動的に割り当てることができる。この場合には，新株予約権付社債についての社債の種類および各社債の金額の合計額またはその算定方法も定めなければならない（会社278条1項2号）。その決定は，原則として株主総会（取締役会設置会社では取締役会）によるが，定款で別に定めることもできる（同条3項）。

259

第27章
企業の計算・公開

I　総　説

　会社を効率的かつ合理的に運営していくためには，経営者は会計上の諸帳簿を体系的に整備して，経営活動の状況を計数的に正確に捕捉することが必要となる。とくに，株式会社においては，出資者である株主が有限責任であるため，会社債権者は会社財産のみが債権の引当てとなることから，株主と債権者との利害調整が必要となる。そこで，その手段の1つとして，会社の経営活動の状況と成果を会計的に処理し，その結果を会計報告書（財務諸表）の形で開示されている。また，剰余金配当などの分配可能額（会社461条）の範囲についても規制されている。

II　株式会社の計算等

1　会計の原則

　会社法431条は，「株式会社の会計は，一般に公正妥当と認められる企業会計の慣行に従うもの」と規定している。ここで，「一般に公正妥当と認められる企業会計の慣行」とは，会計上の公正かつ適正な手続に基づく会計実務慣習・規範を成文化した会計基準を意味する（財務規1条3項参照）。わが国では，金融庁所管の企業会計審議会が定める企業会計原則と，民間の基準設定団体である公益財団法人財務会計基準機構・企業会計基準委員会により公表される企業会計基準等（企業会計基準，同適用指針および実務対応報告の3種類）がある。これらの諸法規・基準を遵守することによって，法規制の内容が企業会計の実務慣

260

第27章　企業の計算・公開

行から遊離せず，整合性が保持されることになる。

なお，「公正なる会計慣行」に合致する会計処理かについては裁判上の争い
になるケースもある（東京地判平成17.9.21，最判平成20.7.18）。

2　会計帳簿等

会計帳簿　　　株式会社は，法務省令で定めるところにより，適時に，正確な
会計帳簿を作成し，会計帳簿を閉鎖した時から10年間，その会
計帳簿およびその事業に関する重要な資料を保存しなければならない（会社432
条）。ここでいう適時・正確な会計帳簿とは，会社の営業上の財産および損益
の状況を明らかにするもので，わが国の会計実務上の帳簿組織としては，仕訳
帳と総勘定元帳の主要簿を基軸とし，その記帳の組織的な牽連関係を備えるた
め，仕入帳，買掛金元帳などの補助簿等が用いられている。

少数株主権として，総株主の議決権または発行済株式の３％以上の数の株式
を有する株主は，株式会社の営業時間内は，いつでも，会計帳簿またはこれに
関する資料の閲覧・謄写を請求する権利を有する。その場合には，請求の理由
を明らかにしなければならない（会社433条１項）。親会社の株主も，その権利
を行使するため必要があるときは，裁判所の許可を得て，会計帳簿またはこれ
に関する資料の閲覧・謄写を請求することができるが，一定の事由により裁判
所により拒絶されることもある（同条３項・４項）。また，裁判所は，訴訟当事
者の申立てまたは職権により，会計帳簿の全部または一部の提出を命ずること
ができる（同434条）。

計算書類等　　　会社法上の計算書類には，会社の定款所定の決算期（各事業
年度末日，決算日）における財政状態を示す「貸借対照表」，
およびその事業年度に係る経営成績を示す「損益計算書」のほか，純資産の部
の変動を示す「株主資本等変動計算書」と「個別注記表」とが含まれる（会社
435条２項，会社計算59条１項）。なお，会社法上の計算書類は，金融商品取引法
上の財務諸表と異なり，キャッシュ・フロー計算書などは含まれていない。

計算書類は，株主にとっては，会社の収益性・安全性の判断資料となるほか，
剰余金の分配可能額の算定基礎となる重要な機能を果たす。また，金融機関・
社債権者・取引先などの会社債権者にとっては，債務の返済能力ないし支払能

261

第3部　企業取引法

力などに関する情報となる。その他，税務官庁，監督官庁などにとっても重要
な情報である。しかし，これら利害関係者が会社の財産および損益の状況を判
断しようとする場合，計算書類だけでは十分とはいえない。このため，計算書
類のほかに事業報告，およびこれらの附属明細書を作成することも義務付けら
れている（電磁的記録も可）（会社435条2項・3項）。これらを包括して「計算書
類等」と呼ぶ。ここで「事業報告」とし，「事業報告書」としていないのは，
電磁的記録の許容という電子情報化を考慮したためである。

計算書類等の内容　　**(1)　貸借対照表**　　貸借対照表は，ある一定時点（貸
借対照表日）における会社の財政状態を表示するストッ
クの計算書である（**表1**）。

　貸借対照表の左側（借方）には，資産の部，右側（貸方）には負債の部およ
び純資産の部が区分表示される（会社計算73条1項）。資産の部は，流動資産，
固定資産，繰延資産に，負債の部は流動負債と固定負債に区分して記載される
（同74条1項・75条1項）。純資産の部は株主資本，評価・換算差額等，新株予約
権に区分される（同76条1項）。なお，貸借対照表の資産・負債の項目の配列は
原則として流動性配列法（流動性の高い項目から順に記載する方法）による（財務
諸表等規則）。

　(2)　損益計算書　　損益計算書は，ある一定期間（決算日翌日から次の決算日
まで）における会社の経営成績（利益または損失）を表示するフローの計算書で
ある（**表2**）。すなわち，損益計算書は，一定期間における収益を売上高，営
業外収益，特別利益，費用を売上原価，販売費および一般管理費，特別損失に
源泉別に分類表示する。これにより，会社の収益力の源泉が明らかとなる。

　(3)　株主資本等変動計算書　　株主資本等変動計算書は，貸借対照表の「純
資産の部」の変動額のうち，主に株主に帰属する部分である株主資本の各項目
の変動事由を記載・記録する明細表である（**表3**）。すなわち，資本金，準備
金（資本準備金，利益準備金），その他資本剰余金，その他利益剰余金，自己株
式などの変動を示すものである。これは，会社法では，分配可能額の範囲内で
あれば，剰余金の分配決議および純資産の部の計数変動の決議をいつでも行え
ることから，その内容を正確に把握するために導入された書類である。

262

第27章　企業の計算・公開

(4)　注記表　注記表（個別注記表および連結注記表をいう）は，計算書類に関して追加開示すべき注記事項（重要な会計方針や継続企業の前提など）をまとめた表である（会社計算97条~116条）。

(5)　事業報告　事業報告は，営業の状況や事業の概要など非財務事項に関する報告書である。その内容は，①会社の状況に関する重要な事項（計算書類等の内容となる事項を除く），②内部統制システム体制の整備についての決定または決議の内容の概要，③会社の支配に関する基本方針などの概要を文章で記載・記録した報告書である（会社則118条）。公開会社では，さらに会社の現況，会社役員，株式，新株予約権等に関する事項についても記載しなければならない（同119条）。この事業報告は，計算書類等に包括されるが，会計監査人の監査の対象にはならない（会社436条2項2号）。

(6)　附属明細書　附属明細書は，貸借対照表，損益計算書，株主資本等変動計算書および個別注記表のほか，事業報告の内容を補足する重要な事項を詳細に記載した文書である（会社計算117条，会社則128条）。この附属明細書は計算書類等の内容を詳細に知るための有力な情報となるとともに，経営者の業務執行の状況をチェックするための有力な情報となる。

連結計算書類　個別会社の単体の計算書類（会社435条）に対し，当該会社およびその子会社から成る企業集団の財産および損益の状況を示すために作成されるのが連結計算書類である（同441条1項かっこ書）。大会社で，かつ有価証券報告書の提出会社（金商24条1項）は，各事業年度末日に連結計算書類を作成しなければならない（会社444条3項）。なお，会計監査人設置会社も各事業年度に係る連結計算書類を作成することができる（同条1項）。連結計算書類には，連結貸借対照表，連結損益計算書，連結株主資本等変動計算書，連結注記表がある（会社計算61条）。

連結計算書類は監査役および会計監査人の監査を受けた後（会社444条4項），定時株主総会の招集に際して，株主等に対し開示される（同条6項・7項）。

臨時計算書類　会社は，最終事業年度の直後の事業年度に属する一定の日（臨時決算日）における会社の財産の状況を把握するため，臨時決算日における貸借対照表，および臨時決算日の属する事業年度の初日か

263

第3部　企業取引法

表1　計算書類モデル①

貸 借 対 照 表

（平成○○年3月31日現在）

○○株式会社　　　　　　　　　　　　　　　　　　　　　　　　　（単位：百万円）

（資産の部）		（負債の部）	
Ⅰ　**流動資産**	×××	Ⅰ　**流動負債**	×××
現金および預金	×××	支払手形	×××
受取手形	×××	買掛金	×××
売掛金	×××	短期借入金	×××
有価証券	×××	リース債務	×××
商品及び製品	×××	未払金	×××
仕掛品	×××	未払費用	×××
原材料及び貯蔵品	×××	未払法人税等	×××
前払費用	×××	繰延税金負債	×××
繰延税金資産	×××	前受金	×××
その他（1年以内に現金化可能なもの）	×××	預り金	×××
貸倒引当金	△×××	前受収益	×××
Ⅱ　**固定資産**	×××	○○引当金	×××
有形固定資産	(×××)	資産除去債務（1年内に履行するもの）	×××
建物	×××	その他	×××
構築物	×××	Ⅱ　**固定負債**	
機械及び装置	×××	社債	×××
車両運搬具	×××	長期借入金	×××
工具，器具及び備品	×××	リース債務	×××
土地	×××	長期未払金	×××
リース資産	×××	繰延税金負債	×××
建設仮勘定	×××	○○引当金	×××
その他	×××	資産除去債務	×××
減価償却累計額	△×××	その他	×××
無形固定資産	(×××)	**負債合計**	××××
のれん	×××	（純資産の部）	
ソフトウェア	×××	Ⅰ　**株主資本**	×××
リース資産	×××	資本金	×××
その他	×××	資本剰余金	(×××)
投資その他の資産	(×××)	資本準備金	×××
投資有価証券	×××	その他資本剰余金	×××
関係会社株式	×××	利益剰余金	(×××)
長期貸付金	×××	利益準備金	×××
繰延税金資産	×××	その他利益剰余金	(×××)
その他	×××	○○積立金	×××
貸倒引当金	△×××	繰越利益剰余金	×××
Ⅲ　**繰延資産**	×××	自己株式	△×××
社債発行費	×××	Ⅱ　**評価・換算差額等**	×××
		その他有価証券評価差額金	×××
		繰延ヘッジ損益	×××
		土地再評価差額金	×××
		その他	×××
		Ⅲ　**新株予約権**	×××
		純資産合計	××××
資産合計	××××	**負債および純資産合計**	××××

264

第27章　企業の計算・公開

表2　計算書類モデル②
損 益 計 算 書
（自平成○○年4月1日　至平成○○年3月31日）

○○株式会社　　　　　　　　　　　　　　　　　　　　　　　　　　　（単位：百万円）

科　　目	金	額
売上高		×××
売上原価		
商品期首たな卸高	×××	
当期商品仕入高	×××	
商品期末たな卸高	×××	×××
売上総利益（又は売上総損失）		×××
販売費及び一般管理費		×××
その他		×××
営業利益（又は営業損失）		×××
営業外収益		
受取利息	×××	
有価証券利息	×××	
受取配当金	×××	
仕入割引	×××	
その他	×××	×××
営業外費用		
支払利息	×××	
社債利息	×××	
社債発行費償却	×××	
売上割引	×××	
その他	×××	×××
経常利益（又は経常損失）		×××
特別利益		
固定資産売却益	×××	
その他	×××	
特別損失		
固定資産売却損	×××	
減損損失	×××	
災害による損失	×××	
その他	×××	×××
税引前当期純利益（又は税引前当期純損失）		×××
法人税，住民税及び事業税		×××
法人税等調整額		×××
当期純利益（又は当期純損失）		×××

265

第3部　企業取引法

表3　計算書類モデル③
株主資本等変動計算書
（自平成○○年4月1日　至平成○○年3月31日）

○○株式会社　　　　　　　　　　　　　　（マイナスは▲で表示）（単位：百万円）

		株　主　資　本					評価・換算差額等	新株予約権	純資産合計
		資本金	資本剰余金	利益剰余金	自己株式	株主資本合計			
当期首残高		20000	2000	10000	▲200	31800	2000	2200	36000
当期変動額	新株の発行	4000	2000			6000			
	剰余金の配当			▲200		▲200			
	当期純利益			800		800			
	自己株式の取得				▲400	▲400			
	自己株式の処分				600	600			
	株主資本以外の項目の当期変動額（純額）						200		
	当期変動額合計	4000	2000	600	200	6800	200	－	7000
当期末残高		24000	4000	10600	0	38600	2200	2200	43000

ら臨時決算日までの期間に係る損益計算書（臨時計算書類）を作成することができる（会社441条1項，会社計算60条）。これは，臨時決算日までの損益を含めた剰余金の配当が，株主総会さえ開催すれば，年度の途中においていつでも何度でも行うことができるためである（会社454条1項・296条2項）。

　臨時計算書類を作成する場合，計算種類と同様の規制を受ける（会社441条2項・3項・4項）。

計算書類等の監査　**(1)　計算書類等の監査**　会社は定款所定の決算期ごとに，会計帳簿（会社432条1項）に基づいて，計算書類等（同435条2項）を作成し，これらの適正化を担保するため，監査を受けなければならない（同436条，会社計算116条・117条・121条以下）。

① 　監査役設置会社（会計監査人設置会社を除く）の計算書類・事業報告・附属明細書は，法務省令で定めるところにより，監査役の監査を受けなければならない（会社436条1項）。

266

第27章　企業の計算・公開

② 会計監査人設置会社の計算書類・附属明細書は，監査役（監査等委員会設置会社では監査等委員会，指名委員会等設置会社では監査委員会）と会計監査人の両方の監査を受けなりればならない。事業報告・附属明細書は監査役（監査等委員会・監査委員会）の監査を受けなければならない（会社436条2項）。

③ 取締役会設置会社においては，計算書類・事業報告・附属明細書は，取締役会の承認を受けなければならない（会社436条3項）。

なお，会社の任意設置機関として会計参与の制度がある（同374条～380条）。会計参与制度は，公認会計士（監査法人）または税理士（税理士法人）の資格を有する者（同333条1項）が，会社の計算書類等の適正さを確保しようとするため，取締役と共同して計算書類等を作成する制度である（同374条1項）。

(2)　会計監査人の監査　　会計監査人は，公認会計士または監査法人でなければならない（会社337条1項）。その職務は計算書類等を監査し，会計監査報告を作成することにある（同396条1項）。

3　資本金の額等

総　則　　会社法では，株式会社について，会社債権者保護の見地から，貸借対照表上の純資産のうち，企業内に維持すべき部分と株主への配当等の形で社外に流出しうる部分を明確に区別しなければならない。そのため，資本金の額等に対してさまざまな規定が設けられている（会社445条以下）。

資本金の額は，設立または株式の発行に際して株主となる者が本来会社に対して払込みまたは給付をした財産の総額である（会社445条1項）が，その払込みまたは給付に係る額の2分の1を超えない額は，資本金として計上せずに，資本準備金として計上することができる（同条2項・3項）。

資本金の額は，取引相手が会社の規模・安全度を確認する手がかりとなるため，会社の登記簿に登記されている（会社911条3項5号）。

なお，剰余金の配当をする場合には，法務省令で定めるところにより，準備金の合計額が資本金額の4分の1に達するまで，配当される剰余金の額に10分の1を乗じて得た額を資本準備金または利益準備金として積立しなければならない（会社445条4項，会社計算22）。また，剰余金を配当するには純資産額が300万円以上であることが要求されている（会社458条）。

267

第3部　企業取引法

資本金の額の減少等　　**(1)　資本金・準備金の額の減少等**　　株式会社は，所定の手続により，資本金の額または準備金の額を減少することができる（会社447条〜449条）。

まず，資本金の額の減少については，株主総会の決議（会社309条2項9号，原則として特別決議）によって，①その効力を生ずる日を定め（同447条1項3号），②その日に，資本金の減少額は資本金の額を限度として行うことができる（同条2項）。③減少した資本金の額は，資本の欠損塡補にしたり，全部または一部を準備金に（同条1項2号）したり，その他資本剰余金に組み入れて株主の配当原資とする（会社446条3号，会社計算27条1項1号）ことができる。

そして，準備金の減少額についても準備金の額を限度として行うことができる（会社448条2項）。減少した準備金の額は，全部または一部を資本金とする（同条1項2号）か，資本準備金をその他資本剰余金に，または利益準備金をその他資本剰余金に振り替えることができる（会社計算27条1項2号・29条1項1号）。

なお，資本金または準備金の額の減少については，会社債権者の利害に影響を及ぼすため，債権者保護制度（異議申立）が設けられている（会社449条）。

また，資本金額の減少手続に瑕疵がある場合，株主等は資本金の額の減少の効力が生じた日から6ヵ月以内に無効の訴えを提起することができる（会社828条1項5号・2項5号）。

(2)　資本金・準備金の額の増加等　　株式会社は，株主総会の決議（普通決議）により，剰余金を減少させて資本金または準備金に組み入れることができる。この場合は株主総会の決議によって，減少する剰余金の額と，資本金または準備金の額の増加の効力発生日を定めなければならない（会社450条1項2項・451条1項2項）。

(3)　剰余金についてのその他の処分　　株式会社は，株主総会の決議によって，損失の処理，任意積立金の積立てその他の剰余金の処分をすることができる（会社452条，会社則116条，会社計算153条）。

4　剰余金の配当

株主に対する剰余金の配当等　　株主が，株式会社に出資する大きな目的の1つは，その会社の事業活動によって得た利益の分配を受けるためで

第27章　企業の計算・公開

ある。会社は，解散時に残余財産として分配することもできるが，通常の場合，その株主（当該株式会社を除く）に対し，剰余金の配当をすることができる（会社453条）。また，株主は剰余金の配当を受ける基本的な権利を有するが（同105条1項1号）会社債権者との利益調整のため，配当規制を受ける。

　剰余金は，資本剰余金および利益剰余金に区分されるが，さらに，資本剰余金には資本準備金とその他資本剰余金があり，利益剰余金には利益準備金とその他利益剰余金がある。このうち，剰余金の分配対象となるのは，その他利益剰余金とその他資本剰余金である。

**分配可能額の制限
—— 財 源 規 制**
　株主への配当等について，会社法は株主への剰余金配当等の上限となる分配可能額を規定している（会社461条）。しかも，剰余金の配当のみならず，資本金・準備金減少等による払戻し，自己株式取得など会社財産の払戻し行為に対し，広く統一的な財源規制を課している。

**剰余金の分配額
の 算 定 方 法**
　剰余金を分配するには，まず剰余金の額（会社446条）を確定した後，分配可能額（同461条2項）を適正に算定する必要がある。すなわち，剰余金の分配額の算定は，純資産より分配できる額を加算して，自己株式の帳簿価額等を控除する方法で，次のように計算される。

　剰余金の額＝（資産総額＋自己株式の帳簿価額）-（負債総額＋資本金＋準備金
　　　　　　　＋法務省令で定める各勘定科目に計上した額の合計額）（会社則116条，
　　　　　　　会社計算149条）

〈臨時計算書類を作成しなかった場合，分配可能額の算定〉
　分配可能額＝剰余金の額-自己株式の帳簿価額
　　　　　　　-最終事業年度の末日後に自己株式を処分した自己株式の対価の額
　　　　　　　-法務省令で定める額（会社則116条，会社計算156条）

剰余金配当の決定機関
　株式会社は，剰余金の配当をしようとするときは，その都度，株主総会の普通決議によって，①配当財産の種類（当該株式会社の株式等を除く）および帳簿価額の総額，②株主に対する配当財産の割当てに関する事項，③当該剰余金の配当がその効力を生ずる日

269

第3部　企業取引法

の各事項を定めなければならないが（会社454条1項），期中いつでも（何度でも），株主総会の決議によって，剰余金の配当をすることができる。ただし，①配当財産が金銭以外の財産であるとき（現物配当），株主に金銭分配請求権を与えずに現物配当を行う場合（同454条4項・309条2項10号），②株式会社が株主との合意により自己株式の有償取得を行う場合（同309条2項2号・156条1項）には，株主総会の特別決議が必要である。

金銭分配請求権の行使　現物配当の場合，株式会社は株主に対し，代わりに金銭分配請求権を与えるときには，権利行使ができる期間の末日の20日前までに，その旨を通知しなければならない（会社455条1項）。また，金銭分配請求権を選択した株主に対しては，当該配当財産の価額に相当する金銭を支払わなければならない（同条2項）。

配当財産の交付の方法等　配当財産（金銭を含む）は会社の費用により，株主名簿上の株主（登録株式質権者を含む）の住所または株主が株式会社に通知した場所に交付しなければならない（会社457条1項）。

5　財源規制に違反した配当等に関する責任

　財源規制に違反して，分配可能額を超えて剰余金の配当等が行われた場合，会社は，金銭等の交付を受けた株主に対して返還請求できる（会社462条1項）。また業務執行者（業務執行取締役（指名委員会等設置会社では執行役）その他当該業務執行取締役の行う業務の執行に職務上関与した者として法務省令で定める者（会社計算159条））等は，会社に対し，連帯して，交付を受けた金銭等の帳簿価額に相当する金銭を支払う義務（てん補責任）を負う（会社462条1項）。さらに，剰余金分配議案を株主総会に提案した取締役，および議案の提案の決定に同意した取締役，また，取締役会に議案を提案した取締役・執行役，および取締役会の決議に賛成した取締役も，連帯して責任を負う（会社計算160条・161条）。この責任は過失責任であるから，業務執行者および上記のものはその職務を行うについて注意を怠らなかったことを証明したときは，同項の責任を免れる（会社462条2項）。この責任は，総株主の同意により，行為の時における分配可能額を限度として，当該義務を免除することができる（同条3項）。

　なお，財源規制の違反による責任は，違法配当のみならず，自己株式の取得，

第27章　企業の計算・公開

反対株主の買取請求に応じた株式の取得，剰余金の分配による欠損等に該当するすべての行為が対象となる（会社464条・465条）。会社債権者は，違法配当を受けた株主に対して，その交付を受けた金銭等の帳簿価額（債権額が上限）に相当する金銭を支払わせることができる（同463条2項）。

Ⅲ　計算書類等の開示

計算書類等は，株主・債権者が会社経営の財政状態と経営成績等を知るための重要な情報源であるため，会社法上，株式会社は株主や債権者に対して，直接的あるいは間接的な方法による開示規制を定めている。

株主への提供　取締役会設置会社では，監査後の計算書類等は取締役会の承認を受けることを必要とし（会社436条3項），承認後の計算書類と事業報告（監査報告または会計監査報告を含む）を，定時株主総会の招集通知に際して，株主に提供しなければならない（直接開示）（同437条，会社則133条，会社計算133条）。これらの提供資料の一部は，定款の定めにより，インターネットのホームページ上に開示することにより，それらの事項が株主に提供されたものとみなされる（会社計算133条4項・5項，134条5項）。提供計算書類に表示すべき事項に係る情報を，招集通知を発する時から定時株主総会の日から3ヵ月が経過する日までの間，継続して電磁的方法により株主が提供を受けることができる状態に置く措置が必要である（同133条4項および134条4項）。

計算書類等の定時株主総会への提出と承認　取締役は監査を受けた計算書類および事業報告を定時株主総会に提出または提供し（会社438条1項），事業報告の内容を報告し（同条3項），計算書類の承認を受けなければならない（同条2項）。ただし，会計監査人設置会社にあっては，取締役会の承認を受けた計算書類に会計監査報告等の適法意見が付記されれば，計算書類について定時株主総会の承認が不要となり，取締役の報告で足りる（会社439条・436条3項）。

計算書類等の備置きおよび閲覧等　計算書類等（監査報告，会計監査報告を含む）（電磁的記録を含む）は，定時株主総会の日の1週間（取締役

271

第3部　企業取引法

会設置会社は2週間）前の日から，本店に5年間，支店にその写しを3年間，備え置き，株主および債権者・親会社社員の閲覧・謄抄本の交付に供する（間接開示）（会社442条1項1号・2項1号・3項・4項）。ただし，謄本，書面等の交付を請求する場合の費用は請求者の負担となる。臨時計算書類（監査報告または会計監査報告を含む）に関しても同様である（同条1項2号・2項2号）。なお，計算書類とその附属明細書は作成したときから10年間，会社に保存しなければならない（同435条4項）。また，計算書類等の備置義務を懈怠した場合，それに対する制裁（100万円以下の過料）規定も置かれている（同976条8号）。

　また，計算書類等の提出命令においても定めている。裁判所は，申立てによりまたは職権で，訴訟の当事者に対し，計算書類およびその附属明細書の全部または一部の提出を命ずることができる（会社443条）。

計算書類の公告　株式会社は，法務省令で定めるところにより，官報・日刊新聞紙・電子公告等により，定時株主総会の終結後遅滞なく，貸借対照表（大会社にあっては貸借対照表と損益計算書）を公告しなければならない（会社440条1項，会社計算136条・148条。罰則につき会社976条2号参照）。なお，法務省令で定めるところにより，貸借対照表の内容である情報を，定時株主総会の終結の日後5年を経過する日までの間，継続して電磁的方法により不特定多数の者がその提供を受けることができる状態に置く措置をとることができる（会社440条3項・940条1項2号）。また，金融商品取引法24条1項の規定により有価証券報告書を内閣総理大臣に提出する必要がある会社は，上記の公告は不要である（同440条4項）。

272

第**28**章
企業の定款変更，解散・清算

I　定款変更

　定款変更とは，会社の根本規則である定款を変更する会社の行為のことである。会社は，会社設立後に，絶対的記載事項，相対的記載事項および任意的記載事項のいずれについても変更することができる。定款変更には，現在の条項の変更，削除のほか，新たな条項の付加も認められる。

　定款変更は，原則として，株主総会の特別決議（会社466条・309条2項11号）が必要である。ただし，株主総会の特殊決議を要する場合（同309条3項1号・309条4項），および，株主全員の同意が必要な場合（同110条・164条2項）がある。反対に，株主総会の決議が必要ない場合もある（同184条2項・195条）。また，会社が2以上の種類の株式を発行している場合に，一定の事項についての定款変更が，ある種類の株主に損害を与える場合には，その種類株主総会の承認が必要になる（同322条1項1号）。

　定款変更の効力は，原則として定款を変更する株主総会決議によって発生する。定款という書面または電磁的記録で作成した情報を記録したファイルを書き換えることが効力発生要件ではない。定款変更には，設立時における定款の作成と異なり，公証人の認証は不要である。

II　会社の解散

解散の意義　　会社の解散とは，会社の法人格の消滅をもたらす原因となる事実のことをいう。会社の法人格は，合併の場合を除いて，

第3部　企業取引法

解散によってただちに消滅するわけではない。会社は解散後，清算手続に入り，清算手続が完了することよって初めて会社の法人格は消滅する。

解散原因　会社は，①定款で定めた存続期間の満了，②定款で定めた解散事由の発生，③株主総会の決議（特別決議が要求されている。会社309条2項11号），④合併（合併により当該会社が消滅する場合〔消滅会社〕に限る），⑤破産手続の開始決定，⑥解散命令（同824条1項）または解散判決（同833条1項）によって解散する（同471条。また，休眠会社を整理する規定により，解散したものとみなされる場合がある。同472条1項本文・商登72条）。

　もっとも，上記①②③によって解散した会社については，清算手続が完了するまでの間は，株主総会の特別決議によって，会社を継続することができる（会社473条・309条2項11号）。

解散命令・解散判決　**(1)　解散命令**　解散命令とは，裁判所が，公益を確保するため会社の存立を許すことができないと認めるときに，会社の解散を命ずることができる制度である。裁判所は，法務大臣または株主，債権者その他の利害関係人の申立てにより，①会社の設立が不法な目的に基づいてされたとき，②会社が正当な理由がないのにその成立の日から1年以内にその事業を開始せず，または，引き続き1年以上その事業を休止したとき，③会社の業務執行権限を有する者が法令・定款で定める会社の権限を逸脱・濫用する行為または刑罰法令に触れる行為をした場合において，法務大臣から書面による警告を受けたにもかかわらず，なお継続・反復して当該行為をしたとき，のいずれかに該当する場合に会社の解散を命ずることができる（会社824条1項）。

(2)　解散判決　解散判決は，株主総会の特別決議で解散することはできないが，株主の正当な利益を保護するために会社を解散するほかないような場合に，少数株主による解散の訴えの提起を認める制度である。解散命令が公益維持を目的としているのに対して，解散判決は株主の利益という私益を保護することを目的としている点で，両者の目的は異なっている。

　少数株主（総株主〔完全無議決権株式の株主を除く〕の議決権の10分の1〔これを下回る割合を定款で定めた場合にはその割合〕以上の議決権を有する株主，または，発

第28章　企業の定款変更，解散・清算

行済株式〔自己株式を除く〕の10分の1〔これを下回る割合を定款で定めた場合にはその割合〕以上の数の株式を有する株主）は，①会社が業務の執行において著しく困難な状況に至り，当該会社に回復することができない損害が生じ，または，生ずるおそれがあるとき，②会社の財産の管理または処分が著しく失当で，会社の存立を危うくするとき，のいずれかに該当する場合において，やむを得ない事由があるときに，訴えをもって会社の解散を請求することができる（会社833条1項）。

上記①の要件は会社経営の行き詰まり（デッドロック）の事例を，上記②の要件は会社財産の流用など経済的不公正の事例を念頭においている。実際の解散請求の事例では，経営難や形骸化など会社を存続させる利益が少ない事例において，また，とりわけ持分割合が50対50の事例において請求が認められやすいと指摘されている（東京地判平成元・7・18参照）。ただし，上記①または②の要件に該当したとしても，やむを得ない事由がなければ，解散判決は認められず，そのような事由としては，解散以外の打開手段が存在しない場合が該当すると考えられている。

清　算　　**(1)　清算の意義**　　清算とは，会社が解散した後に，法律関係の後始末をする手続のことである。会社は，清算手続の終了によって消滅することになる。清算の手続は，①解散した場合（合併および破産手続開始の決定による場合を除く）のほかに，②設立の無効の訴えに係る請求を認容する判決が確定した場合，および，③株式移転の無効の訴えに係る請求を認容する判決が確定した場合にも，同様に開始される（会社475条）。清算をする株式会社（清算株式会社）は，清算の目的の範囲内において，清算が完了するまではなお存続するものとみなされる（同476条）。

株式会社の清算は，株主および債権者の利害に関係するため，法定の手続によることを要する（法定清算）。法定清算には，通常清算（会社475条〜509条）と裁判所の監督に服する特別清算（同510条〜574条）とがある。

(2)　通常清算　　解散した会社は，原則として，通常清算の手続に入る。清算手続に入ると取締役はその地位を失う。清算事務を行うのは清算人である。清算人の地位には，取締役が就くことが多いが，定款で定める者または株主総

275

第3部　企業取引法

会の決議によって選任された者も，清算人になることができる（会社478条1項）。清算人は，①現務の結了（会社の解散時にまだ完了していなかった業務を完了すること），②債権の取立ておよび債務の弁済，③残余財産の分配を行う（同481条。なお，清算人会の権限・運営につき，同489条・490条参照）。

　清算株式会社は，清算手続開始後，遅滞なく，当該清算株式会社の債権者に対して，一定の期間（この期間は2ヵ月を下ることができない）内にその債権を申し出るべき旨を官報に公告し，かつ，知れている債権者には，各別にこれを催告しなければならない（会社499条1項。公告には，当該債権者が当該期間内に申出をしないときは清算から排斥される旨を付記しなければならない。同条2項）。当該期間内にその債権の申出をしなかったものは，清算から排斥される（会社503条1項）。当該期間が過ぎると，債権の申出をした債権者および知れている債権者に弁済がなされることとなる。清算株式会社は，原則として債務の弁済後に，各株主の持株数に応じて残余財産の分配を行う（同502条本文。争いのある債権については弁済に必要な財産を留保することができることにつき，同条但書参照）。

　清算人は，清算事務が終了したときは，遅滞なく，法務省令（会社則150条）で定めるところにより，決算報告を作成し，株主総会の承認を受けなければならない（会社507条1項〜3項）。これにより，任務を怠ったことによる清算人の損害賠償責任は，不正の行為がない限り，免除されたものとみなされる（同条4項）。清算事務の終了，および，株主総会の決算報告の承認により，清算は結了し，会社の法人格は消滅する。清算の結了は登記事項である（同929条。この登記は，すでに効力が生じた事項を公示するためのものに過ぎない）。清算結了の登記後も10年間は会社の帳簿等の重要書類の保存が義務付けられている（同508条）。清算人には，取締役等に関する多くの規定が準用されている（同491条）。

(3)　特別清算　　特別清算とは，①清算の遂行に著しい支障をきたすべき事情がある場合，または，②債務超過（清算会社の財産がその債務を完済するに足りない状態をいう）の疑いがある場合，申立てにより，裁判所による厳格な監督の下に行われる特殊な清算手続である（会社510条）。会社事業が破綻して解散する場合，破産法に基づく破産手続を行うことができるが，時間・費用等を要することから，これを避けて，会社債権者の最小限度の犠牲において目的の達

276

第28章　企業の定款変更，解散・清算

成を図るのが特別清算の特徴である。特別清算手続は，破産手続と通常清算との中間的存在として位置付けられている。

債権者，清算人，監査役または株主は，特別清算開始の申立てをすることができる（会社511条1項）。ただし，清算株式会社に債務超過の疑いがあるときは，清算人は，特別清算開始の申立てをしなければならない（同条2項）。裁判所は，特別清算開始の原因となる事由があると認めるときは，特別清算の開始を命ずる（同514条柱書。認められない場合として，同条各号参照）。特別清算手続は，通常清算の場合と異なり，裁判所の監督の下で行われる（同519条～522条・879条・902条）ため，清算人の権限は制約されている（裁判所の許可が必要な場合として同535条・536条・896条参照）。

裁判所は，特別清算開始後，①特別清算が結了した場合，または，②特別清算の必要がなくなった場合には，清算人，監査役，債権者，株主または調査委員（裁判所により選任される。会社533条参照）の申立てにより，特別清算終結の決定をする（同573条・902条）。①の場合には会社が消滅し，②の場合には通常清算の手続がとられる（登記については，同938条1項3号参照）。

第**29**章
組織変更，事業譲渡

I　組織変更

組織変更の意義　組織変更とは，法人格の同一性を保持しながら，他の種類の会社になることをいう。そのため，株式会社は，組織を変更して持分会社（合名会社，合資会社，合同会社）になるか，あるいは逆に持分会社が組織を変更して株式会社になることができる（会社2条26号イ・ロ。同743条前段参照）。従来の会社を解散して，別種の新会社を設立することでも事実上，同様の効果を実現できるが，その場合には清算が必要となるほか，場合によっては免許や認可等も取り直す必要が生じるなど，組織変更ではそのような面倒を回避できる点にメリットがある。もっとも，合名会社から合資会社のように持分会社の間での変更は，定款の変更による持分会社の種類の変更を意味するので（同638条・639条），組織変更ではない。以下では，株式会社の組織変更を中心に説明する。

組織変更の手続　**(1)　組織変更計画の作成**　株式会社が持分会社に組織変更する場合，まず，組織変更計画を作成する（会社743条後段参照）。この組織変更計画には，法定事項を記載しなければならず（同744条1項），法定事項としては，①組織変更後の持分会社が，合名会社，合資会社または合同会社のいずれであるかの別，②持分会社の目的，商号および本店の所在地，③持分会社の社員につき，その氏名または名称および住所，無限責任社員または有限責任社員の別，出資の価額，④持分会社の定款で定める事項，⑤持分会社が組織変更に際して組織変更する株式会社に対して，その株式に代わり金銭等を交付するときは，当該金銭等，⑥新株予約権者に対して交付する

278

第29章　組織変更，事業譲渡

新株予約権に代わる金銭の額またはその算定方法等，⑦組織変更の効力発生日などがある。

(2)　組織変更計画の備置および開示，総株主の同意　組織変更する株式会社は，組織変更計画の備置開始日（会社775条2項1号～3号）から効力発生日まで組織変更計画の内容，その他の事項を記載した書面（または電磁的記録）を本店に備え置き，閲覧に供する（同条3項）。これは，株主による組織変更条件の公正性の判断，会社債権者が組織変更に対し異議を述べるべきか否かの判断の資料を提供することが目的である。もっとも，株主は，組織変更によって責任の態様や持分の譲渡性等につき自己の地位に影響を生じることから，組織変更する株式会社は，組織変更の効力発生日の前日までに組織変更計画について総株主の同意を得なければならない（同776条1項）。

(3)　債権者異議手続　株式会社が合同会社に組織変更する場合，合同会社には計算書類の公告が義務づけられないなど，会社債権者に不利な事態が生じるので，組織変更する株式会社の債権者は，当該株式会社に対し，組織変更につき異議を述べる機会が与えられなければならない（会社779条1項参照）。そのため，組織変更する株式会社は，組織変更の旨，計算書類に関する事項（会社則181条），債権者が一定の期間内に異議を述べることができる旨を官報に公告し，かつ知れている債権者には各別に催告する（会社779条2項。なお，知れている債権者に対する催告の省略につき，同条3項）。期間内に異議を述べなかった債権者は，組織変更を承認したものとみなされるのに対し（同条4項），異議を述べたときは，債権者を害するおそれがない場合を除き，組織変更する株式会社は，債権者に対し，弁済するか，相当の担保を提供するか，またはその債権者に弁済を受けさせることを目的に信託会社等に相当の財産を信託する（同条5項）。

(4)　組織変更の効力発生　組織変更する株式会社は，組織変更計画所定の効力発生日に持分会社になり，組織変更計画の定めに従い，定款を変更したものとみなされる（会社745条1項・2項）。また，組織変更する株式会社の株主は，効力発生日に組織変更計画に従い，組織変更後の社員になるが，組織変更の対価が持分会社の社債である場合には，組織変更計画の定めに従い，効力発生日

279

第3部　企業取引法

に当該社債の社債権者になる（同条3項・4項）。会社が組織変更したときは，その効力発生日から2週間以内にその本店の所在地において，組織変更前の株式会社については解散の登記を行い，組織変更後の持分会社については設立の登記を行う（同920条）。解散と設立の両登記を行うのは，組織変更には解散も登記もないため，登記の技術的処理による。なお，組織変更する株式会社が新株予約権を発行している場合には，新株予約権は効力発生日に消滅する（同745条5項）。

組織変更の無効　　組織変更手続に瑕疵がある場合，従前では，判例上，有限会社の株式会社への組織変更手続に重大な瑕疵があるとして効力を争う場合，株式会社の設立無効の訴えに関する規定を準用し，組織変更後の会社の株主または取締役は，組織変更後の会社を被告に設立無効の訴えを提起できると判示されていたが（最判昭和46・6・29），会社法では，訴えによってその無効を主張するための制度が用意されている（会社828条1項6号）。すなわち，組織変更の無効は，その効力発生日から6ヵ月以内に訴えをもって主張でき（同条同項同号），原告適格を有する者は，効力発生日の組織変更する会社の株主等に限定されるとともに（同条2項6号），被告適格を有する者も組織変更後の会社に限定され（同834条6号），また，無効の訴えが認容されて確定した場合には，当該判決は第三者に対して効力を生じるが（同838条），遡及効はなく（同839条），将来に向かって組織変更前の会社に復帰するのである。

Ⅱ　事業譲渡

事業譲渡の意義　　事業譲渡とは，会社が事業を取引行為として他に譲渡する行為（特定承継）をいう。合併の場合とは異なり，譲渡会社が当然に解散するわけではない。採算が悪化した事業から撤退する場合や事業の転換を図る手段として利用する場合など，会社の組織再編の手段として用いられることが多い。また，事業譲渡では，合併や会社分割のように包括的に権利義務が移転するわけではないので（（部分的）包括承継），譲渡会社は，

280

第29章　組織変更，事業譲渡

財産移転義務の履行のために個別的な移転手続をとる必要がある。そのため，譲受会社が譲渡会社のどの資産，負債等を承継するのかは，もっぱら契約で個別具体的に明定され，事業を構成する個々の債務の移転については債務引受けなど，個別に債権者の同意が要求される。さらに，対象会社の債務が当然に引き継がれる合併や分割の場合のように，債権者保護手続が必要とされるわけでもない。

　会社法では「事業」の譲渡という用語が用いられるのに対し（会社467条），商法では「営業」の譲渡（商16条等）という用語が用いられる。しかし，規制の実質には変更がないので，平成17年改正前商法のもとでの「営業」の意義に係る判例は，会社法のもとでも同様に考慮される。すなわち，判例では「商法245条1項1号（会社467条1項1号2号）によって特別決議を経ることを必要とする営業の譲渡とは，同法24条以下（会社21条以下，商15条以下）にいう営業の譲渡と同一意義であって，営業そのものの全部または重要な一部を譲渡すること，詳言すれば，①一定の営業目的のため組織化され，有機的一体として機能する財産（得意先関係等の経済的価値のある事実関係を含む）の全部または重要な一部を譲渡し，これによって，②譲渡会社がその財産によって営んでいた営業的活動の全部または重要な一部を譲受人に受け継がせ，③譲渡会社がその譲渡の限度に応じ法律上当然に同法25条（会社21条，商16条）に定める競業避止義務を負う結果を伴うものをいうものと解するのが相当である」ことが示されたが（最判昭和40・9・22），当該判例の意義は，会社法のもとでも失われていないのである。したがって，事業譲渡の意義を考える場合，当該判例を基礎に，学説では①ないし③のすべての要件を充足する必要があるのかどうかが争われるが，近時では，事業譲渡を，①の意味において一定の事業目的のため組織化され，有機的一体として機能する財産の譲渡であると解する者が多い。

事業譲渡等の手続　　会社法は，①事業の全部の譲渡，②子会社の株式等の全部または一部の譲渡，③事業の重要な一部の譲渡，④他の会社の事業の全部の譲受けなど，467条1項所定の行為をする場合には，原則として当該行為の効力発生日の前日までに，株主総会の決議に基づく承認を受けなければならないと規定する。この場合の株主総会決議は，特別決議で

281

第3部　企業取引法

ある（会社309条2項11号）。特別決議であるのは，多額の資産を有する事業を譲渡する場合や簿外の偶発債務を含む譲渡会社の全債務を引き受ける行為の場合には，株主の不利益が大きいためであり，また会社が子会社の株式等を譲渡することで，株式保有による子会社事業への直接支配を失う場合には，実質的に事業譲渡と異ならない影響が当該会社に及ぶためである。取締役会設置会社では，もとより重要な財産の処分および譲受け（同362条4項1号）であるので，①ないし④の取締役会での決議も行われる。（特別支配会社を除く）反対の株主には，後述する株式買取請求権の付与によって保護される（同469条，470条）。

　もっとも，②の場合において，会社が譲り渡す子会社の株式等の帳簿価格が小さい場合には，当該会社に及ぶ影響も比較的小さい。もしこのような場合にまで株主総会の承認をつねに要するとすれば，迅速な意思決定という企業集団の利点も損なうおそれがある。それゆえ，株主総会決議を要するのは，譲渡株式等の帳簿価格が（親）会社の総資産額の5分の1を超え，かつ会社が，効力発生日に子会社の議決権の総数の過半数の議決権を有しないときの，いずれにも該当する場合に限られる（会社467条1項2の2号イ・ロ）。次に，③の場合，「事業の重要な一部の譲渡」につき，何をもって重要性を判断するべきかが問題となるが，会社法では，譲渡する資産の帳簿価額が会社の総資産額の5分の1を超えない場合を基準として明示し，この場合に株主総会決議を不要と定める（同条同項2号かっこ書）。一定規模以下での取引は規制の対象外として，取引の迅速および安全を図る趣旨である。また，④の場合，譲受会社が譲り受ける資産に当該会社の株式（自己株式）が含まれるときは，取締役は，株主総会において当該株式に関する事項を説明しなければならないが（同条2項），これは，他の会社の事業の全部を譲り受ける場合に他の会社が有する当該会社の株式を取得する場合は，自己株式の取得手続に服しないからである（同156条2項・155条10項）。

事業の全部の賃貸など　さらに，会社法では，前述した①ないし④のほか，⑤事業の全部の賃貸，⑥事業の全部の経営の委任，⑦他人と事業上の損益の全部を共通にする契約その他これらに準ずる契約の締結，変更または解約につき，株主総会の特別決議を要求する（会社467条1項4

282

号・309条2項11号）。これらの取引は実際上あまり多く行われないといわれるが，会社の事業の全部につき行われると，会社の事業経営が変わることから，これらの契約も株主に及ぼす影響が大きいためである。取締役会設置会社では，その他の重要な業務執行の決定として（同362条4項），取締役会決議が要求されるとともに，反対株主に株式買取請求権が認められる点は，①ないし④と同様である（同469条・470条）。なお，①ないし⑦を「事業譲渡等」という（同468条1項かっこ書参照）。

手続違反の効果　　株主総会決議が必要であったにもかかわらず，総会決議を経なかった場合，事業譲渡等は無効であるが，他方，学説では，取引の安全保護のため，株主総会決議を欠く事業譲渡等であっても，このような瑕疵について悪意・重過失がなかった譲受人には，その無効を主張できないとする見解（相対的無効説）が有力である。

簡易事業譲渡等　　もっとも，株主保護の要請が低い簡易・略式事業譲渡や簡易・略式事業全部譲受けの場合には，株主総会の特別決議を要しない。簡易事業譲渡とは，前述のように，③の「事業の重要な一部の譲渡」の場合に株主総会決議が不要とされる，譲渡資産の帳簿価額が会社の総資産額の5分の1を超えない場合を指す。この場合には，譲渡会社の株主の損害は軽微にとどまるからである。これに対し，略式事業譲渡とは，事業譲渡等に係る契約の相手方が，当該事業譲渡等をする会社の特別支配会社である場合に株主総会の特別決議を要求しないことを指す（会社468条1項）。この場合，特別支配会社とは，ある会社の総株主の議決権の10分の9以上を他の会社等が有している場合の，当該他の会社のことをいう（同条同項かっこ書参照）。契約の相手方が特別支配会社である場合には承認される可能性が高く，株主総会の開催を要求する意味に乏しいからである。

　他方，簡易事業全部譲受けとは，譲渡会社の事業の全部を譲り受ける場合において，譲渡会社の事業全部の対価として交付する財産の帳簿価額の合計額が，譲受会社の純資産額の5分の1を超えない場合に株主総会決議が不要とされる場合を指す（会社468条2項）。これは，譲受会社の株主の利益に及ぼす影響が小さく，基礎的変更とはいえないためである。ただし，株主への通知・公

第3部　企業取引法

告が要求され，これに対し株主が会社に反対の通知を行うこともでき，もしその反対が一定数（会社則138条）に達した場合には，当該会社は，効力発生日の前日までに，株主総会の決議に基づく承認を受けなければならない（会社468条3項）。これに対し，略式事業全部譲受けとは，略式事業譲渡と同様に，譲渡会社が特別支配会社である場合をいう（同条1項）。

反対株主の株式買取請求　事業譲渡等をする場合，反対株主は，事業譲渡等をする会社に対し，自己の有する株式を公正な価格で買い取ることを請求できる（会社469条1項）。この場合の反対株主には，株主総会に先立って事業譲渡等に反対する旨を会社に通知しかつ当該株主総会において事業譲渡等に反対した株主（同条2項1号イ）のほか，議決権制限株式の株主のように株主総会で議決権を行使できない株主も含み（同条同項同号ロ），略式事業譲渡の場合など，株主総会決議を要する場合以外の場合には，特別支配会社を除くすべての株主（同条同項2号）が反対株主に該当する。もっとも，事業の全部を譲渡する場合において株主総会決議と同時に会社解散の総会決議（同471条3号）がなされた場合や，譲受会社において簡易事業譲渡の要件を充たす場合については，反対株主は株式買取請求権を有しない（同469条1項1号・2号）。前者の場合は，会社を解散すれば，株主は残余財産の分配を受けることができるのに対し，後者の場合は，会社組織の基礎に本質的変更をもたらすとはいえないからである。このような反対株主の株式買取請求権を保障するため，事業譲渡等をしようとする会社は，効力発生日の20日前までに，（特別支配会社を除く）株主に対し，事業譲渡等をする旨の通知または公告をしなければならない（同条3項・4項）。反対株主が買取請求する場合における買取価格は，「公正な価格」であるため，反対株主も事業譲渡等によるいわゆる相乗効果（シナジー）を適正に反映した価格の分配を受けることができるが（株式交換の事案であるが，東京地決平成21・3・31），何をもって「公正な価格」とするかは，依然として困難な問題である（平成17年改正前商法のもと，いわゆるDCF法を採用した事案として東京地判平成20・3・14がある）。

　反対株主の買取請求は，効力発生日の20日前の日から効力発生日の前日まで，株式買取請求にかかる株式の数を明らかにしてしなければならず（会社469

284

第29章　組織変更，事業譲渡

条5項），株主がいったん買取請求を行えば，会社の承諾を得た場合でない限り，その請求を撤回できない（同条7項）。もし会社が株券を発行していれば，当該株式の買取請求においては，株主は当該株券を会社に提出して行う必要がある（同条6項・470条7項）。株式の価格の決定について事業譲渡等をしようとする会社と株主との間で協議が調えば，当該会社は，効力発生日から60日以内にその支払いを行うが，反対に協議が調わない場合は，裁判所に対し，価格決定の申立てを行うこともできる（同470条1項・2項）。株式の価格の決定があるまでは，会社は株主に対して，会社が公正な価格と認める額を支払うことができる（同条5項）。株式買取請求に係る株式の買取りの効力は，株式の代金の支払時ではなく，事業譲渡等の効力発生日に生じる（同条6項）。

事後設立　　会社成立後2年以内に，成立する前から存在する財産で事業のために継続して使用するものにつき，会社の純資産額の5分の1以上に当たる対価で取得する契約を締結することを事後設立といい，この場合にも株主総会の特別決議が要求される（会社467条1項5号・309条2項11号）。もっとも，会社の純資産額に対する割合が5分の1を超えない場合には，株主総会の決議は要求されない（同467条1項5号イ・ロ）。財産には，会社の成立時には生成中であった財産も含まれる（神戸地決平成4・5・14参照）。もともと事後設立は，現物出資および財産引受規制の厳格な規制の潜脱を防止することにその意義が認められ，平成17年改正前会社法では検査役の調査を要求していたが，会社法では，このような検査役の調査が企業再編の過度の規制になるという趣旨からすでに廃止されている。なお，事後設立行為は，事業譲渡等に該当しないため（同468条1項柱書かっこ書を参照），反対の株主には株式買取請求権は付与されない。

Ⅲ　事業譲渡の当事者間における効果

事業の移転義務　　譲渡会社は，事業譲渡契約に従い，譲受会社に対し，事業を構成する各種の財産を移転する義務を負う。そのため，事業を構成する各財産を個別に移転する場合において第三者に対する対抗

285

第3部　企業取引法

要件を具備する必要があるときは，たとえば不動産については登記（民177条），動産については引渡し（同178条）などの手続をとる必要がある。

競業避止義務　譲渡会社が，事業譲渡後もこれまでと同様に継続して事業を行えば，譲受会社は事業譲渡の経済的価値を受けられないことになる反面，広く事業が禁止されるとすれば，譲渡会社の事業の自由を奪う結果にもつながる。そのため，譲渡会社は，当事者の別段の意思表示がない限り，同一の市町村の区域内およびこれに隣接する市町村の区域内においては，その事業を譲渡した日から20年間は同一の事業を行ってはならないと規定し（会社21条1項，商16条1項），地理的範囲と時間的範囲から，事業譲渡の実効性と譲渡会社の事業の自由との均衡を図っている。もっとも，当事者の別段の意思表示があれば，異なる定めが可能であるので，本項の定めは任意規定である。これを拡大する形で同一の事業を行わない旨の特約をしても，譲渡会社の事業の自由を不当に制約しないようにするため，当該特約は事業を譲渡した日から30年の期間内に限り効力を有する（会社21条2項，商16条2項）。ただし，譲渡会社が不正競争を目的に同一の事業を行う場合にまで保護する必要はないので，その場合は地理的範囲および時間的範囲に関係なく，認められない（会社21条3項，商16条3項）。

Ⅳ　事業譲渡の第三者に対する効果

商号続用の場合の債権者保護　譲受会社が，譲渡会社の商号を引き続き使用する（続用）場合には，その譲受会社も，譲渡会社の事業によって生じた債務を弁済する責任を負う（会社22条1項，商17条1項）。これは，外見的には事業の主体が交替したことを第三者は知らないし，たとえ知っていたとしても，譲渡会社の債務の引受けがあったものと考えるのが普通であるからである。この場合，事業の譲渡会社と譲受会社は，不真正連帯債務の関係に立つ。もっとも，譲渡会社が引き続き商号を使用するといっても，新旧の商号が類似する場合に新商号の使用が続用に該当するか否かが解釈上問題となることも少なくない。たとえば会社が事業に失敗し，再建を図る手段として第二会

286

社を設立し，新会社（合資会社「新」米安商店）が旧会社（有限会社米安商店）から事業の譲受けを受けた場合，「新」の字句は，取引の社会通念上は，継承的字句ではなく，新会社が旧会社の債務を承継しないことを示すための字句であると解され，譲受会社の商号と，譲渡会社の商号とは会社の種類を異にしかつ「新」の字句を付加したものであって，商号の続用にあたらないと判断した判例がある（最判昭和38・3・1）。もっとも，従前の商号の前後に何らかの字句を付加しても，取引の社会通念上，譲渡会社と譲受会社の事業主体の人的構成上の関連性や，事業目的，得意先に対する通知等，諸般の状況をも斟酌されてよいとして，商号の続用を認めた裁判例（東京地判昭和42・7・12）もあり，そうであれば，商号続用の判断は，個別具体的に行われるほかない。

　ただし，商号でなくても，取引上当事者を特定する上で屋号が重要な機能を果たす場合に，当該屋号の続用にも商号続用責任の規定（会社22条1項，商17条1項）を類推適用できるかどうかという問題もある。この問題につき，たとえば「淡路五色リゾートカントリー倶楽部」の名称（屋号）でゴルフ場を経営している会社が，譲受会社に対し，当該ゴルフ場の経営に係る事業を譲渡し，譲受会社が引き続きこの名称を用いて事業を継続したという事案があり，この場合，特段の事情がない限り，商号続用責任の規定の類推適用に基づき，会員の預託金返還請求が認められるとした判例がある（最判平成16・2・20）。現在，当該規定の類推適用は，事業譲渡だけでなく，会社分割手続を利用した場合にも拡大されている（最判平成20・6・10を参照）。

　譲受会社がこのような責任を負わないのであれば，そもそも商号を続用しないか，あるいは事業の譲受後，遅滞なく，譲渡会社の債務につき責任を負わない旨を登記するか，譲受会社および譲渡会社から第三者に対しその旨を通知する必要がある（会社22条2項，商17条2項）。譲渡会社が責任を負う場合，その責任は，事業を譲渡した日後2年以内に請求または請求の予告をしない債権者に対しては，その期間を経過した時に消滅し（商17条3項），譲渡会社の事業によって生じた債権について，譲受会社にした弁済は，弁済者が善意でかつ重大な過失がないときは，有効になる（同条4項）。

第3部　企業取引法

債務の引受けの広告

譲受会社が譲渡会社の商号を引き続き使用しない場合においても，譲渡会社の事業によって生じた債務を引き受ける旨の広告をしたときは，譲渡会社の債権者は，その譲受会社に弁済を請求できる（会社23条1項，商18条1項）。いわゆる外観法理または禁反言則に基づく責任として説明される。問題は，どのような場合に債務引受けの広告に該当するかであるが，たとえばＡＢＣの3社が営業を廃止し，新会社が設立されて，旧3社と同一の営業を開始するという趣旨の取引先に対する単なる挨拶状は，旧3社の債務を新会社が引き受ける趣旨を含まないとされた判例がある一方（最判昭36・10・13），倒産した旧会社から事業の譲渡を受け，その役員，定款の目的，従業員がほぼ同一である新会社による取引先への配布文書は，債務引受けの広告に当たるとされた裁判例もある（東京高判平成12・12・27）。

詐害事業譲渡における譲受会社に対する債務の履行請求

近時，会社分割では，吸収分割に際して，分割会社が，恣意的に承継会社に債務の履行を請求できる債権者と，承継会社に承継されない債権者を選別し，承継会社に優良事業や資産を承継させた結果，承継されない債権者が十分に債務の弁済を受けられないことになるなど，債権者を害する詐害的な会社分割が行われた事実がある（詐害行為取消権（民424）に基づく会社分割の取消しにつき，最判平成24・10・12参照）。このことから，分割会社が承継されない債権者を害することを知って会社分割をした場合には，当該債権者は，承継会社に対して債務の履行を請求できる規定が新設されたが（会社759条4項等），事業譲渡の場合であっても，譲受会社に承継されない債権者を害する詐害的な事業譲渡が行われるおそれがあることは否定できない。そのため，譲渡会社が譲受会社に承継されない残存債権者を害することを知って事業を譲渡した場合には，残存債権者は，その譲受会社に対して，承継した財産の価額を限度として当該債務の履行を請求できるようになった（会社23条の2，商18条の2）。

第30章
組織再編（合併，会社分割，株式交換・株式移転）

I 組織再編総則

　近年では，企業の多くが経営の効率化や市場競争への迅速な対応を求められることから，組織再編への関心は非常に高い。そのため，会社法は，組織再編手法である合併，会社分割，株式交換，株式移転を用意している。企業はこれらの手法を用いて，商品の大量集中生産によるコスト低減（規模の拡大）等のために合併を行い，不採算部門の分離等による経営の合理化のために会社分割を行い，また経営部門と事業部門の分離による経営の効率化等のために持株会社の設立を企図した株式交換・株式移転を行う。現在の企業は単独で存在するのではなく，複数の企業が結合した企業グループを形成しているのが現状であり，とくに株式交換・株式移転による持株会社の設立は，グループ構築のための手段の1つとして重要な役割を果たす。変化の激しい現在の経済情勢では，さらなる経営の効率化や利潤の増大は，企業にとって喫緊の課題であり，他の企業との結合や事業の分離・統合も企業内グループの再編には不可欠な手段となる。以下では，株式会社の組織再編を中心に説明する。

II 組織再編の意義

合併　合併とは，2個以上の会社（当事会社）が契約（合併契約）により1つの会社に合同することをいう。合併によって複数の会社が合体することで規模が拡大される。規模の拡大の効果は，事業の譲受けでも可能であるが，事業譲渡や譲受けは純粋に財産に係る取引法上の行為であるのに対

289

第3部　企業取引法

し，合併は株主を含む組織法上の行為である点で相違する。合併には，合併後の存続会社が合併により消滅する消滅会社から権利義務全部を承継する吸収合併（会社 2 条27号）と，すべての当事会社が合併により消滅し，その権利義務全部が新設会社によって承継される新設合併（同条28号）の方法がある。新設合併では，許認可事業の場合，新設会社が改めて許認可を得る必要があるなどの不便のため，実際上は吸収合併の方法が多く利用される。独占禁止法などの特別法には，合併の制限があることに注意を要する（独禁15条等）。

会社分割　　会社分割とは，分割会社がその事業に関して有する権利義務の全部または一部を他の会社に承継させることをいい，既存の承継会社が分割会社の権利義務の全部または一部を承継する場合を吸収分割というのに対し（会社 2 条29号），会社分割によって新たに設立される会社（設立会社）が分割会社の権利義務の全部または一部を承継する場合を新設分割という（同条30号）。 2 社以上の会社が分割会社になることも可能である（共同新設分割）。特定事業部門の独立専業化や不採算部門の切離しによる経営の効率化等のために利用される。承継会社が会社分割に際して株式を発行する場合，これまで，その株式をすべて分割会社に割り当てる物的（分社型）分割と，当該株式の全部または一部を分割会社の株主に直接割り当てる人的（分割型）分割の方法が認められたが，会社法は，人的分割に係る規定を設けない。しかし，物的分割の実施後に分割会社が対価として得た株式を，分割会社の株主に分配（剰余金の配当：現物配当も可能）することも可能であるので（同758条 8 号・763条12号），完全に人的分割が禁止されたわけではない。この場合には，財源規制の適用を受けない（同792条・812条）。

株式交換・株式移転　　1997年の独占禁止法の改正によって純粋持株会社の設立が認められたが，完全親子会社関係を創設する手続を容易にするため，1999年の商法改正では株式交換・株式移転の制度を設けた。株式交換は既存の会社が単独もしくは共同で完全親会社になる制度であり（会社 2 条31号），株式移転は既存の会社が単独もしくは共同で完全親会社になる会社を新たに設立する制度である（同条32号）。 2 社以上の会社が共同で株式移転をすることも可能である（共同株式移転）。株式交換・株式移転のいずれも，

290

第30章　組織再編

完全子会社になる会社の株主は，完全親会社になる会社に対して保有する自己の株式すべてを強制的に移転させられる。そうすることで，完全親子会社関係が創設され，これによって，ホールディングといわれる純粋持株会社を設立し，当該持株会社のもとに経営を統合して企業グループを運営することが容易になることから，子会社の管理運営に対し迅速かつ機動的な対応が可能になる。

Ⅲ　組織再編の各手続

組織再編契約・計画

(1)　組織再編契約・計画の内容　会社がこのような組織再編行為をする場合，各当事会社間で組織再編「契約」（吸収合併・新設合併・吸収分割・株式交換の各契約）を締結するか（会社748条等。なお，以下では，引用する条文は最小限にとどめている），組織再編「計画」（新設分割・株式移転の各計画）を作成する（同762条等）。組織再編契約・計画には以下に掲げる事項が定められる（同749条等）。①組織再編当事会社の商号と住所（組織再編計画の場合は除く），②組織再編の対価，③株主に対する組織再編の対価の割当て（合併比率など。なお，会社分割の場合は不要），④新株予約権の扱いおよび対価の割当て，⑤効力発生日（吸収合併・吸収分割・株式交換）である。さらに，組織再編行為のうち設立会社を用いる場合（新設合併・新設分割・株式移転）には，設立会社の定款や機関などを新たに定める必要があるため，⑥設立会社の目的，商号，本店所在地および発行可能株式総数，⑦設立会社の定款で定める事項，⑧設立会社の設立時取締役の氏名，⑨設立会社の機関設計（会計参与，監査役，会計監査人の各設置会社）に応じたそれぞれの氏名・名称の定め，⑩設立会社の資本金・準備金，⑪設立会社株式の割当て，⑫株主に設立会社の社債等を交付する場合の合計額などの事項が定められる。

　このうち②の組織再編の対価につき，平成17年改正前商法では，たとえば合併を例にすると，その対価は原則として存続会社の発行する株式に限られたが（なお，合併交付金が交付される場合もある），会社法では金銭や親会社株式など，その対価は契約によって自由に決定できることになった（対価の柔軟化）。このことから，対価として金銭のみが交付される場合，消滅会社の株主は必ずしも

291

第3部　企業取引法

存続会社の株主として承継されるわけではなくなり，消滅会社の株主は金銭を
もって追い出される結果を生じる（交付金合併）。また，親会社株式を対価とす
ることもできるので，存続会社等の親会社が外国会社であり，日本の会社（消
滅会社）を吸収合併する場合には，まず日本に子会社を設立して，当該子会社
と日本の会社を合併させて，消滅会社の株主に親会社株式を交付することも可
能となる（三角合併）。三角合併の場合，存続会社はこの目的の限度において子
会社の親会社株式取得の禁止（会社135条）に関係なく，親会社株式を取得でき
るが，新設合併の場合には，設立会社の株主が株式を引き受けないと株式を発
行できないし，設立されたばかりの会社には交付すべき財産を他には有しない
ことから，対価は設立会社の株式以外では，設立会社発行の社債等に限られる。
このような交付金合併や三角合併は，吸収分割や株式交換においても認められ
る（交付金分割・三角分割，交付金株式交換・三角株式交換）。

　③の組織再編行為の対価の割当て方法も定める必要があり，合併・株式交
換・株式移転では，この割当ては消滅会社等の株主の保有株式数に応じて行わ
れる。したがって，一定数の株式を保有する株主に限り対価が交付されるなど
の定めは許されない。

(2)　組織再編契約・計画の承認決議　　組織再編契約・計画を承認する株主
総会の決議は，原則として効力発生日（組織再編契約の場合）の前日までに特別
決議によって承認される（会社783条1項・804条1項等）。ただし，株主が持分等
（会社783条2項，会社則185条）の交付を受ける場合あるいは公開会社の株主が譲
渡制限株式等（会社783条3項，会社則186条）の交付を受ける場合には，前者に
つき総株主の同意（会社783条2項・804条2項），後者につき株主総会の特殊決議
（同309条3項2号・3号）を要し，決議要件が加重される。ただし，会社分割の
場合には，分割の対価は分割会社に交付され，株主の地位には変更がないので，
承認決議の要件は加重されない（同783条2項～4項参照）。承認に際して株主が
組織再編契約の当否を判断する場合には，そのための情報提供が必要となるの
で，株主総会の参考書類には組織再編行為を行う理由や組織再編契約・計画の
内容の概要等が記載される（会社則86条～91条）。また，吸収合併存続会社，吸
収分割承継会社または株式交換完全親会社の株主総会では，承継債務額が承継

第30章　組織再編

資産額を超える場合など，取締役がその旨を説明しなければならない場合がある（会社795条2項）。もっとも，簡易組織再編および略式組織再編に該当する場合には，株主総会による承認を要せず，組織再編に反対の株主には株式・新株予約権買取請求権（同785条1項等，同787条1項等）が付与される。

反対株主の株式買取請求権　たとえば交付金合併が少数株主の締出しに利用される場合，当該少数株主の保護のために正当な補償が必要になることから明らかなように，合併そのものが当事会社の株主の地位に重要な影響を与えることを考慮すると，合併に反対の株主が会社に対して自己が保有する株式を「公正な価格」で買い取ることを請求できるようにすることが合理的である。このような請求権を，反対株主の株式買取請求権という（会社785条等）。この場合の反対株主には，株主総会に先立って組織再編に反対する旨を会社に通知しかつ当該株主総会において組織再編に反対した株主（同条2項1号イ等）が該当する。そのため，株主が買取請求権を行使する場合は，組織再編に反対の旨を会社に事前に通知し，その総会において反対する必要があり，そうすることで，会社が，株式買取請求権がどの程度行使されるかを事前に予測できることになる。もっとも，議決権制限株式の株主のように当該総会で議決権を行使できない株主については，事前通知なしに買取りを請求できるし（同条同項同号ロ等），後述する略式組織再編の場合など，株主総会決議を要する場合以外の場合には，特別支配会社を除くすべての株主が反対株主に該当する（同条同項2号等）。なお，吸収合併の場合において株主総会の基準日以前に議決権を有する株式を取得したが，名義書換を怠ったために株主名簿上の株主でなかったような者は，「当該総会で議決権を行使できない株主」に該当しない（東京地決平成21・10・19参照）。

　吸収合併・吸収分割・株式交換の当事会社は，効力発生日の20日前までに，また新設合併・新設分割・株式移転の消滅会社等は，株主総会の承認決議の日から2週間以内に，株主に対して組織再編をする旨および相手方当事会社の商号・住所を通知する（会社785条3項等）。その際，合併および分割の当事会社が公開会社である場合など一定の場合には通知の代わりに公告すれば足り，新設合併・新設分割・株式移転の場合には公告をもって通知に代えることができる

293

第3部　企業取引法

（同条4項等）。株式買取請求権が行使されるのは，吸収合併・吸収分割・株式交換の場合には効力発生日の20日前の日から効力発生日の前日までの間であり，新設合併・新設分割・株式移転の場合には通知・公告の日から20日以内である（同条5項等）。株式買取請求の撤回は，消滅会社等の承諾を得た場合に限る（同条7項等）。

　株式買取請求権が行使された場合，株式会社は，反対株主の株式を「公正な価格」で買い取る必要がある。平成17年改正前商法では，その買取価格は「決議ナカリセバ其ノ有スベカリシ公正ナル価格」とされていたが，会社法では単純に「公正な価格」として定められた。これは，たとえば合併を例にとると，合併を行った会社の現在価値を反映させる趣旨であり，決議との因果関係を問わないとしたのは，合併のシナジー効果などを適正に評価すれば，決議前の株価を上回ることもありうるためである。もっとも，買取りの効力が発生する時点は効力発生日であるとしても（会社786条6項等），公正な価格の算定の基準日はいつなのかという重要な問題があり，裁判例では買取請求期間の満了時（東京高決平成22・7・7）あるいは組織再編の効力発生時（株式交換の事案ではあるが，東京地決平成21・4・17）とするなど見解は分かれていたが，近年，株式買取請求がされた日を算定の基準日とする最高裁判所の決定がなされた（最決平成24・2・29）。新株予約権も公正な価格での買取請求が認められる（同787条等）。

債権者異議手続　（1）　**債権者異議手続**　株式交換・株式移転では債権者の利益侵害は限られるとはいえ，たとえば吸収合併や吸収分割が行われる場合，会社が経営不振の会社を合併し，あるいは経営不振の分割会社が優良事業だけを承継会社に移転するなど，当該会社の債権者が自己の債権回収の困難という形で不利益を被る場合が考えられる。そのため，会社法は，当事会社の債権者は他方当事会社に対して合併・会社分割について異議を述べることができることを定めた（債権者異議手続。会社789条1項等）。ただし，株式交換・株式移転では，基本的に株式交換完全親会社または株式移転設立完全親会社の株式を対価として，株主が入れ替わるだけで会社財産が流出するようなことはない。そのため，株式交換・株式移転では，後述のように債権者異議手続は一定の場合に限られる。組織再編の当事会社は，債権者による異

議申述期間を1ヵ月以上定め，組織再編の旨や他方当事会社の商号・住所，異議申述期間などの一定の事項を官報で公告するほか，知れている債権者には各別に催告しなければならない（同条2項等）。官報のほか，定款所定の会社公告紙または電子公告を併用して公告する場合は，各別の催告を省略できる（同条3項等）。所定の期間内に異議を述べなかった債権者は，組織再編を承認したものとみなされるのに対し（同条4項等），異議を述べた債権者には，他方当事会社の財務状態が健全であるなど，当該債権者を害するおそれがない場合を除き，会社は弁済するか，相当の担保を提供するか，または弁済用財産を信託会社等に信託する（同条5項等）。

(2) 会社分割の場合の特則　会社分割の場合には，分割後も分割会社に全額請求できる債権者は異議を述べることができない（会社789条1項2号等参照）。また，分割会社の不法行為債権者については，公告のチェック等を期待できないことから，個別催告が必要になる（同条3項かっこ書等）。さらに異議を述べることができたにもかかわらず，各別の催告を受けるべき債権者が催告を受けなかった場合には，会社分割後に，分割会社に対して債務の履行を請求できない旨を吸収分割契約または新設分割計画に定めていても，分割会社が効力発生日または設立会社の成立日に有していた財産の価額を限度として債務の履行を請求できる（この場合の債権者は，官報公告に加えて，日刊新聞紙による公告または電子公告による二重の公告を行った場合は，不法行為債権者に限定される；会社759条2項・3項等）。会社債権者である労働者の保護については，労働契約承継法（平成12年法103号）が特別の手続を定める。

それでも，会社分割における債権者保護は喫緊の問題である。会社分割の対象は「事業」としての実質を有しなくてもよいものとされ，また後述する事前開示事項の1つである「債務の履行の見込み」も，その「見込みに関する事項」（会社782条1項，会社則183条6号等）として，当該見込みがない場合に無効原因とはされていない（なお，名古屋地判平成16・10・29参照。学説では，「債務の履行の見込み」を要求する見解も有力である）。そのため，会社分割を利用して債権者が不採算事業を抱える分割会社に残される場合など（東京高判平成22・10・27など参照），いわば濫用的な会社分割に対する対応策が考慮される必要があり，

第3部　企業取引法

これまで債権者保護は，会社法22条の類推適用（最判平成20・6・10）のほか，詐害行為取消権（民424条；前掲東京高判平成22・10・27は詐害行為取消しの効果として価格賠償を認めた）や法人格否認の法理（福岡地判平成23・2・17等）のような一般法理を活用して図られてきた。最判平成24・10・12でも，新設分割設立株式会社にその債権に係る債務が承継されず，新設分割について異議を述べることもできない新設分割株式会社の債権者は，詐害行為取消権（民424条）を行使して新設分割を取り消すことができるとする。このような事情から，平成26年の会社法改正では，（吸収・新設）分割会社が承継・設立会社に承継されない債務の債権者（残存債権者）を害することを知って分割した場合（詐害的会社分割）には，残存債権者は，承継・設立会社に対して，承継財産価額を限度に債務の履行を請求できるようになった（会社759条4項等）。もっとも，吸収分割の場合，承継会社が吸収分割の効力が生じた時に残存債権者を害すべき事実を知らなかった場合は除かれる（同条同項但書等）。この請求権の行使期間は制限される（残存債権者が知った時から2年，効力発生日から20年で消滅する［会社759条6項等］）。

(3)　株式交換・株式移転の場合の特則　　前述のように，株式交換・株式移転では，債権者の利益侵害は限られることから，異議を述べることができる債権者とは，次に掲げる者に限られる。すなわち，①株式交換の対価として完全親会社の株式以外のものが交付される場合における完全親会社の債権者（会社799条1項3号），②完全子会社が発行している新株予約権付社債を完全親会社が承継する場合における完全親会社の債権者（同条同項同号）である。なお，完全子会社が発行する新株予約権付社債においては完全親会社が免責的に引き受けるので，当該新株予約権付社債の社債権者も，完全子会社に対して異議を述べることができる（同789条1項3号等）。

組織再編の効力発生・登記・開示　　組織再編の効力は，吸収合併・吸収分割・株式交換の場合には，契約所定の効力発生日（会社750条1項等）に生じ，効力発生日から2週間以内に登記（解散登記・変更登記）が行われる（同921条・923条）。これに対して，新設合併・新設分割・株式移転の場合には，設立登記による設立会社の成立日（同754条1項等）にその効力を生じ，登記（解

296

散登記・変更登記・設立登記）が行われる（同922条1項・924条1項・925条）。合併の場合には，消滅会社は清算手続に入らず，解散によって消滅する（同471条4号・475条1号参照）。これらの効力発生日に権利義務が包括承継されるが，株式交換・株式移転の場合には完全親会社は完全子会社の発行済株式全部を取得し（同769条1項等），完全子会社の株主は株式交換契約または株式移転計画の定めに従い金銭または株式・社債等の対価を受ける。不動産などの対抗要件を充たす必要があるものは，個別にその手続がとられる。

　なお，吸収合併の場合，消滅会社は効力発生日に解散するが，登記上，消滅会社は吸収合併の登記時まで存続する。したがって，効力発生日から登記日までの間に消滅会社の代表者が第三者にその不動産等を売却する場合が考えられる。このために，吸収合併による消滅会社の解散は，吸収合併の登記の後でなければ，これをもって第三者に対抗できない旨が定められている（会社750条2項）。責任追及等の訴えに関連して，当該訴えの継続中に会社が合併や株式交換・株式移転を行い，その効力が発生した場合において，株主が原告適格を喪失した場合であっても，引き続き株主は当該訴えを追行できる（同851条）。

　各当事会社は，事前開示として，営業時間内における株主および会社債権者の閲覧・謄写のため，組織再編契約の内容のほか，一定の事項を記載または記録した書面または電磁的記録を，備置開始日（会社782条2項等）から合併効力発生日後6ヵ月を経過する日まで，会社の本店に備え置かなければならない（同782条1項等）。これは，組織再編はさまざまな利害関係者に影響を及ぼすので，組織再編に関する情報を提供すると同時に，株主には総会の承認議案に賛成すべきか否かなど，判断する機会を付与することを目的とする（神戸地判尼崎支部平成27・2・6参照）。一定の事項には，①組織再編対価とその割当ての相当性に関する事項，②新株予約権の定めがあるときはその相当性に関する事項，③計算書類等に関する事項，④当事会社の債務の履行の見込みに関する事項などがあげられ，さらに合併および株式交換の場合における参考となるべき事項として，対価の内容の詳細な開示がなされる（会社782条1項，会社則182条～184条等）。

　次に，事後開示として，当事会社は，営業時間内における株主および会社債

第3部　企業取引法

権者の閲覧・謄写のため，組織再編の効力発生後遅滞なく，組織再編に関する一定の事項を記載または記録した書面または電磁的記録を，効力発生日から6ヵ月間，会社の本店に備え置かなければならない（会社791条1項・2項等）。株主および会社債権者に対して，組織再編手続の適法性を間接的に担保し，また後述する無効の訴え提起の判断資料を提供することが目的である。組織再編に関する一定の事項とは，組織再編の効力発生日，株式買取請求権ならびに債権者異議手続の経過，合併・会社分割によって承継した重要な権利義務および株式交換・株式移転において完全親会社が取得した完全子会社の株式の数，また組織再編に関するその他の重要な事項などがあげられる（会社則189条・190条等）。なお，会社分割の場合には，利害関係人も閲覧等請求権を有する（会社791条3項・801条5項等）。

簡易組織再編・略式組織再編　前述のように，通常の場合，組織再編には原則として各当事会社の株主総会の特別決議が必要である。しかし，たとえば吸収合併を例にすると，存続会社の規模が消滅会社に比べて著しく大きい場合，つまり吸収合併存続会社が対価として消滅会社の株主に交付する財産等の金額の合計が存続会社の純資産額の5分の1を超えない場合には，吸収合併存続会社の株主の利益に重大な影響を及ぼす危険性が小さいため，合併手続の簡素化を図る目的から，吸収合併存続会社の合併承認総会の省略が認められる。これを簡易合併という（会社796条2項等）。この省略は，会社分割および株式交換の場合にも認められる（簡易分割〔同784条2項・805条〕・簡易株式交換〔同796条2項〕）。また機動的な合併を実現するため，特別支配会社（ある会社の総株主の議決権の10分の9以上を他の会社等が有している場合の，当該他の会社〔同468条1項かっこ書参照〕）に支配されている会社（被支配会社）が吸収合併される場合には，当該被支配会社が存続会社または消滅会社のいずれであっても，株主総会の決議を要しない（同784条1項・796条1項）。このような合併を略式合併という。吸収分割および株式交換の場合にも，略式吸収分割・株式交換が認められる（同784条1項・796条1項）。もっとも，このような簡易組織再編の要件を充たす場合，会社組織の基礎に本質的変更をもたらすわけではなく，株主に対する影響は軽微であるため，反対株主に対し株式買取請求権は付与されず（同

785条1項2号等），また，略式組織再編の場合も，特別支配会社に株式買取請求権を認める合理的理由はないことから，特別支配会社は反対株主から除かれる（同785条2項2号・797条2項2号）。

組織再編の無効　組織再編の手続が進められると，それを前提にさまざまな法律関係が形成される。しかしその手続に瑕疵がある場合に，これを無制限に無効と判断すると，法律関係の安定性を害する。そこで会社法は，組織再編の効力が生じた後は，無効主張を制限することで法律関係の安定性を図っている。すなわち，その無効は訴えをもってのみ主張でき，かつ出訴期間を6ヵ月に制限するとともに（会社828条1項7号～12号），提訴権者も株主，取締役，組織再編を承認しなかった債権者等に制限する（同条2項7号～12号。なお，独禁18条1項）。被告適格を有するのは各当事会社となる（同834条7号～12号）。また，遡及効を否定し（同839条），無効判決に対世効を付与することで（同838条），法律関係の画一的確定を図っている。

しかし，どのような場合に組織再編に無効原因があるかという問題については，会社法に明文の規定は存在せず，解釈にゆだねられる。一般的には株主総会の承認決議における著しい手続違反や，合併の場合には独占禁止法上の合併制限違反などが無効原因になろう。しかし，たとえば合併比率が不公正な場合に，この不公正が無効原因になるかという問題がある。判例では，合併比率が不当であるとしても，合併契約の承認決議に反対した株主は，会社に対し，株式買取請求権を行使できるのであるから，合併比率の不当または不公正ということ自体が合併無効事由にあるものではないと解されている（東京高判平成2・1・31およびその上告を棄却した最判平成5・10・5）。

組織再編の差止請求　もっとも，無効の訴えにより事後的に組織再編の効力が否定されるのであれば，法律関係が複雑かつ不安定になるおそれもある。そのため，組織再編の効力が発生する前に，株主が事前にその差止めを請求できる方が望ましい。そこで，株主は，法令または定款に違反する場合など，組織再編により不利益を受けるおそれがあるときは，事前の救済手段として，組織再編の差止めを請求できる（会社784条の2等）。

第**31**章
上場会社の規制

I 上場会社とは

　上場とは，株式会社が自ら発行している株式を証券取引所（金融商品取引所）における取引の対象とすることをいう。上場により，誰でも証券会社等を通して，その会社の株式を売買できるようになる。また，上場している会社を上場会社と呼ぶ。名前がよく知られている会社の多くは上場会社である。「東証一部上場企業」といった表現を耳にしたことがあるだろう。これは，東京証券取引所の第一部で株式が取引されている企業を指している。現在も多くの会社が上場をめざしており，東京証券取引所だけでも現在3000社以上が上場している。

　なぜ会社は上場するのだろうか。さまざまな理由がありうるだろうが，ここでは①募集株式発行等の直接金融による資金調達の容易化，②上場会社という信用を得るという2つあげてみよう。①について投資家から見ると，上場された株式は，入手・売却が取引所を通して容易となり，日々の売買価格が公表されているので価格も予想できる。それゆえ，上場会社の株式は広く一般投資家の投資対象となる。非上場の株式の場合，みずから売却先を探した上で，価格も交渉によって決める必要があり，一般投資家は手を出しにくい。すなわち，非上場会社より上場会社は広く一般に向けて株式を発行して資金を調達することが容易になる。

　次に②の会社の信用を得ることについて，上場するためには，後述する証券取引所の上場審査基準（形式基準）を満たし，上場審査（実質審査）を通過しなければならない。上場基準や審査は，当該企業の収益力やコーポレート・ガバ

300

第31章　上場会社の規制

ナンス体制のチェックを含むものであり，少なくともこの審査等をパスするだけの力が必要になる。それに加えて，上場後も会社は，法律や取引所の上場規程等が定める情報開示を行いルールを遵守しなければならない。この情報開示等によって，信頼に値する企業は，より容易にその信頼を獲得できることとなろう。本章では，これらの法律上や取引所による上場会社規制をみていくこととする。

Ⅱ　金融商品取引法上の開示規制

規制の枠組み　　金融商品取引法は，発行市場と流通市場という2つの市場に向けた開示を会社に求めている。発行市場とは，新たな有価証券が発行される際に，発行者と発行された有価証券を取得する投資者との間に形成される市場である。この発行市場において，投資者は，有価証券を取得するか否かを判断するために，その有価証券の内容・発行目的や，発行会社の状態を知ることが必要になる。すなわち，ここでは，有価証券の内容等と発行会社の状態について開示（発行市場開示とよばれる）が必要とされる。

有価証券は発行された後，投資者間で流通する。ここで投資家間に形成される市場を流通市場とよぶ。株式のように発行会社にいつでも換金してもらえるわけではない有価証券の場合，流通市場での売却が基本的な投下資金の回収手段となる。ここでの売買価格形成のためには，売買時点における発行会社の状態を知る必要がある。発行市場開示で発行時点の発行会社の状況は示されるが，その後，状況は刻々と変わる。それゆえ，発行会社の情報はアップデートが必要であり，その新しい情報に投資者が常に触れられるような制度（流通市場開示または継続開示とよばれる）が必要となる。

また，開示の方法としては，投資者に対して直接なされる直接開示と，一定の場所で開示し，投資者がそれを見に行く間接開示がある。発行市場開示では，直接開示と間接開示の両方が，流通市場開示では間接開示がなされる。どちらも，間接開示に関してはEDINET（http://disclosure.edinet-fsa.go.jp/）を通して，インターネット上で閲覧が可能である。以下，発行市場開示と流通市

301

第3部　企業取引法

場開示をみていくこととする。

発行市場開示　発行市場の開示が要求されるのは，金融商品取引法が定める募集・売出概念に該当する場合と組織再編成（合併・会社分割・株式交換・株式移転）の手続の中で株式が発行される一定の場合である。募集・売出とは株式を一定額以上，一定数以上の投資者に取得させる場合や売りつける場合で，詳細は金融商品取引法で定められる（金商2条3項・4項）。上場会社の募集株式の発行や社債の発行は多くの場合，これに当てはまる。当てはまった場合は，会社法上の手続に加えて，金融商品取引法上の届出を行わなければならない。

　金融商品取引法上の届出は有価証券届出書（同5条1項）による場合と発行登録による場合がある。発行登録は，同種の有価証券を一定期間に複数回発行する場合に，たびたび有価証券届出書を作成するコストを削減することを可能にする制度であり，通常は有価証券届出書の提出が必要となる。

　有価証券届出書の内容は，発行する有価証券の情報（証券情報），発行者自身の情報（企業情報），その他に大別される（同5条1項1号・2号）。この証券情報，企業情報とその他の情報を完全に開示すると往々にして数百ページもの文書の作成が必要となり，発行会社には多大な事務負担が発生する。ところが流通市場に向けて継続開示を行う発行者は，その継続開示の中で，すでに企業情報を開示している。そこで，継続開示を行う発行者には，企業情報を簡略化した開示方式が認められている。つまり，有価証券届出書の開示方式は以下の3つに分かれる。1つめは完全開示方式であり，継続開示を行わない発行者は，省略された開示方法を用いることができない（同条同項）。2つめは，組込方式であり，企業情報については直近の継続開示書類（有価証券報告書とその後に提出された四半期報告書，およびそれらの添付書類。詳細は後述）を綴じ込んで提出する方法である（同条3項）。この組込方式は，1年以上継続して有価証券報告書を提出している者が利用できる。3つめは，参照方式であり，企業情報については直近の継続開示書類を参照するよう記載して提出する方法である（同条4項）。参照方式は，組込方式を利用できる会社のうち，その企業情報がすでに広く提供されていることを示す一定の基準に該当する者が利用できる。この基準は周

知性の基準とよばれ，上場株券などを発行していること，一定以上の時価総額や売買高があることなど詳細な基準が定められている（企業内容等の開示に関する内閣府令〔以下「開示府令」とする〕金商9条の4第5項各号）。

有価証券届出書を提出すると，投資者に対し取得の申込みの勧誘を行うことが可能になる（同4条1項）。しかし，提出後も届出の効力が発生す

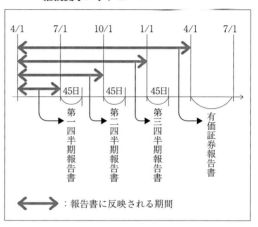

図1　事業年度が4月1日から始まる上場会社の継続開示スケジュール

るまで，その有価証券を取得させることはできない（同15条1項）。効力が発生するまでの手続は以下のとおりである。届出は内閣総理大臣にされるが，提出窓口は地域を管轄する財務局（九州は財務支局）である。上場会社は，さらに，その写しを上場している金融商品取引所に提出しなければならない（同6条）。提出により，届出書は公衆の縦覧に供され，同時に審査がなされる。その後，原則として提出から2週間で効力が発生する（短縮規定あり）（同8条）。この2週間は，投資家の熟慮期間となるとともに行政による審査期間となり，必要に応じて訂正届の提出命令等が出される（後述，**Ⅲ　金融商品取引法開示の正確さの担保**の**行政手続**を参照）。

流通市場開示　上場会社の株式は一旦発行された後も，新聞の株価欄に数字が出ることからもわかるように，主として金融商品取引所で毎日のように取引され，流通している。流通に際して，投資者は発行会社の新しい情報を必要とする。そこで金融商品取引法は上場会社やその他の一定の条件を満たす会社に企業情報に関する定期的な開示を求めている。

流通市場開示には，四半期ごとの定期的な開示と，一定の事柄が発生したときになされる臨時の開示がある。四半期ごとの定期的な開示には，事業年度終

第3部　企業取引法

了後に1年分の状況を報告する有価証券報告書と四半期ごとに事業年度の初めから当該四半期終了までの状況を報告する四半期報告書に分かれる。これらの提出スケジュールは**図1**を参照してほしい。

　有価証券報告書と四半期報告書における開示内容はほぼ有価証券届出書の企業情報と同様である。有価証券報告書と四半期報告書の違いはその期間のみならず監査にもある。四半期報告書は準備期間が短いことから，その監査は四半期レビューと呼ばれ，限定された手続で行われる。

Ⅲ　　金融商品取引法開示の正確さの担保

内部統制報告書と監査　　正確な情報を開示するためには，会社が正確な情報を把握する必要がある。さらには，監査によるチェックの充実も必要となる。そこで，金商法は，会社法上の仕組みに加えて，情報の把握，監査の充実の両面から規制を置いている。

　会社内での情報の把握に関しては，会社法上，取締役にはリスク管理体制の構築義務あり，大会社では取締役会決議が義務付けられている（会社362条5項）。金商法では，それに加えて財務計算に関する書類その他の情報の適正性を確保するための統制を評価した報告（内部統制報告書）の提出が求められている（金商24条の4の4）。また，公認会計士・監査法人は，会社法上の会計監査人としての役割を超えて，計算書類のみならず，内部統制報告書も監査し，監査報告書に結果を記載しなければならない。なお，内部統制報告書の監査は，内部統制システムの妥当性を対象とするのではなく報告書の記載の正確さを対象とする。それゆえ，内部統制が有効でない会社の場合は，報告書に有効でない旨を示せばよく，その記載が正確であれば監査報告書には適正意見が示される。

　公認会計士・監査法人から会社への情報の流れに関しても制度がある。公認会計士・監査法人が，監査業務を遂行中に，法令違反事実等を発見した場合には，以下のような通報が求められる（同193条の3）。まず，発見した場合，すぐに事実の内容と適切な措置をとるよう発行会社に書面で通知しなければなら

304

第31章　上場会社の規制

ない（金商193条の３第１項）。つぎに，それでも状態が改善されず，重大な影響を防止するために必要がある場合は，内閣総理大臣に申し出なければならない（同条２項）。

　公認会計士・監査法人は適切な監査のため，会社から独立を保つ必要がある。そこで，監査の対象となる会社と特別の利害関係がないことが求められる（金商193条の２第１項）。さらに公認会計士法上，上場会社などの会社の監査にあたっては，コンサルティング業務との兼任が禁止される（公認会計士法〔以下「公」とする〕24条の２・34条の11の２）。全報酬に占めるコンサルティング業務報酬の割合が高まると，コンサルティング業務を失うことをおそれて，適切な監査ができなくなる可能性があるからである。さらに，上場会社に限らず，大会社の監査にあたっては，ローテーション制が定められ，特定の発行者の監査をした公認会計士，または，監査法人の社員は７会計期間で交替しなければならない。この交代の期間は，大規模監査法人は５会計期間と短縮されている（公24条の３・34条の11の３・34条の11の４）。

行政手続　開示書類は訂正届や訂正報告書を出すことで，訂正を行うことが可能であり，発行会社は一定の場合，自発的訂正を行わなければならない（自発的訂正届を出さねばならない事項は，金商７条参照）。しかし，届出書類や自発的訂正届等に，形式上の不備があるか，重要事項の記載が不十分な場合（同９条），および重要事項に虚偽記載があるか，重要事項の記載が欠けている場合には（同10条），内閣総理大臣は訂正届等の提出を命じることができる。

　さらに，重要事項について虚偽記載がある場合，虚偽記載ある届出書を提出した日から１年以内に提出する届出書等の効力の停止等の延長ができる（金商11条）。以上は，有価証券届出書とその訂正届に関する制度であるが，継続開示書類にも準用される（同24条の２など）。

課徴金・罰則　開示に問題があった場合，課徴金を科すことが可能である。発行開示における課徴金の対象者は発行者，発行者の役員等であり，流通開示における，課徴金の対象者は発行者のみである。課徴金額は，虚偽記載等により発行者が利得しうる金額，すなわち，虚偽記載等に

305

第3部　企業取引法

表1　罰　則

	対象となる行為	懲役	罰金	併科	両罰規定
発行開示	届出受理前の募集・売出しの取扱い	5年以下	500万円以下	有り	違法な募集・売出し等を行った法人，届出義務者の法人に5億円以下
	重要な事項について虚偽記載	10年以下	1000万円以下	有り	発行者である法人に7億円以下の罰金
	虚偽の写しの取引所等への交付	5年以下	500万円以下	有り	違法な募集・売出し等を行った法人，届出義務者の法人も5億円以下の罰金刑
流通開示	不提出 有価証券報告書内部統制報告書	5年以下	500万円以下	有り	法人に5億円以下
	四半期報告書臨時報告書など	1年以下	100万円以下	有り	法人に1億円以下
	重要な事項について虚偽記載 有価証券報告書その訂正報告書	10年以下	1000万円以下	有り	法人に7億円以下の罰金
	有価証券報告書の添付書類，内部統制報告書，四半期報告書，半期報告書，臨時報告書，これらの訂正報告書	5年以下	500万円以下	有り	法人に5億円以下

より低下させることができる資金調達費用をもとに定められる（金額は金商172条の4第1項各号・2項・同172条の3第1項参照）。

また，発行開示，流通開示を問わず，公認会計士・監査法人にも公認会計士法上の監査報酬額を基準とした課徴金の規定がある（公31条の2）。

さらに，不適切な発行開示・流通開示は，ともに**表1**のとおり刑事罰の対象ともなる。

民事責任

開示に虚偽記載等（①重要な事項について虚偽の記載がある場合，または，②記載すべき重要な事項もしくは誤解を生じさせないために必要な重要な事実の記載が欠けている場合）があると，開示を行った会社，さらにはその関係者も民事責任を負う。金融商品取引法が規定する民事責任のうち上場会社に関係する者は，発行者（上場会社），発行者の役員，公認会計士・監査法人，元引受金融商品取引業者である。本書では上場会社規制という観点から，発行者とその役員に対する責任について述べる。

図2は発行開示と継続開示の虚偽記載等によって生じうる3つの損害の類型を示している。発行者が行う発行開示に虚偽記載等があった場合，損害を負うのは，これを参考にして発行市場で募集に応じる投資者（損害①）だけでない。同時期に流通市場で取引する者もこの開示を参考にすると考えられ，この場合にも投資者に損害が発生する（損害②）。流通市場向けの継続開示に虚偽記載等

があった場合は，流通市場での有価証券の価格に影響し，流通市場で取引をした投資者が損害を被る（損害③）。金融商品取引法はこの3つの損害の類型それぞれに対して，損害賠償責任を規定している。損害①の類型の場合，責任の対象となる書類は有価証券届出書と発行登録書である

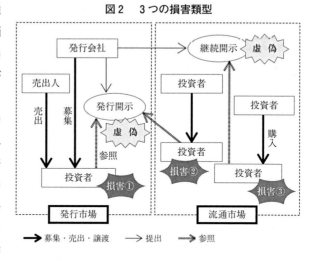

図2　3つの損害類型

（金商18条・23条の12）。また，それぞれの添付書類，訂正届出書（同2条7項）に加え，参照方式の場合は参照書類も含まれる（同23条の2・23条の12第5項）。損害②，損害③の類型の場合，責任を負う者によって対象となる書類が異なる。金融商品取引法上の責任はいずれも民法上の不法行為責任よりも厳格な責任となっている。以下，責任を負う主体ごとにその内容を見ていくこととする。

まず，発行者は，3つの損害類型すべてに対して損害賠償責任を負う。損害①については，募集だけでなく売出しに応じて有価証券を取得した者に対しても責任を負う（金商18条）。その責任は無過失責任であり，また，損害と虚偽記載等との因果関係の立証は不要である。有価証券の取得者が，虚偽記載等を知っていた場合のみ損害賠償責任を免れうるが，知っていたことの立証は発行者側が負う。ところで，実際に虚偽記載により損害を負ったとしても損害額を立証するのは困難である。この点についても，損害額を法定することで投資者の責任追及を容易にしている（同19条）。法定額は，請求時に有価証券を保有している場合，

（当該有価証券の取得価額）－（損害賠償請求時の市場価額）
であり，市場価額がない場合は市場価格ではなく処分推定価額が用いられる。

307

第3部　企業取引法

請求時に有価証券を処分している場合の法定額は,

（当該有価証券の取得価額）－（処分価額）

である。値下がりが虚偽記載等以外の事情により生じた場合は, その部分について賠償責任を負わないで済むが, その立証責任も発行者側が負う（同19条2項）。この責任には短期消滅時効の規定があり, 時効3年, 除斥期間7年（同20条）である。

　発行者の損害②, 損害③に対する責任は, 金融商品取引法21条の2にまとめて規定されている。21条の2は, 有価証券を募集・売出しによらないで取得・処分した投資者に対する責任であり, 対象となる書類は①有価証券届出書, ②発行登録書・発行登録追補書類, ③有価証券報告書, ④内部統制報告書, ⑤四半期報告書, ⑥半期報告書, ⑦臨時報告書, ⑧自己株券買付状況報告書, ⑨親会社等状況報告書であり発行市場開示と継続開示の双方を含んでいる。この責任は立証責任が転換された過失責任である。発行者が善意・無過失を証明しない限り責任を負い, 賠償額の上限は上記の19条が規定する額となる。また, 虚偽記載等の事実の公表日前1年以内に有価証券を取得し, 公表日まで引き続き所有する者には損害額の推定規定があり, その計算式は

（公表日前1ヵ月間の市場価額の平均額）－（公表日後1ヵ月間の市場価額の平均額）

となる（金商21条の3第3項）。ここでも, 市場価額がないときは, 処分推定価額によって算定される（減額についても損害①の場合と同様）。損害と虚偽記載等との因果関係の立証が不要なことも, 損害①の場合と同様である。この責任にも短期消滅時効が規定されており, 時効2年, 除斥期間5年である（同21条の3）。

　次に, 発行者の役員等（取締役, 会計参与, 監査役, 執行役, これらに準ずる者, および発起人）は損害①（金商21条1項）, 損害②（同22条）, および有価証券報告書, 内部統制報告書については損害③について責任を負う（同24条の4, 同24条の4の6）。これらの責任はいずれも, 立証責任が転換された過失責任である。ここで, 過失がないとして証明すべき内容は虚偽記載等を知らず, かつ, 相当な注意を用いたにもかかわらず知ることができなかったこと（同21条2項1号）であり, 書類のすべての部分が対象となる。また, 投資者が虚偽記載を知って

308

第31章　上場会社の規制

いたこと場合は責任を負わないが，その立証責任も関係者側にある。

Ⅳ　金融商品取引所による規制

**金融商品取引所の自主規制
とはどのようなものか**　　本章Ⅰで述べたように，上場会社は金融商品取引所に上場している。この上場を果たすためには，金融商品取引所が定める有価証券上場規程上の上場審査をクリアしなければならず，上場を維持するためにも同じく上場規程上の諸規則を遵守しなければならない。上場会社は，金融商品取引法のみならず，金融商品取引所の規則などの自主規制によっても規制されている。

　法令と金融商品取引所の規則などの自主規制の違いは，制定の手続，効果，適用対象などにあらわれる。自主規制は，規制を課す主体の判断により制定できる。制定手続が比較的簡便で済むため状況に応じた柔軟な規制が可能となる。また，違反した場合の最大の効果は取引所の規制の場合，上場の廃止である。それゆえ，規制に反した会社が行った私法上の取引には影響を及ぼさない。たとえば独立取締役の数などの取締役会の構成について詳細なルールを設けたとしても，何らかの事情でその要件に該当しなくなった会社の取締役会決議に法律上の効果の問題はそもそも発生しない。他方，効果が限定的なゆえに，場合によってはサンクションとして十分な効果を得られないこともありうる。また，上場規則の適用対象は，当該金融商品取引所に上場している会社に限られる。それゆえ，適用対象により適合した規制をすることが可能になる一方，取引所や開設市場ごとにルールが異なるため，わが国の会社全体に統一したルールを形成する方法には向いていない。

　以下，この取引所の規則について，上場に際しての上場審査基準と上場後に遵守しなければならない上場規則の概要をみることとする。

上場審査基準　　上場するためには，取引所が定める形式基準を満たし，さらに取引所による実質審査を経て上場が適当と判断されなければならない。たとえば，東京証券取引所の形式基準はウェブページに掲載されている。大まかに区分すると上場後に適切な量の株式が流通できるかを確

309

第3部　企業取引法

表2　わが国の証券取引所（金融商品取引所）と開設する市場および上場会社数

	本則市場		新興企業向け市場			プロ向け市場	
東京証券取引所	第一部	第二部	マザーズ	JASDAQ スタンダード	JASDAQ グロース	Tokyo Pro Market	計
上場会社数	1,912	541	220	763	44	13	3,493
名古屋証券取引所	第一部	第二部	セントレア				
上場会社数	191	91	12				294
うち単独上場会社数	5	62	12				79
福岡証券取引所	本則市場		Qボード				
上場会社数	99		12				111
うち単独上場会社数	25		6				31
札幌証券取引所	本則市場		アンビシャス				
上場会社数	49		6				55
うち単独上場会社数	9		6				15

＊上場会社数は2015年10月（福岡証券取引所は9月）
＊上記以外に，大阪証券取引所（東京証券取引所との経営統合後に株式の取り扱いをやめた），東京金融取引所（東京金融先物取引所から商号変更し，株式の取り扱いなし）がある。

認する規定と，安定的に事業を継続できる基盤があるかを確認する規定があるといえよう。すなわち，①株主数，②流通株式，③時価総額などの最低数などの定めを通して，上場後に適切な量の株式が流通できる状況があるかを確認できるし，④事業継続年数，⑤純資産の額や⑦監査に関する規定などを通して，安定的に事業を継続できる基盤があるかを確認できよう。

　東京証券取引所は，上場会社を第一部，第二部，さらにはマザーズおよびジャスダックに区分しており，それぞれ上場審査基準が異なる。このうち第一部と第二部は本則市場とされ，マザーズ等は新興企業向け市場とされる。第一部と第二部を比較すると，上記の①株主数，②流通株式，③時価総額，はどれも第一部は第二部より大きな数字が求められている。この形式基準の違いからも第二部よりも第一部は大規模な企業に向けた規定となっていることがわかる。また，新興企業向け市場は，わが国において設立から上場までに要する期

間がつねに長期間に及んでいたことを踏まえて設けられた市場であり，現在，名証のセントレアなどすべての取引所に設けられている。

形式要件を満たした場合，上場審査がなされるが，この審査は東京証券取引所の本則市場（第一部，第二部）の場合，以下の事項が対象となる（東京証券取引所上場規程〔以下「上場規程」とする〕207条）。①企業の継続性および収益性について，継続的に事業を営み，かつ，経営成績の見通しが良好なものであること。②企業経営の健全性について，事業を公正かつ忠実に遂行していること。③企業のコーポレート・ガバナンスおよび内部管理体制の有効性について，コーポレート・ガバナンスおよび内部管理体制が適切に整備され，機能していること。④企業内容等の開示の適正性について，企業内容等の開示を適正に行うことができる状況にあること。⑤その他公益または投資者保護の観点から当取引所が必要と認める事項である。

上場後に関する規則　金融商品取引所の上場規程は，上場後の会社に対しても，情報開示やコーポレート・ガバナンス体制の整備等の観点から規制を課している。

情報開示については，決算短信制度や適時開示（タイムリー・ディスクロージャー）制度等がある。金融商品取引法上の四半期報告書や有価証券報告書は，提出まで45日または3ヵ月間の期間があるが，決算短信制度は決算の内容が定まった場合，ただちに内容を開示させるという迅速な情報開示を求めている（上場規程404条）。また，適時開示制度は，適時開示が必要な事項を上場規程に定め，これに該当した場合には上場会社にただちに開示することを求める。この目的の1つは内部者取引の抑止であり，開示事項は金融商品取引法上の内部者取引規制における重要事実に準じつつ，その内容を拡大したものになっている（同402条・403条）。取引所の上場規程による開示はTDnetとよばれるシステムを通して行われている。金融商品取引法上の臨時報告書は投資家がEDINET等をみずから閲覧しなければならないことに対して，TDnetは開示された情報が報道機関にも伝達されるものであり，より広く情報を行き渡らせることができる。

コーポレート・ガバナンス体制の整備に関しては，独立取締役の選任やコー

第3部　企業取引法

ポレート・ガバナンスに関する報告書等が規定されている。上場会社は上場前，上場後に，コーポレート・ガバナンス報告書を公表しなければならず（上場規程204条12項1号・211条12項1号），その内容に変更があった場合にも遅滞なく報告書を提出しなければならない（同419条）。また，独立役員に関しては，会社法上の社外取締役または社外監査役を1名以上選任することを求めている（同436条の2）。また，2015年にコーポレート・ガバナンス・コード（以下，「コード」とする。）が，金融庁と東証を事務局とする有識者会議により策定された。このコードは，その内容の実施を上場会社に強制するものでないが，上場規程が，実施しない場合にはその理由をコーポレート・ガバナンス報告書において説明することを求めるという方式（コンプライ・オア・エクスプレインとよばれる）をとっている（同436条の3）。

　コードの内容は，詳細なルールを示すものではなく，制定者が適切と考えるコーポレート・ガバナンスのあり方を原則という形で示している。その形式は，基本原則とこれをやや具体化した原則および補充原則からなり，本則市場の上場会社は補充原則まで遵守（もしくは実施しない場合の理由の開示）することを求められる。その内容は，株主の権利・平等性の確保，株主以外のステークホルダーとの適切な協働，適切な情報開示と透明性の確保，取締役会等の責務，株主との対話と多岐にわたる。たとえば，取締役会の責務においては，まず，基本原則で経営陣幹部による適切なリスクテイクを支え環境整備を求めつつ，独立した客観的な場から，経営陣・取締役に対する実効性の高い監督等を求めている（基本原則4）。これをふまえ，原則では，経営者報酬について健全な企業家精神の発揮に資するようなインセンティブ付けを求め（原則4-2），補充原則では，業績連動報酬と現金報酬の適切な設定を求めている（補充原則4-2①）。また，原則において，独立社外取締役の役割・責務（原則4-7）や有効活用（原則4-8）を定め，会社の持続的な成長と中長期的な企業価値の向上に寄与するような資質を十分に備えた独立社外取締役を少なくとも2名以上選任すべきとしている（原則4-8）。この原則4-8の規定が，会社法327条の2の規定を超えた2名以上の選任を求めるように，上場会社のコーポレート・ガバナンス体制整備については，上場規程も大きな役割を果たしはじめている。

基本文献ガイド

（会社法が施行された2006年以降に公刊されたもの）

〔企業法一般〕

　　近藤光男『現代商法入門〔第9版〕』（有斐閣，2014年）

〔商法総則・商行為法〕

　　江頭憲治郎『商取引法〔第7版〕』（弘文堂，2013年）

　　近藤光男『商法総則・商行為法〔第6版〕』（有斐閣，2013年）

　　弥永真生『リーガルマインド商法総則・商行為法〔第2版補訂版〕』（有斐閣，2014年）

　　江頭憲治郎＝山下友信編『商法（総則・商行為）判例百選〔第5版〕』（有斐閣，2008年）

〔会社法〕

　　江頭憲治郎『株式会社法〔第6版〕』（有斐閣，2015年）

　　河本一郎＝川口恭弘『新・日本の会社法』（商事法務，2015年）

　　神田秀樹『会社法〔第17版〕』（弘文堂，2015年）

　　浜田道代＝岩原紳作編『会社法の争点』（有斐閣，2009年）

　　伊藤靖史＝大杉謙一＝田中亘＝松井秀征『会社法 LEGAL QUEST〔第3版〕』（有斐閣，2015年）

　　弥永真生『リーガルマインド会社法〔第14版〕』（有斐閣，2015年）

　　江頭憲治郎＝岩原紳作＝神作裕之＝藤田友敬編『会社法判例百選〔第2版〕』（有斐閣，2011年）

〔金融商品取引法〕

　　川村正幸編『金融商品取引法〔第5版〕』（中央経済社，2014年）

　　近藤光男＝吉原和志＝黒沼悦郎『金融商品取引法入門〔第4版〕』（商事法務，2015年）

〔手形法〕

　　小塚荘一郎＝森田果『支払決済法〔第2版〕』（商事法務，2014年）

　　田邊光政『最新手形法・小切手法〔5訂版〕』（中央経済社，2007年）

　　弥永真生『リーガルマインド手形法・小切手法〔第2版補訂2版〕』（有斐閣，2007年）

〔保険法〕

　　甘利公人＝福田弥夫『ポイントレクチャー保険法』（有斐閣，2011年）

　　山下友信＝竹濱修＝洲崎博史＝山本哲生『保険法〔第3版補訂版〕』（有斐閣，2015年）

事項索引

あ 行

悪意擬制説……………………28
預合い……………………146
一般詐欺禁止規定……………95
一方的商行為………………44
違法な競業取引……………234
違法な剰余金の配当等……233
違法な利益供与……………233
インコタームズ……………122
運送取扱営業………………79
運送取扱人…………………79
営業的商行為………………42
営業能力……………………15
営利法人性……………………5

か 行

会計監査人………………184, 216
──の監査…………………267
会計参与…………………180, 197
会計帳簿……………………261
外国法人……………………114
解散判決……………………274
解散命令……………………274
開示規制……………………301
会社と取締役との訴訟……214
会社の解散…………………273
──業務執行………………199
──不成立…………………149
──不存在…………………149
会社分割……………………290
解　職………………………201
介入義務………………………65
介入権…………………………68
解　任…………179, 184, 186
架空クレジット………………88
隔地者間における申込み……46
確定期売買……………………49
仮装払込み…………………146
課徴金………………………305

割賦販売………………………84
合　併………………………289
過払金返還……………………89
株式移転……………………290
株式交換……………………290
株式譲渡の自由……………157
株式の意義…………………152
──の譲渡制限……………158
──の分割…………………163
──の併合…………………162
株式無償割当て……………163
株主総会議事録……………172
株主代表訴訟………………240
株主提案権…………………167
株主の義務…………………153
株主の権利…………………152
株主平等の原則……………153
株主名簿……………………159
貨物引換証……………………77
簡易合併……………………298
簡易事業譲渡等……………283
監査委員会…………………222
監査等委員会………………230
監査等委員会設置会社……225
監査等委員である取締役…226
監査費用……………………213
監査役会……………………215
監査役の員数………………182
監査役の資格………………182
監視義務……………………231
企業間信用…………………127
企業組織法……………………8
企業取引法……………………8
企業の概念……………………3
議決権行使書面……………170
疑似発起人の責任…………151
基準日制度…………………160
擬制商人………………………14
議　長………………………168
競業取引……………………195

競業避止義務……………………288
共同企業…………………………16
業務監査…………………………210
虚偽記載等………………………306
拒否権付種類株式………………156
銀行取引停止処分………………135
金融商品…………………………92
金融商品取引所…………………95
金融商品販売法…………………90
クーリング・オフ………………87
クレジットカード………………88
計算書類等………………………261
──の開示………………………272
──の監査………………………266
──の備置義務…………………272
計算書類の公告…………………272
決議取消しの訴え………………172
決議不存在確認の訴え…………173
決議無効確認の訴え……………173
決算短信制度……………………311
結約書……………………………64
原告適格の継続…………………242
検査役…………………………148,219
現物出資…………………………144
高価品の特則……………………70
交互計算…………………………50
コーポレート・ガバナンス・コード……312
コーポレート・ガバナンス報告書……312
小切手行為………………………131
国際売買に関する条約…………121
告知義務制度……………………108
小商人……………………………14
個人企業…………………………16
個別信用購入あっせん…………85
固有の商人………………………13
コンプライ・オア・エクスプレイン……312

さ 行

財源規制………………………161,269
財源規制に違反した配当等に関する責任…270
債権者異議手続………………279,294
財産引受け………………………144
再審の訴え………………………246

債務の引受けの広告……………290
詐害事業譲渡……………………288
「作成者不利に」の原則………57
差止請求…………………………299
差止請求権………………………248
指値遵守義務……………………67
残存物代位………………………105
事業譲渡…………………………280
自己株式…………………………160
自己責任原則……………………94
事後設立…………………………285
自助売却権………………………49
執行役……………………………223
支配株主の異動を伴う発行……252
支配人……………………………31
資本金の額の減少等……………268
指名委員会………………………222
指名委員会等設置会社…………220
社員の確定………………………145
社会的責任………………………4
社外取締役………………………176
社　債……………………………256
社債管理者………………………257
社債権者集会……………………258
社団法人性………………………6
従属法……………………………115
取得条項付株式…………………155
取得請求権付株式………………155
種類株式…………………………154
種類株主総会……………………173
準拠法……………………………114
準則主義…………………………141
商業使用人………………………31
商業手形…………………………132
商業登記…………………………26
商　号……………………………19
商行為の委任……………………45
──の代理………………………45
──の有償性……………………48
商行為法…………………………9
商号権……………………………20
商号選定自由の原則……………19
商号続用…………………………286

商号単一の原則	20	大数の法則	102
商事売買	49	代表権	199
招集通知	167	代表執行役	206,224
上場会社	300	代表取締役の不法行為	204
上場審査基準	309	代理行使	170
商人間の留置権	48	代理商	34
商人資格	14	対話者間における申込み	45
商人法	9	諾否の通知義務	47
消費者金融	89	多重代表訴訟	246
剰余金の配当	268	単元株制度	163
白地商慣習	12	担保付社債	259
新株予約権	255	担保提供命令制度	243
新株予約権付社債	259	忠実義務	195
請求権代位	105	通常清算	275
清 算	275	定款変更	273
責任限定契約	237	定期行為	49
責任の一部免除	236	締約代理商	34
責任の全部免除	236	手形行為	131
絶対的商行為	41	適合性の原則	91,101
設立関与者の責任	150	適時開示	311
設立時取締役	177	デリバティブ	93
設立中の会社	142	電子債権記録機関	136
設立登記	149	電子手形	135
設立費用	145	電磁的方法による議決権行使	170
設立無効	149	統一手形用紙	130
善管注意義務	195	登記の消極的公示力	27
全部取得条項付種類株式	155	――の積極的公示力	28
倉庫寄託契約	80	――の創設的効力	29
倉庫証券	82	投資勧誘規制	99
相次運送	76	通し運送	76
相場操縦	96	特殊決議	171
送付品保管義務	47	独任制	209
双方的商行為	44	特別決議	171
組織再編	289	特別支配株主	162
組織再編契約・計画	291	特別清算	276
組織再編の無効	299	特別法定責任説	238
組織変更	278	匿名組合	17
組織変更計画	278	取締役会議事録	194
組織変更の無効	280	取締役会設置会社	165
訴訟参加	244	取締役会の決議	192
		取締役会の権限	191
		取締役等の説明義務	169

た　行

代金支払いの遅延防止	137	取締役の員数	176

事項索引

——の兼任………………………175
——の資格………………………175
——の利益相反行為………………195
問屋営業……………………………66

な 行

名板貸…………………………………22
内部者取引……………………………98
内部統制システム…………………231
内部統制報告書……………………304
仲立営業………………………………62
仲立人日記帳…………………………64
荷為替信用状………………………124
任期満了による不再任……………185
任務懈怠責任………………………230

は 行

媒介代理商……………………………34
発行市場開示………………………305
場屋営業………………………………69
反対株主の株式買取請求(権)……284,293
販売信用………………………………83
1株1議決権の原則………………169
被保険利益…………………………104
表見支配人……………………………33
表見代表執行役……………………207
表見代表取締役……………………206
風説の流布・偽計取引等……………96
複合運送………………………………77
附合契約説……………………………53
不公正な新株発行に対する措置…253
不実登記………………………………29
附属的商行為…………………………44
普通決議……………………………171
普通取引約款……………………12,51
物品運送契約…………………………73
不統一行使…………………………171
不法行為特則説……………………238
不渡手形……………………………135
変態設立事項………………………144
包括信用購入あっせん………………85
報酬委員会…………………………223

法人格の否認……………………………7
法令遵守…………………………………4
保険価額と保険金額の関係………104
保険金受取人………………………110
保険金と損益相殺…………………107
保険契約……………………………102
保険代位制度………………………105
募集株式の発行等…………………250
募集設立……………………………143
補助参加……………………………244
発起設立……………………………143
発起人………………………………141
発起人組合…………………………142
発起人の報酬………………………145

ま 行

前払式割賦販売………………………84
見せ金………………………………146
持回り方式による決議……………193
モラル・ハザード………………………4

や 行

役員等の損害賠償責任……………230
有限責任事業組合……………………38
融通手形……………………………132
有利発行……………………………251

ら 行

利益相反取引………………………196
略式合併……………………………298
流質契約の許容………………………46
流通市場開示………………………303
旅客運送契約…………………………78
臨時計算書類………………………263
累積投票……………………………177
レセプツム(受領)責任……………70
連結計算書類………………………263
ローン提携販売………………………84

わ 行

和　解………………………………245

317

❖執筆者紹介（＊は編者）

＊西山芳喜（にしやま・よしき）　九州大学名誉教授

　藤田真樹（ふじた・まさき）　滋賀大学経済学部特任准教授

　山口幸代（やまぐち・さちよ）　熊本大学法学部准教授

　川原勝美（かわはら・かつみ）　名城大学法学部准教授

　泉日出男（いずみ・ひでお）　愛媛大学法文学部准教授

　小西みも恵（こにし・みもえ）　佐賀大学経済学部准教授

　井上能孝（いのうえ・よしたか）　福岡大学法科大学院准教授

　肥塚肇雄（こえづか・ただお）　香川大学法学部教授

　城戸善和（きど・よしかず）　熊本学園大学商学部准教授

　内海淳一（うつみ・じゅんいち）　松山大学法学部准教授

　若色敦子（わかいろ・あつこ）　熊本大学大学院法曹養成研究科准教授

　前越俊之（まえこし・としゆき）　福岡大学法学部准教授

　遠山　聡（とおやま・さとし）　熊本大学法学部教授

　上田純子（うえだ・じゅんこ）　九州大学大学院法学研究院教授

　松本　博（まつもと・ひろし）　久留米大学法科大学院教授

　嘉村雄司（かむら・ゆうじ）　島根大学法文学部准教授

　吉村信明（よしむら・のぶあき）　熊本県立大学総合管理学部教授

　石田　眞（いしだ・まこと）　富山大学経済学部准教授

　德本　穣（とくもと・みのる）　筑波大学法科大学院教授

　横尾　亘（よこお・わたる）　西南学院大学法科大学院准教授

　上野真二（うえの・しんじ）　日本経済大学経済学部教授

　張　笑男（ちょう・しょうなん）　長崎大学経済学部准教授

　千手崇史（せんず・たかし）　福岡工業大学社会環境学部助教

　牧真理子（まき・まりこ）　大分大学経済学部准教授

　中村美紀子（なかむら・みきこ）　山口大学経済学部教授

　徐　　陽（じょ・よう）　長崎大学経済学部教授

　久保寛展（くぼ・ひろのぶ）　福岡大学法学部教授

　田中慎一（たなか・しんいち）　西南学院大学法学部准教授

Horitsu Bunka Sha

アクチュアル企業法〔第2版〕

2013年1月15日　初　版第1刷発行
2016年4月30日　第2版第1刷発行

編　者　　西　山　芳　喜
　　　　　にし　やま　よし　き

発行者　　田　靡　純　子

発行所　　株式会社　法律文化社
　　　　　〒603-8053
　　　　　京都市北区上賀茂岩ヶ垣内町71
　　　　　電話 075 (791) 7131　FAX 075 (721) 8400
　　　　　http://www.hou-bun.com/

＊乱丁など不良本がありましたら，ご連絡ください。
　お取り替えいたします。

印刷：中村印刷㈱／製本：㈱吉田三誠堂製本所
装幀　白沢　正
ISBN 978-4-589-03752-7
©2016 Yoshiki Nishiyama Printed in Japan

JCOPY　〈(社)出版者著作権管理機構 委託出版物〉

本書の無断複写は著作権法上での例外を除き禁じられています。複写される場合は，そのつど事前に，(社)出版者著作権管理機構（電話 03-3513-6969，FAX 03-3513-6979, e-mail: info@jcopy.or.jp）の許諾を得てください。

アクチュアル シリーズ

市橋克哉・榊原秀訓・本多滝夫・平田和一 著
アクチュアル行政法〔第2版〕 ●3000円
制度変化の過程に着目しつつ，実証的視角に止まらないアクチュアルな論点・争点を取り
あげた好評のテキスト。行政不服審査法やマイナンバー法など行政法例の改正や制定，さ
らに重要判例の続出をふまえて改訂。

白藤博行・村上 博・米丸恒治・渡名喜庸安・後藤 智・恒川隆生 著
アクチュアル地方自治法 ●3100円
展開著しい地方自治制度改革の動向をフォローし，アクチュアルな論点・争点を積極的に
取り上げた地方自治法のテキスト。最新の学説・判例・行政実例をふまえ，憲法の価値基
準を意識して解説。

西山芳喜 編
アクチュアル企業法〔第2版〕 ●3100円
平成26年度の会社法改正や最新判例を盛り込み，従来よりコンパクトになって登場。約
300頁で商法・会社法に加えて，割賦販売法や金融商品取引法などの諸法をも学べる，充
実の初学者向けテキスト。

池田辰夫 編
アクチュアル民事訴訟法 ●2900円
学習の基本的な修得事項を語りかけるようにわかりやすく解説した入門テキスト。「訴状
モデル」「判決文モデル」などを挿入し，実際の民事裁判実務を念頭に置いた叙述に配慮
した。ロースクールに進む学生や社会人の最初の読み物として最適。

米津孝司・毛塚勝利・脇田 滋 編
アクチュアル労働法 ●3000円
雇用労働の歴史と思想をふまえながら，今日の雇用労働の変容をみつめる労働法テキスト。
Topic と My Opinion を各章ごとに収録し，身近に起きる労働問題から理論までを，条文・
判例を通じて修得できる1冊。

―――――― 法律文化社 ――――――
表示価格は本体（税別）価格です